代玉器珍賞

樊大川 著

崧燁文化

前　言

「我是誰」這一終極哲學命題，一直在把人們引入形而上學的迷宮；「我們是誰」，就牽涉到對族群、對文明的探究，現實而又具體。身處一個急劇變化的世界，面對全球化帶來的多元文化影響，對於中國人來說，探尋中華文明的根源，讀懂我們的精神族譜，尤其具有現實意義。

中華文明數千年，歷經滄桑卻從未中斷，到底是什麼在支撐着呢？我們的答案是：漢文化。

兩千多年前，漢文化的形成和發展，合成了中國文化的基因，奠定了中國文化的基礎，拓開了中國文化的格局。在此之後的兩千年裡，戰爭動蕩，皇朝更疊，族群興衰，漢文化的脈搏卻始終頑強地跳動着。具有如此強大生命力的基因，究竟由哪些元素合成，以至中國文化的血脈能凝聚並連貫至今？漢字及其使用肯定是一個重要的因素，因為它承載着中國文化的「道」；與之相應，漢代的「器」則起着直觀呈現的作用。因此，要完整地回答上述問題，除了在浩如煙海的典籍中尋章覓句，還需要對一些看得見、摸得着的東西進行觀察研究，這些東西就是藝術品，是數量眾多的漢代遺存。

漢代藝術是漢文化的華彩篇章。在中國藝術史上，漢代藝術以雄渾陽剛、大氣磅礴著稱，具有撼動人心的視覺美感。其遺存無論何種材質，無論是平面還是立體，都像一個個璀璨的坐標，引導我們看清中華文明的前世今生。

玉器在漢代藝術中佔有重要而突出的地位，其工藝巧奪天工，思想內涵豐富，風格活潑浪漫，是漢文化的重要載體。中國人對玉器的喜愛延續了數千年，於今尤盛。然而，近一百年來，人們對漢代玉器的研究，遠不如對漢畫像、青銅器、漆器、陶器和碣石碑版的研究那樣系統和深入，這與漢玉在漢文化中的地位極不相稱。造成這種局面的原因很多，最主要的一個是，約三十年前，流傳於世的漢玉數量相對有限且較為分散，難窺全貌，因此難以支持一項全面、系統的研究。

從 1990 年代初開始，人們有機會對大量的漢玉進行考察研究。目前所見漢玉品類眾多，內涵豐富，表現力強，大大超出了人們先前的認知。對漢玉的關注增多了，但是，與對材料、工痕、沁色等物質層面的關注相比，對其人文意涵、歷史價值和美學價值的探討還存在不小的空間。

孤立地研究漢玉，難免見樹不見林。審視漢文化形成和發展的過程，有助於了解漢玉在漢文化中的地位，進而明確其在中華文明中的地位。至少，這樣的審視可以讓我們知道漢人*（本書所稱的「漢人」，主要指兩漢時期的人）*是怎樣的一群人，漢玉為什麼會是這樣的，哪些因素怎樣影響了漢玉的創作。因此，在鑒賞漢玉時，對漢代前後的歷史及中國玉器史進行一番大致的梳理，相信是不無裨益的。

「漢人」「漢子」「好漢」「漢字」「漢語」「漢文」「漢服」「漢學」，這些詞語我們耳熟能詳，用得漫不經心。其實，稍微探究一下就會發現，與「漢」相關的一切，既是我們的身份認定，也代表着兩千多年文化血脈的傳承。

「倉稟實而知禮節」，說的是經濟基礎與文化發展的關係。漢文化的形成，是以漢民族的形成為條件的；漢民族的形成，則是因為有一個經濟繁榮、國力強盛、政治穩定、存在時間較長的大一統帝國——漢。

公元前 202 年，距今兩千二百餘年，漢帝國建立，統治着遼闊的疆域。然而，大一統國家的建立，並不當然地意味着統一民族的形成。先前，周王朝制定周禮，施行禮樂制度，為形成統一的文化打下了基礎。但是，由於實行分封制，諸侯國「田疇異畝，車途異軌，律令異法，衣冠異制，言語異聲，文字異形」，且周

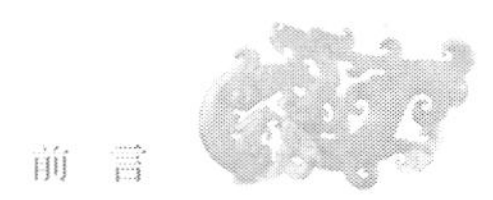

王朝統治區域以外有不奉行周禮的族群。由於缺少大一統國家和統一文化這兩個基礎條件，周人並未形成統一的民族。後來，大一統的秦帝國享祚太短，剛來得及統一篆字、尺子和秤砣，江山就易手了。

最初，「漢」不過是又一個帝國的名號而已，就像在秦帝國時期那樣，老百姓在潛意識裡，仍把自己歸屬於戰國時期幾個主要的諸侯國。然而，大一統的漢帝國繼承了統一的小篆和具備現行漢字雛形、更易書寫和辨識的隸書，加上統一的度量衡，內部的思想交流和物資交流就有了統一的工具，滿足了統一民族形成的基本條件。至武帝時，漢匈戰爭的勝利，讓老百姓從心底生出一種集體的自豪感，觸發了統一民族的自覺。自此，「漢」開始了一個民族形成和壯大的過程。

與統一民族意識的覺醒相比，漢文化形成的時間稍長，這一過程始於高祖劉邦對主流意識形態的選擇。

當初，秦帝國建立後，仍一味施行一百年前法家商鞅制定的嚴刑峻法，毫不體恤百姓，導致其十五年後覆亡，這給了劉邦重要的啟示。修建一個新都城，取名長安，新生的帝國就能長治久安了嗎？劉邦意識到，他需要好的「軟體」。

法家思想強調秩序，可用來建構高效的統治機器。但是，駕馭一部轟隆向前的帝國巨車，還需要某種緩沖、剎車的機制，倡導仁恕的儒家思想，恰好適合這一需求。法、儒兩家的思想原則，分別顧及了統治者和被統治者的利益。想明白了這一點，劉邦舉起了尊孔崇儒的旗幟，成為歷史上第一個祭祀孔子的皇帝。代表「霸道」的法家思想與代表「王道」的儒家思想，自此成為帝國意識形態的一體兩面，確保漢帝國一口氣活了四百多年。

「文景之治」揭開了中國歷史上第一個盛世的序幕，此後大部分時間裡，漢帝國內部大體維持着政治和社會穩定，農業、手工業和商業持續發展，多民族交流融合，多種文化交彙包容的局面。在這種情況下，先秦文化，包括形而上的「道」和形而下的「器」，為漢文化搭起了框架。

春秋戰國時期諸子百家的學說，是建構漢文化殿堂的磚石，在不同領域、以不同形式對漢文化的形成發揮了作用。比如文帝、景帝奉行的「無為而治」政策，這一道家理念不僅施行於經濟領域，在意識形態領域也產生了深刻影響。「罷黜百家，獨尊儒術」，只是董仲舒向武帝提出的政治方面的原則，卻被後世的儒家學人誇大了。另外，董仲舒本人所代表的儒家，在戰國時期已經與道家、陰陽家、縱橫家等諸家相互滲透，已非初始的樣貌。從文帝、景帝、竇太后到武帝本人，對「黃老之學」的迷戀與執着影響深遠，朝野競效。翻開《漢書》和《後漢書》便可以看到，從文景時期開始，包括道學在內的諸子百家學說、陰陽五行玄學、天人感應理論乃至楚文化的神怪觀念等，都獲得了很大的發展空間，影響着社會生活的各個方面。在這樣寬鬆的環境中，信仰習俗、思想學術和文學藝術百花齊放，各有建樹，不斷為漢文化這座宏偉的殿堂添磚加瓦。

至西漢中期，漢文化形成的標誌性現象已顯現出來。2016年初完成考古發掘的南昌西漢海昏侯墓，為我們提供了這一現象的縮影。在劉賀珍愛的物品中，有《論語》簡牘，也有《易經》簡牘；有畫着孔子像、書寫其生平的漆木鏡屏，也有表現神仙信仰的漆繪四神、龍飛鳳舞的玉器和裝飾有其他瑞獸的青銅器。這一時期，漢人的思想、漢人的祈願、漢人的審美趣味，都物化為難以計數的藝術品，直觀地向我們呈現了漢文化形成期的景況。

享祚四百多年的漢帝國，創造了中國歷史上最初的盛世輝煌。它擁有遼闊的疆域，擁有勤勞而富於創造力的百姓，擁有雄才大略的皇帝、英武睿智的將軍和能征善戰的軍隊；它還擁

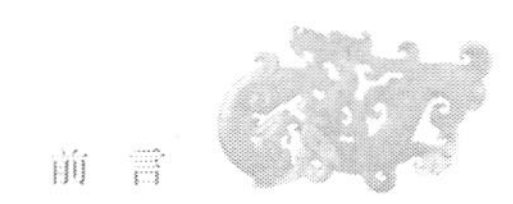

有著作《過秦論》《戰國策》《史記》《漢書》《淮南子》《上林賦》《長門賦》《兩都賦》《二京賦》和《說文解字》的思想家、政治家、歷史學家、文學家和語言文字學家，擁有精通營造的建築師，擁有眾多歌舞百戲的表演藝術家和技藝超卓的手工業匠人。

海昏侯劉賀用漢隸書寫的奏折，為人們掀開了漢帝國政治帷幕的一角，也讓人們欣賞到漢代隸書的精雅之美。一般認為，隸書草創於秦代，是將李斯小篆刪繁就簡，改圓為方，後經學者程邈做了初步整理形成的。至漢初，隸書始成體系。漢隸是古今文字的分水嶺，相比秦小篆，它書寫簡便，易辨識，對漢文化的傳播和發展貢獻極大。從那時起，隸書就沒有太多變化了。把小篆書寫的秦代公文拿給今天的高中生看，估計沒幾個人能把前五個字認全了；而他們拿起漢代王侯給皇帝上呈的隸書奏折，就能輕易認出許多字來。中國文字被稱為漢字，即緣於此。

東漢和帝時，學者許慎用二十一年時間編寫了中國的第一部字典《說文解字》，其中共收入 9353 個漢字。他系統分析字形、字義、字音，考究源流，為後世承繼並發揚光大漢文化提供了完備的語言文字工具。

蔡倫發明的造紙術，為文明的記錄找到了使用最方便的材料。各種手工藝人的作品，則以巧奪天工的技藝，將漢人的思想和精神氣質形象化、固化，讓我們可以真切地感受兩千多年前漢人的所思所想，感受他們的激情與浪漫。漢人在器物層面對中華文明的獨特貢獻，在玉器、陶器、漆器和錯金銀青銅器上得到了充分的展示。縱觀漢代手工業的輝煌成就，用「五色炫以相曜兮，爛耀耀而成光」（《長門賦》）來形容，是再恰當不過了。

西周時期，玉器象徵德行和身份，春秋時期「君子貴玉」的觀念，都對漢代玉器藝術產生了重要的影響。在承繼前人思想的基礎上，新的思想觀念又給漢玉賦予了新的文化意涵。

漢代的精英階層既是藝術品的擁有者，也是藝術發展的推動者。貴族們賞玩寶物，流連筵宴，在宏偉的宮殿裡縱情歌舞，在廣闊的林苑中策馬射獵，享受着奢華的生活。他們對現世是那樣的留戀，以至長生不老、羽化登仙的觀念風靡朝野，神仙信仰由此形成。與神仙信仰相關的各種祥瑞觀念，輻射到人們生活的各個方面，並體現在藝術創作中。

在四百多年時間裡，漢代玉工製作了大量精巧玲瓏的玉器。這些以美玉為材質的藝術品，幾乎都表現祥瑞的內容，體現漢人對理想境界的嚮往和熱切追求，也展示了漢人溝通天地的胸襟氣度及非凡的想象力和創造力，極大地豐富了中國的吉祥文化。

對匈奴的戰爭和西域征伐之後，頻繁的東西方貿易和人員交往開闊了漢人的視野，開闊了他們的心胸，養成了他們雄健豪邁的精神氣質。漢人俯仰天地，放眼四海，心騖八極，於是，玉器作品便有了雄渾大氣、恣肆浪漫的風格。從古至今，沒有哪個時期的人像漢人一樣，在玉器製作上表現出那麼大的熱情，投入那麼多的人力和物力了吧。就藝術性和工藝性而言，也沒有任何時期的作品能與之比肩。

漢玉的繁榮，在很大程度上得益於漢帝國對西域的控制。張騫的出使，讓漢人對西域有了初步的了解，而誘使武帝發兵西域的，是萬里之外大宛國那些高大健美的馬匹。漢軍兩次勞師遠征，折損士卒，靡費巨萬。最終，劉徹得到了他夢寐以求的汗血寶馬，順帶着為東西方大規模的自由貿易打開了通道。此後三百多年裡，中國絲綢出口成為世界上最大宗的貨物貿易。在控制了河西走廊的馬鬃山玉礦之後，作為貿易的一部分，西域的昆侖玉也沿着絲綢之路源源東來。它們與內地的獨山玉、岫岩玉、藍田玉一起，為玉器行業提供了充足的原料。

商周以來傳統的玉禮器製作，在漢玉中的比重有所下降。

這一時期，人們的信仰和審美意識發生了很大變化。出於對自身狀態的密切關注，人們轉而尋求更貼近現實生活的理性、寫實的藝術表達。具象化的審美意識成為創作的主流，推動漢玉走向現實主義的創作道路。羽人、龍鳳、四神、辟邪等反映神仙信仰的題材大為流行。通過「出廓」的手法，龍、鳳、辟邪等瑞獸祥禽經常出現在玉禮器上，反映了漢代吉祥文化的興盛以及人們納福迎祥的普遍心理需求。

由於材質的特殊性，中國的玉器既是視覺的藝術，也是觸覺的藝術。把玩摩挲是玉器欣賞的重要形式，而圓雕作品尤其適合把玩和陳設觀賞。從西漢中期開始，特別是進入東漢以後，玉料充裕，圓雕玉器增多。人物、動物、祥禽瑞獸和供把玩、陳設的器皿，數量空前。作品造型多姿多彩，新穎活潑，裝飾華麗，整體形象充滿動感，靈氣十足，展現了漢人自由浪漫、雄渾豪放的時代風貌。立體的視覺效果讓作品的表現力大為增強，承載的文化意涵也更加豐富。這一切，推動治玉工藝全面發展，達致中國玉器藝術的巔峰。今天所有的治玉工藝，在漢代就已經成熟了。

漢代的玉器行業如此興盛，網羅了漢帝國境內最聰明的腦袋和最靈巧的手。神仙信仰的盛行，貴族對藝術品的需求，促使玉工不斷求新求變，各逞奇技。於是，漢玉題材不斷豐富，表現手法日益多樣，碾琢技藝愈臻極致。一件件讓後世帝王和貴族心折不已、被收藏家們津津樂道的琳琅瓊瑤，成為我們探訪漢人的精神殿堂、摸清中國文化的脈絡、找尋中華文明密碼的絕佳指向標。

2016 年 11 月 12 日於北京松風堂

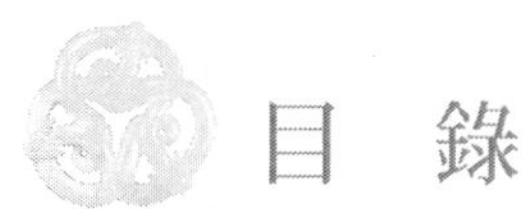

目　錄

美玉琢磨出的中國史

MEIYU ZHUOMO CHU DE ZHONGGUO SHI

1898年，巴黎。在花了一段時間擺弄一堆石頭之後，居里夫婦發現了隱藏其中的秘密，極大地改變了人類文明的進程。後來，其他科學家又從這種礦石中發現了裂變的物理特性。今天，全人類都在這種石頭的影響下生活，愛它，恨它，離不開它；它是天使，它是魔鬼。利用這種石頭所含的極微量物質，人們拯救了生命，獲得了幾乎永不枯竭的能源，也製造了足以毀滅地球許多次的武器。這種石頭叫鈾礦石。

地球上還有另外一種石頭。它對全人類的生活從未產生過什麼大不了的影響，卻使生活在東方的一群人為它癡迷了幾千年，僅僅因為它被打磨之後變得晶瑩明潔，光滑溫潤，看在眼裡舒服，握在手裡也舒服。這群人對這種石頭的愛是那樣的熾烈、深沉而持久。這群人就是中國人。這種石頭叫玉石。用玉石琢磨出來的東西叫玉器。

漂亮的石頭　天上的神靈

約八千年前，一個秋陽燦爛的午後，天氣微涼，草木依然翠綠。一個腰裹獸皮的年輕男人出現在林木繁茂的山邊，循着嘩嘩的水聲走去。

谷底的小河歡快地流淌，清澈的水流沖擊着長滿青苔的礁石，激起晶瑩潔白的浪花。礁石上，一只頭頂冠羽的長尾鳥兒受到驚擾，撲棱着翅膀朝山邊的樹林飛去，翎羽在陽光下劃出一道五彩斑斕的光影。

男人走到水邊，在礫石灘上翻撿石塊，想找一塊合適的片石再打製一把石刀。密集狩獵的季節就快到了，需要稱手的石刀來剝離獸皮和切割肉塊。

眼前這個季節白晝漸短。不多時，太陽西斜，山邊的樹林變得幽暗起來。男人想到了林子裡的猛獸，正打算離開，淺水中的一塊石頭吸引了他的目光。他彎下腰，從水裡撈起石塊察看。石塊邊緣稍薄的地方透過一些光線，可見石質細膩純淨，帶着淺淺的草葉的顏色。男人喜歡這種顏色，那是陽光溫暖、食物豐盛的季節的顏色。他帶上了那塊石頭，趕在天黑之前回到了族群的聚居地。

新石器時代　玉環
故宮博物院收藏

第二天，男人開始打製石刀。他用一塊堅硬的暗紅色石頭，對那塊草色的石頭敲敲打打、刮刮磨磨，努力使其邊緣形成鋒利的刃。他發現，這種漂亮的石頭特別堅硬。他拾起一塊崩裂的石片看着，越發喜歡它淺淺的草色和半透明的樣子。突然，一個女人的影子在他腦海中閃過，讓他萌生了一個念頭。他把大致成型的石刀放在一邊，拿起崩下的那塊石片，在暗紅色石頭上刮磨起來。

樹上的葉子由綠轉黃，再由黃變紅，男人仍在磨那塊石片。除了和別人一起打獵、捕魚，其餘時間他都在做這件事。石片的棱角消失了，圓形顯露出來。他又費了很大工夫，在圓片中間磨出一個圓孔，然後再細心地打磨。最後，他做出了一件後來人們稱為環的東西，用一根獸皮繩穿過孔洞，打上了結。

男人找到他喜歡的女人，拉過她的手，把石環放在她掌中。看着女人臉上的表情由不解轉為驚喜，眼睛睜得大大的，他咧開

嘴笑了。石環掛在女人的頸項上，比那些獸牙串串和貝殼串串漂亮多了。淺淺的草色，晶瑩的質地，柔和的光澤，溫潤細膩的手感，這是女人見過的最美麗的東西。

女人也很喜歡新的石刀。男人們帶回獵物後，剝獸皮、割肉這樣的事都由女人們來做。她們一致認為，用漂亮石頭打製的石刀更堅硬，更好用。

不知從什麼時候起，人們開始把漂亮的石頭叫作玉。美麗的玉環在族群裡引起不小的動靜，做玉環的男人獲得了更多女人的芳心。她們給他送來噴香的烤肉、煮熟的黍米和鮮美的野果，央求他做更多的玉環。

很久以後，人們試着用象形符號記事、表意，再後來，象形符號演變成了象形文字。漢語中的「器」字，仍和它最初被創造出來時一模一樣：幾塊石頭相互敲打、往複琢磨，最終成器。這便是象形文字「會意」的功能。古人這樣描述製作玉器：「如切

新石器時代　玉璧
台北「故宮博物院」收藏

如磋，如琢如磨。」（《詩經》）又說：「玉不琢，不成器。」（《禮記》）

日子一天天過着，男人繼續做着給他帶來許多好處的事——琢磨玉器。此後，玉刀、玉斧等不再作為工具使用，而是和玉環一樣成為人們珍視的寶物。

隨着玉器的樣式和數量不斷增多，做玉器的男人在族群中的地位很快提高。先前，族群的首領由最能打獵、最會捕魚的男人擔任。後來，生殖與繁衍成為族群的終極要務，女人們對族群事務的影響力增大。由於得到她們的青睞，會做玉器的男人取代了最能漁獵的男人，成為族群的首領。

玉石緻密堅硬，琢磨之後晶瑩溫潤，手感舒適，這些特性使人們對其越發珍愛。漸漸地，所有人都接受了這樣的說法：玉是天地孕育的寶物，吸收了日精月華，蘊含着山川靈性，純淨，緻密，堅硬，通過它，人可以和神靈交流溝通。

那麼，神靈的概念是怎樣產生的呢？

日月輪轉，行走天際，於是晝夜交接；星漢挪移，冷暖變化，於是四季更替。如此周而複始，人、動物和植物的生活、生長和繁衍都受其制約。太陽升起，百鳥合鳴；月圓之夜，群狼嗥叫；風起雲湧，大雨將臨；禽獸不安，地震遂發……人們無法解釋自然界的種種現象，於是便認為，光芒燦爛的太陽和盈缺變化的月亮以神秘的力量控制着這一切，它們就是神靈，是所有自然現象的操縱者，是世間萬物的主宰者，因此對它們充滿敬畏。

在先民的觀念中，一切運動的東西都是有生命的。日月行走蒼穹，必然與人和動物一樣是活物，也是要吃東西的。最能向日神和月神表達敬意的方式，就是向它們提供食物了。人們認為，美麗的玉就是神靈的食物，「天地鬼神，是食是饗」（《山海經》），於是便以他們珍愛的玉器奉饗神靈。

神靈的「靈」字，就是它的初始樣貌，具備象形文字「會意」

的功能：上面是天，張着嘴，有舌有牙；中間是三件整齊排列的玉器；下面的「巫」字就是祭台。所以，「靈」字的本意是「築台獻玉」，即「以玉饗神」，或「給神靈餵玉吃」。

根據日月的形狀，首領磨製了玉璧，用來祭祀天神。後來，他又給玉璧鑽孔，視覺美感陡增，也方便繫掛和攜帶。每當族群舉行儀式祭祀天上的神靈時，首領會把玉璧、玉環、玉刀、玉斧、玉錛等擺上祭台。在人們虔敬的目光中，他逐個將玉器舉向天空，嘴裡念念有詞，先祝願神靈胃口好，再訴說心中的願望，祈求神靈護佑他的族群。陽光、月光和火光投射在半透明的玉器上，變幻出各種光影和色彩，使人和神靈溝通的過程變得撲朔迷離。那些在玉器上變幻的光影，被人們認為是神靈的反饋。

在遠古時代，先民的生存受自然現象的影響很大，令人恐懼的暴風雨、大風雪、洪水、乾旱、毀滅草木的野火和山崩地裂的地震，都被解釋為人們違逆神靈意志而受到的懲罰。因此，人們都期望風調雨順，天氣溫和。每次獻祭之後，大夥都眼巴巴地望着首領，急於從他那裡得知神靈的反饋，想知道他們的祝禱靈還是不靈。於是，解讀、轉達神諭的首領便具有了無上權威，成為族群的精神領袖，即後世所稱的巫師。

龍從哪裡來

日月穿梭，斗轉星移。以玉饗神的首領兼巫師老了，他把磨玉的方法傳給了後代。再後來，隨着族群的遷徙與融合，人們在更多的地方發現了玉石，掌握磨玉技能的人逐漸增多。

在華夏大地上，史前文化的分布如「滿天星斗」*（蘇秉琦語）*，它們各具特色，相互之間又有些影響。隔着很遠的地方，不同的族群都會有一些樣式相同的玉器，顯示先民對生存空間內的物象及其含義所見略同。比如，圓形的玉璧是必不可少的，因為那代表了天上的神靈。除了圓璧，還有方璧、琮和牙璋，等等。玉斧、玉刀、玉錛、玉鑿等工具，也被用來獻祭神靈，因為人們的生產收獲豐厚，也需要神靈的祝福。

白駒過隙，光陰流逝。距今五六千年前，隨着玉器內涵的不斷豐富，玉工具完全脫離了實用範疇，玉石並用的舊石器時代結束，新石器時代開始。紅山文化、良渚文化、淩家灘文化、龍山文化、石家河文化和齊家文化分別走向繁榮。這一時期的玉器，基本用於獻祭神靈。

為了磨玉，人們發明了最原始的工具和設備。儘管未見實物

遺存，但這一時期玉器的施工痕迹和成品效果，證明了治玉設備的存在。有了設備，工作效率提高，人們製作出工藝要求更高、造型更為複雜的玉器，比如又長又平滑的大玉璋，比如圓雕蜷體龍。

對龍的崇拜大約始於舊石器時代末期。崇拜是一種涉及心理和行為的人類活動。遠古先民的崇拜都出於恐懼，一種在混沌之中對未知事物的恐懼。龍，就是人們因恐懼而塑造出的崇拜對象。

那麼，龍是怎樣產生的？其名稱又是怎麼來的呢？

在先民的觀念中，龍代表着太陽和月亮的意志，通過操縱晴雨風雪，對人們的生活施加影響。龍脾氣古怪，時隱時現，變化莫測，讓人難以捉摸。天氣晴好時，日升日落，月圓月虧，歷歷在目，悄無聲息，這時根本見不到龍。但是，只要龍一現出身形，動靜可就大了。

雙彩虹——龍和玉璜的原形

大雨來臨之前，風聲颯颯，烏雲翻滾，日遮月隱，雷聲隆隆，閃電扭曲躍動，光芒刺目，變化萬端，景象駭人，緊接着雨水灑下來。古代的人們認為，那些扭曲變化、聲色獰厲的閃電就是龍。於是，每當天上烏雲滾滾，雷聲隆隆，大夥便知道龍快來了，紛紛指着天上，模仿雷聲相互提醒：「隆！隆！隆！」於是大夥趕緊找地方避雨。

如果下的是陣雨，滋潤一下萬物便風住雨歇，大夥都會很高興。倘若是在白天，陣雨過後太陽又出來了，通常又會見到龍現身。抖落了身上的水之後，龍一身輕鬆，一改狂暴肆虐、猙獰駭人的樣子，安靜地臥在天上，把自己溫和美麗的一面呈現出來。它的身軀彎成一個大大的圓拱，在陽光下色彩明豔亮麗，赤橙黃綠青藍紫，斑斕迷人。

可是，龍一旦大發脾氣，張口噴水，暴雨狂瀉，連續下個幾天幾夜甚至更久，就會引發洪澇。洪水咆哮，吞沒一切，包括人和人的家園，造成巨大的災難。

先民對大洪水的記憶是非常深刻的。住在西邊的那群人，至今還在不停地絮叨着他們的祖先乘諾亞方舟逃命的事，恐懼之情溢於言表。相比之下，住在東邊的這群人就比較淡定。洪水到來時，他們跟着一位名叫姒禹的部族首領開山導流，疏浚洪水，保衛家園，留下了治水的美談。

相比雨天的雷電，旱天雷同樣令人恐懼。天上電閃雷鳴，卻沒落下半個雨點。草原上的枯草瞬間被閃電點燃，頓時大火燎原。草原、山林過火，烈焰彌天，濃煙蔽日，大小動物紛紛狂奔逃命。這一切，先民認為是龍脾氣狂躁時噴火所致。

住在西邊的那群人，對龍以火燎原、荼毒萬物的景象恐懼萬分，所以在他們的眼裡，龍是個動不動就張嘴噴火、以烈焰吞噬一切的惡獸。於是，他們請來一位名叫聖喬治的武士，用長矛把

河姆渡文化　玉璜
浙江省博物館收藏

龍給殺了，一了百了。

東邊這群人的記憶則比較全面，比較客觀，對待龍的態度比較中庸，比較溫和，這是農耕民族靠天吃飯形成的特點。龍會噴火，但更多的時候它在行雲布雨。真要把龍給殺了，誰來降下甘霖滋潤萬物？沒有雨水，植物都會蔫枯；沒了果實和穀物，所有人都得挨餓。於是，大夥一琢磨一張羅，給龍在海裡安了個家，尊它為王。正常年景時，人和龍相安無事；遇到龍疲懶疏忽，久旱無雨，人們就會來到龍的「聯絡站」，獻上各種好吃的肉食果品，敲鑼打鼓放鞭炮，給龍提個醒，請求它普降甘霖，消除乾旱。一直到幾十年前，人們還不時到龍王廟求龍辦事。

不管後來人與龍之間有多少恩怨情仇，最初的時候，在東方的這群人眼裡，龍的樣子就是閃電，就是彩虹。等到人們會用象形文字來表意、形聲時，人們便仿照彩虹的樣子，刻畫一個軀體彎曲成拱的動物來表示龍，其讀音ㄌㄨㄥˊ即源自隨閃電而來的雷聲：「隆！隆！隆！」

再後來，先民仿照彩虹的模樣製作了一種玉器，稱它為璜，專門用於對龍的獻祭。

三星塔拉的「鐵鈎子」

1971 年 5 月 12 日，內蒙古翁牛特旗三星塔拉村。18 歲的青年張鳳祥扛上鐵鍬出了門，和其他村民一起到村後不遠的小山坡上挖坑，準備栽上樹苗。天氣很好，陽光燦爛，雲白天藍，微風習習。

到了山坡上，大夥就忙活開了。張鳳祥第一鍬踩下去，居然就紮到了土層下的石頭。他嘟囔着刨開一尺多厚的土，想清除石頭後接着挖坑。不料，掀開一塊砧板大小的片石後，下面竟露出一個用石塊砌成的方形坑洞來。

「誰在地裡砌個石洞？砌來幹嘛用？」張鳳祥俯身打量着堆砌整齊的石洞，好奇地望向一尺多深的洞底。他發現，一層浮土下面好像有個什麼東西，便伸手拿了上來。這東西像個圓形的鈎子，掛蚊帳的那種，可就是太大太粗，一尺來長，沉甸甸的。鈎子外表粗糲，顏色深赭，鏽鐵一般。

「誰費了半天的勁砌個石洞，就為了放這鐵鈎子？」張鳳祥心裡納悶，隨手把鈎子扔在一邊，挪個地方接着挖坑。

傍晚收工時，張鳳祥帶上了「鐵鈎子」，琢磨着哪天把它賣

紅山文化　玉龍
中國國家博物館收藏

給收廢品的，換倆油鹽錢。

到了家，張鳳祥扯了根繩子，穿過「鐵鈎子」中部的一個小孔繫牢了，給弟弟在地上拖着玩。弟弟挺高興，拖着「鐵鈎子」叮零噹啷奔出院門，找小夥伴們顯擺去了。

沒兩天，「鐵鈎子」發生了變化，原先粗糲的表層被磨掉了，變得光滑順溜，露出的卻不是鐵，竟是墨綠色的玉石！鈎頭的模樣也清晰顯露出來，像是個牲口的腦袋，水滴形的眼睛，唇吻上翹，腦後甩出的一溜薄片，就像翻卷的鬃毛。張鳳祥拿在手裡端詳着，心頭一陣驚喜。他立刻把玉鈎子收回，不再給弟弟當玩具了。

過了些天，張鳳祥懷揣玉鈎子去了趟縣城。他找到別人介紹的一位玉工，拿出玉鈎子：「勞您駕給看看，這能洗出幾個煙嘴不？」玉工接過玉鈎子一瞅，說這東西太彎不好弄，沒接這活兒。張鳳祥很失望——他一直想把父親那支旱煙桿上的瓷煙嘴換成玉煙嘴。

雖說玉煙嘴沒洗成，張鳳祥還是用一塊布把玉鈎子包裹好，小心翼翼地收起來。

又過了些日子，聽村支書說，縣文化館收老物件，張鳳祥便帶着玉鈎子找到了文化館。館裡值班的中年女同志一看，說這東西沒見過，不知是個啥，沒給收。一肚子郁悶的張鳳祥帶着玉鈎子回了家。

1973 年，在村支書的一再勸說下，張鳳祥再次帶着玉鈎子來到縣文化館。這一次，王志富館長接待了他。

拿着玉鈎子翻來覆去察看了好一會兒，王館長覺得這是個老物件，可先前從未見過、聽說過，究竟該叫個啥名稱，幹嘛使的，啥時候的，都沒法確定。不管怎樣，他收下了玉鈎子，還獎勵了張鳳祥 30 元錢。這錢是王館長自己掏的腰包，因為當時沒法給一件叫不上名的東西斷代和定收購價，也就沒法入賬。登記入冊之後，玉鈎子被鎖進文物保管室的一個木箱裡。

玉鈎子在木箱裡一待就是十年。

1983 年，遼寧朝陽牛河梁。考古隊在一處史前遺址進行考古發掘時，出土了一對玉龍，消息還上了報紙。從印刷模糊的新聞照片看，玉龍身軀粗短蜷曲，跟個鹹菜缸的蓋子那麼大。

這天早上，文化館的辦公室裡，負責人擱下報紙，把剛沏好茶的缸子端到面前。他閉上眼，舒心地提了提鼻子。冒着熱氣的缸子將要湊到嘴邊時，他又睜開了眼。缸子被慢慢地放回了桌上。負責人伸手再拿起報紙，仔細端詳那張顆粒很粗的鉛版照片，然後身子往椅背上一靠，沖天花板眯縫起眼睛。照片上玉龍蜷曲成圓的造型讓他想起了什麼。噌地一下，他站起身，走到隔壁的辦公室。

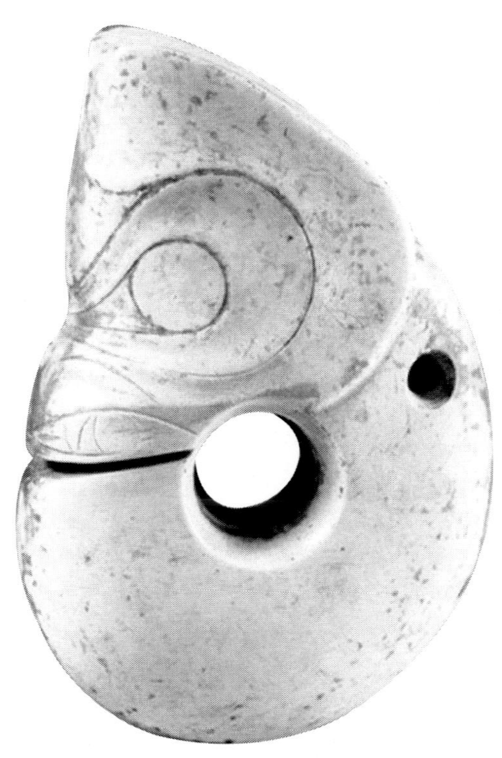

紅山文化　玉龍
遼寧省博物館收藏

「小劉啊，咱館裡好像以前收了個玉鈎子，該不會也是個玉龍吧？」

「啥、啥鈎子？啥龍？」

小劉一頭霧水。清早上班，他盡忙着掃地、擦桌子、燒開水了，這會兒還沒喘過氣來呢。

文保室的木箱一個接一個被打開。等到第五個箱子被打開時，室內的光亮處已是塵粒飛舞。

它還在那兒，蜷曲的身上落了薄薄一層灰。

第二天一大早，負責人和一位同事匆匆出了門，直奔縣城汽車站。負責人肩頭斜挎着黑色人造革包，裡面裝着幾封蓋了公章的介紹信，還有用衣物包裹嚴實的玉鈎子。兩人乘汽車，轉火車，到了北京，把玉鈎子帶到位於王府井的社科院考古所，請文物學家鑒定。

接下來兩天，負責人和同事在北京城四處遊覽，期間見到了不少的龍：有在華表柱上蟠曲攀緣的，有在琉璃壁上鬧海興波的，有在殿前漢白玉丹墀上騰雲戲珠的，還有在皇帝的紫檀寶座上抖擻威風的……都是明清兩代的龍，歲數大的有四五百歲。

第三天早上，負責人和同事被請回考古所。會議室長桌的那頭，幾位文物學家和考古學家分坐兩邊。桌上，玉鈎子躺在一個有明黃絲絨襯墊的盒子裡，在穿過窗欞傾瀉下來的陽光中發散着瑩瑩的幽光。儘管學者們鄭重其事的架勢和笑眯眯的臉讓兩個人預感到了什麼，但被正式告知鑒定結果時，他們仍禁不住欣喜若狂。

這是一條紅山文化的玉龍，年齡已經五千多歲了。

三星塔拉玉龍被認定為華夏圖騰的祖形，即龍最早的樣子，被定名為蜷體龍。作品材質為岫玉，出產於遼寧岫岩。

想想真是奇妙，五千多年漫漫的歲月，小山坡上紅山人堆砌的石洞中，玉龍一直在黑暗中靜靜蟄伏，離地面僅一尺左右，直到某個下午，耀眼的陽光將它喚醒。一只長滿老繭的大手把它帶出了蟄伏之所，然後，一雙稚嫩的小手幫着它褪去了滿身厚厚的積垢。不料，剛沐浴到五千多年後的第一縷陽光，久困的身軀還沒舒坦夠呢，玉龍再次被置於黑暗中。不過，這一次它沒有等太久。在王府井一個栽着幾棵龍爪槐的院子裡，玉龍終於橫空出世，光耀中華。

不久，曾經的「鐵鈎子」、玉鈎子，後來的「中華第一玉龍」被調撥到當時的中國歷史博物館珍藏。如今，玉龍正在中國國家博物館地下一層「古代中國」廳長期展出。多虧了那年的植樹造林，讓張鳳祥發現了先人留下的寶貝；多虧了玉煙嘴沒洗成，龍的傳人才觸摸到了老祖宗的脈息。

用石塊砌個小洞，然後把玉龍放在裡面，蓋上石板，培上土……這是紅山人祭祀龍的一種方式嗎？他們是想就這麼一直讓玉龍待在地下，還是想過段時間再把它請出來？後來因為什麼緣故給忘了？不得而知。三星塔拉之後，再沒發現同樣的情況。

玉龍頭部修長、唇吻上翹，頸部有翻卷的鬃毛，由此可以斷定，這樣的造型是以馬為原型的。古人認為馬是龍種，後來還造出「龍馬精神」一詞，看來也許與這種紅山玉龍的概念有某種關係。

玉冠　玉人　勾雲佩

1983 年以後，在各地史前遺址的考古發掘中，出土了更多新石器時代的玉器，為人們勾勒出一幅幅神靈崇拜、自然崇拜和祖先崇拜的圖景。

由於玉器是人與神靈溝通的媒介，其持有權和使用權被部族首領或巫師壟斷。在很多情況下，巫師和首領是同一個人。自此，玉器便有了權力的含義。

在新石器時代早期，製作玉器的工具可能包括硬性的竹木條和柔性的獸皮及獸皮繩，硬度大的砂粒被當作切割和打磨玉石的中介材料。先民使用這些簡陋的工具和材料製作了許多玉器。紅山文化玉器是這一時期的一個代表。

紅山文化的命名，緣於最早的遺址發現地遼寧赤峰。五六千年前，在一片地跨現今遼寧、內蒙古和河北的廣大區域，紅山人在山地丘陵和草原上繁衍生活，通過製作和使用玉器，表達他們對神靈和自然的崇拜。他們就近取材，用岫岩出產的玉石製作了很多玉器，作品有圓璧、方璧、璜等禮器，還有相貌奇特的玉人、風格寫實的玉龜、蜷體的玉龍和幾種造型奇特的玉器。

箍形器又稱馬蹄形器，玉料青色或青黃色，像一個圓筒，器身對穿掏空，磨成薄壁，上部略呈弧形外撇。迄今為止，僅在紅山文化區域發現過這類玉器。多年以來，對箍形器的使用功能有很多揣測：有人猜它是臂釧；也有人根據它下部對穿的孔，猜測它是紅山人部族首領用於束髮的髮箍，通過小孔插入條狀物，中間穿過髮髻將其固定；還有人認為，它是部族的巫師戴在頭上溝通神靈的玉冠，是接收神諭的通道，是一種法器。事實上，後兩種猜測都有道理，因為在那個時代，首領和巫師往往是同一個人。

紅山文化　玉冠
台北「故宮博物院」收藏

從新石器時代開始，在關注身邊世界的同時，先民對自身的關注越來越多。這種關注，最早的體現就是紅山文化的玉人。有一種玉人長着獸頭，犄角誇張，又粗又長，直指上方。這種玉人是先民對自身與自然關係的詮釋。有人將這類玉人稱為太陽神，但是缺乏依據。聯繫到後世薩滿巫師頭上裝飾的牛角，把這類紅山玉人理解為巫師的造像似乎比較靠譜。後來，生活在這一地區的滿族人沿襲了這種裝扮，盛裝的貴族婦女頭上也紮着一對巨大的牛角飾件。

紅山文化　玉人
民間收藏

還有一種紅山文化玉人，五官誇張，面貌奇特，氣息神秘。民間收藏有一件此類作品，青玉質，高 9 公分。器身局部有褐色沁，片狀的色沁深入玉體，水藻狀的沁色多處於器表的淺層，還有些乳白色沁，與褐色沁交相雜處，層次豐富。玉人立姿，雙手抱持身前。這樣的姿態表現的是恭謹。手指和腳趾琢陰線，刻畫簡潔洗練。腳掌很大，併攏着，使人像能穩穩站立。後脖梗處琢有對穿孔，可穿繩繫掛。這個穿孔和手肘與身軀間隔的兩個穿孔一樣，都比較大，顯示紅山人使用的鑽孔工具不甚堅硬，需反複鑽研。再經打磨修飾後，玉上的孔洞就很大了。

這件玉人最大的特點，在於對眼睛和耳朵的表現。一雙大得出奇的梭子形眼睛琢磨得十分精細，向外突起，往中間傾斜，佔了臉龐很大一部分面積，非常引人注目。鼻子和嘴則碾琢較淺，刻畫簡潔。一對又大又尖的耳朵沒有任何人類特徵，像是從某種動物那裡直接拿過來安在了頭顱兩側。類似這樣的玉人，是紅山人崇拜的偶像？是對某個獨特人群長相的記錄？或者，僅僅是製作者豐富想象力的發揮？不得而知。

紅山人還琢製了一類造型抽象的玉器，即所謂的勾雲佩。這種玉佩造型比較自由，特點是琢出若干個鈎形的塊體。有一種勾雲佩，除了周邊的幾個鈎形塊體，中心部位還鏤空琢了一個。它們像卷動的雲氣，又像猛禽的勾喙。還有一種勾雲佩強調對稱，下部琢有直線條的叉形塊體。勾雲佩有突弦紋、凹槽形紋或打窪紋，器邊多磨成薄刃狀。也有人把這種裝飾稱為鳥獸紋或卷草紋。

關於勾雲佩的含義和使用功能，學界也有多種猜測，大多往原始宗教上靠。事實上，不少藝術表現形式都出於偶然，並沒有預設的定義，如勾雲佩，最初很可能是作者隨性為之，只是對草木葉片、飛鳥翎羽等形象下意識的模仿，表現的是線條和塊面的美。

作品完成後，大夥覺得挺好看，於是競相仿效，結果成了流行的樣式。

白雲蒼狗，光陰似箭。紅山文化繁榮了近千年之後，在他們的西邊，另一群人正向着一個新的時代緩步前行。這群人栖居於一條河水常年渾濁的大河邊上。

到了新石器時代末期，銅的冶煉技術從西域傳入，歷史進入了青銅時代。黃河流域的人們發明了新的治玉方法，即鑄造圓形的青銅砣具，以往復轉動的砣頭帶動堅硬的砂粒來剖玉、磨玉，然後用獸皮蹭着砂粒對玉器進行拋光。砣頭可能有幾種形狀和規格，以適應不同的工藝需求。至今，老玉工仍把治玉叫作碾玉，把治玉工藝稱為碾琢，就是緣於圓形砣具的使用。

人們很可能還設計製作了驅動砣頭旋轉的木質機械，可惜木材易朽，迄今未見實物留存。由於砣具的使用，治玉的難度降低，玉器的器形增大，種類和數量增多，也讓人們有能力在玉器上碾琢更精巧的紋飾，製作更複雜的圓雕玉器。

在黃河流域，部族之間因爭奪土地和資源不時爆發沖突。「軒轅之時，神農氏世衰，諸侯相侵伐。」（《史記》）西邊的黃帝部族不斷發動戰爭，兼併弱勢的部族。最終，黃帝部族打敗了炎帝部族和蚩尤部族。在佔有更多土地、河流和人口的同時，黃帝佔有了更多的玉器。

到了唐堯、虞舜、姒禹的時代，人們學會了製陶、觀天象，開始了農業生產，馴養動物的種類也增多了。姒禹德行高潔，帶領族人開山導流，治理水患。領導治水意味着跟龍對着幹，於是，具有如此膽氣和智慧的姒禹被人們奉為一代聖王，稱為大禹，世代受到尊崇。

隨着部族人口增多、活動地域擴大以及生產活動的分工逐漸細化，部族式的管理方法已不敷應用，龐大的部族即將變成王國。

公元前2070年，大禹的兒子啟建立了第一個世襲王朝——夏，他本人被尊稱為「王」，意為「玉器掌管者」。

夏王國的建立，是長期部族兼併戰爭的結果。被認為是夏王國都城的河南偃師二里頭遺址，出土了不少玉兵器，包括玉刀、玉戈、玉鉞等，印證了典籍中「以玉為兵」的記載。和玉工具一樣，玉兵器也是禮器，用於和戰爭有關的祭祀。夏王國建立後，有組織、可協調的生產活動成為常態，青銅冶煉的規模逐漸擴大。

夏人修建了最早的宮殿，王在宮殿裡掌管着所有的玉器，實施對王國的統治。這一時期，磨玉技能最好且能解讀神諭的人成為專職的巫師，即王的神學顧問。自此，神權與王權有了初步的分野。

仰韶　齊家　黃帝冢

1924 年夏天，甘肅廣河齊家坪。荒野中，一個五十歲左右、胖乎臉、戴眼鏡的洋人，正和幾個人在土坑裡上下忙活，不時從土裡取出一隻隻陶罐，然後登記、包裝。洋人名叫安特生，瑞典考古學家，是古斯塔夫王子資助的中瑞聯合考古隊的領隊。

最初，安特生以地質礦物學家的身份受雇於北洋政府礦業部，後專注考古。1918 年至 1926 年間，在北京房山周口店的考古發掘中，安特生發現了北京人遺址。他還組織了在中原黃河岸邊的系列考古活動。

在河南澠池發現並命名「仰韶文化」之後，安特生判斷，在黃河的上游地區，很可能也曾有新石器時代的族群生活過。於是，他組織了對甘肅和青海的考察。在甘肅廣河齊家坪，通過對遺址和墓葬的發掘，安特生發現並命名了「仰韶文化齊家期」。

1947 年，考古學家裴文中再次對上述地區進行考察，確定此地的陶器與仰韶陶器風格有異，遂將其所代表的史前文化命名為「齊家文化」，定義為「中國黃河上游地區新石器時代晚期至青銅時代早期的文化」。齊家文化的繁榮期，可能在公元前 3000 年

齊家文化　玉獸面紋鼎
民間收藏

至公元前 2000 年之間，距今四千年左右。

安特生和裴文中之後，在戰爭和動蕩的間隙，考古學家又在齊家文化區域進行了多次考古發掘，一些玉器和青銅器陸續被發現。已知的齊家文化遺址有上千處，已發掘了幾百處，出土了數量可觀的玉器，但是，在二十多年前，大部分人還沒聽說過齊家文化，更不必說了解齊家文化的玉器了。

齊家文化區域位於黃河上遊黃土高原與青藏高原的過渡地帶。以廣河縣為例，區域內多山地丘陵，水系密集，有包括黃河支流在內的數十條大小河流。該地區層層疊壓的眾多遺址，曾出土大量古代器物，發現了大量古生物化石。這表明，在遠古時期，這裡溫和多雨，自然環境非常適宜人類和動植物的生存繁衍，適於農耕，是先民聚居的理想地域。

齊家文化區域連接中原和西域，史稱河西走廊，是古代亞歐大陸各族群交往、遷徙的途經之地。幾千年裡各族群交流、交融所形成的齊家文化，對黃河中遊地區文化的形成產生了重大影響，在中華文明史上的地位至為重要。

過去幾百年裡，甘肅農民在耕作或蓋房時，經常從土裡刨出玉器和陶器。這些器物要麼被丟棄，要麼被帶回家給小孩玩，結果多被損壞。少量玉器經地方官員之手流入京城，最終為皇家收藏。

20 世紀末期，大規模基礎建設開始後，人們常在施工時發現大量玉器。有時，推土機一下就從土裡推出幾十上百件齊家玉來，當地人稱為「一窩」。每逢這種時候，司機就會剎車熄火，點上一支煙，等大家撿拾完了再繼續施工。最初，沒人把這些玉器當作什麼寶物，結果大部分都殘損了。

歷史上，最早對齊家玉進行收藏和研究的人，很可能是清代的乾隆皇帝。但是，由於知識所限，一些新石器時代的玉璧、玉

璋、玉琮等，被他籠統地劃歸「古於漢」。另外，過去近百年裡，歐美一些重要的博物館也購藏了不少齊家玉，多見琮、璜、璧、刀、璋，等等。

1990 年代，一些齊家玉開始流入北京等大城市。它們體量大，玉質佳，器形多，沁色美，簡潔古樸，粗獷大氣，所展現的早期古典主義之美，迷住了眾多學者和藏家。

齊家玉包括禮器和工具，多大器，多圓雕，多器皿。紋飾多減地陽線，少陰線。作品包括玉璧、玉環、玉瑗、玉璋、玉琮、玉刀、玉斧、玉器皿、琮式玉虎頭，等等。這些玉器琢磨技藝嫻熟，風格渾穆拙樸。

相比二里頭出土的玉工具和玉禮器，齊家玉不僅數量多、器形多，所蘊含的文化內容也更豐富。這些玉器，向我們透露了齊家人的生存狀態和他們的精神寄托，對於研究中華文明的肇始和演進，具有極高的價值。

「西土多美玉。」齊家文化區域蘊藏豐富的玉石資源，馬鬃山、馬寒山和附近祁連山的玉礦，為齊家人的玉器製作提供了充足的原料。2007 年，考古隊在馬鬃山發現了一處面積達 5 平方公里的漢代大型玉礦遺址，有開採區、作坊區、居住區和防禦設施。事實上，遠在漢代之前，人們就已經在此開鑿玉石了。各地考古發現的許多商周和漢代玉器，其材料都是產於這一地區的透閃石玉。馬鬃山玉礦遺址的發現，使河西走廊在中國玉器史上的地位一下突顯出來，意義十分重大。

與紅山、良渚文化玉器相比，河西走廊的齊家文化玉器品類較多，除了片狀玉禮器，還有不少玉器皿。由此可見，齊家人的神靈崇拜已具有體系化特徵，其審美觀念和成體系的造型手段表明，在青銅時代早期，黃河上遊族群的玉器藝術已達到了相當成熟的階段。

民間收藏有齊家文化玉鼎，青玉質。鼎身圓，鼎壁厚，減地起陽線琢獸面紋。獸面上方琢陽線雙圈，或表現日月。方耳三足，足與鼎身相接處琢人面紋。無論是器形還是紋飾，商代的青銅鼎與之有明顯的承襲關係。

1959年和1976年，在甘肅臨夏、武威的齊家文化層發掘中，都有青銅小刀、錐子、銅鏡等出土，證明齊家人是最先邁進青銅時代的華夏族群，這與學界公認的「中原青銅文化西來」是一致的。

上述情況表明，黃河上遊的齊家文化對黃河中遊的商文化曾產生巨大的影響，是中華文明的重要源頭。

黃帝姓姬，號軒轅，又號有熊。陝西黃陵有個黃帝陵，河南新鄭有個黃帝故里，近年來都在為國家黃帝祭祀地的擇定而明裡暗裡較着勁兒。那麼，這兩個地方與黃帝的關係究竟如何呢？這得由典籍說了算。

《史記》《漢書》《魏書》《括地志》和《太平寰宇記》等漢、南北朝、唐、宋的重要典籍均明文記載，黃帝去世後葬於陽周（今甘肅正寧）的橋山：「黃帝崩，葬橋山。」當年，漢武帝劉徹為此還專門向學者諮詢過，得到了肯定的答覆。宋真寧縣（今正寧縣）《承天觀之碑》明確指出，此地「軒丘（軒轅冢）在望，乃有熊得道之鄉」。可見歷代以來，甘肅陽周橋山的黃帝冢一直被確認為軒轅黃帝的下葬處。現今陝西、河南的黃帝陵和黃帝故里，不過是歷代朝廷為方便皇帝就近祭祀而修建的黃帝廟。按古人歸葬家鄉的習俗，黃帝冢所在地甘肅就是當初黃帝部族生活繁衍的地方，亦即中華文明肇始之地。

齊家文化遺址分布於黃帝部族生活的地域之內，因此，齊家人很可能就是黃帝部族的後裔，「齊家文化晚期」很可能就是夏代，「齊家文化玉器」很可能就是夏代玉器。

甘肅正寧橋山黃帝冢

公元前2000年左右，由於新冰期氣候的長期作用，在現今甘肅一帶，適合植物生長的氣候逐漸惡化，農耕環境最終遭到徹底破壞。後來，這裡又遭逢強烈的地震，齊家人被迫離開了這片土地。

鴨子河　月亮灣　三星堆

齊家人到哪裡去了？從中國歷史上大規模人口遷徙的規律來看，戎人東遷、匈奴人南下、鮮卑人和羯人東遷、女真人南下、契丹人南下、蒙古人南下和滿人南下，每一次都是從寒冷乾旱的地區向溫和濕潤的地區遷徙，都是周邊族群向中原地區遷徙，而中原的族群則鮮有向西、向北大量遷徙的事例。以此規律判斷，因氣候變化導致農耕環境被破壞，齊家人於四千年前沿黃河向東遷徙，到達了適合農耕的中原地區。這一時間段，與公元前 2070 年夏朝建立的時間正好重合。

器物學的類型統計和沿襲規律，也支持「齊家人向東遷徙」的理論。齊家人來到中原時，帶來了自己的玉器、青銅器製作技藝和相關的器形和紋飾，同時帶來的還有最初的象形符號，促成了中華文明在黃河中遊地區最初的繁榮。

夏朝享祚 470 年。最後一位王名叫桀，史書上說，他專橫暴戾，行事隨心所欲。懾於其威勢，大夥對他一忍再忍。

公元前 1600 年，商部族的首領湯不願再忍了。他串聯各部族舉兵，推翻桀的統治，滅亡了夏朝。大夥推舉湯為王，建立了商朝。

在商王的統治區域內，人口在400萬上下（本書所錄均為史籍在案人口）。

商朝建立兩百多年後，青銅器進入繁榮期。在這一時期，人們依然滿懷熱情地製作玉器，把它們奉獻給神靈，以尋求神靈的啟示，接受神靈的指引，獲得神靈的護佑。

19世紀末，刻有卜辭的龜甲和牛肩胛骨在河南安陽被發現，引出了20世紀20年代對殷墟的幾次考古發掘，出土大量商代的青銅器、甲骨器和玉器。青銅器有鼎、簋（ㄍㄨㄟˇ）、罍（ㄌㄟˊ）、尊、豆、鬲（ㄌㄧˋ）、簠（ㄈㄨˇ）、觚（ㄍㄨ）、卮（ㄓ）、爵，等等；玉器有玉刀、玉鉞、玉環、玉璧、玉璋、玉圭、玉琮、玉璜和動物形玉佩。1920年代末期，人們首次以現代考古學的方法，對這些三千多年前的玉器進行了研究。

當商朝人邁入以青銅器和玉器為標誌的鼎盛期時，據信與商朝同期的一個非中原王朝，正循着自己的路子走向繁榮。

1934年3月，四川廣漢南興月亮灣。一隊士兵的到來，在這個寧靜的鄉村地區引發了不小的動靜。奉廣漢縣羅雨蒼縣長的命令，80名士兵被派到了一戶居民的宅地周圍，在那裡安營紮寨。身着灰色軍服的士兵手持德國毛瑟步槍和四川「單打一」七九步槍，對一片相當於半個足球場大小的區域實施了警戒。

動用這麼大的陣仗，究竟為了什麼呢？原來，士兵們是在給一項考古發掘提供保護。考古隊的領隊葛維漢是美國考古學家，時任成都華西協合大學考古、藝術與人類學博物館館長。他是應羅雨蒼縣長的邀請，率隊前來進行考古發掘的，其助手是中國考古學家林名均，隊員還包括幾名縣府人員。

鴨子河蜿蜒流過成都平原的月亮灣地區，沿岸散布着稀疏的村落，田疇間樹木蒼翠，景色優美。1929年，一位名叫燕道誠的士紳在自家的房前開挖水溝時，挖出了好些令人大為驚奇的東西。那是三百多件玉器，有玉璋、玉璧、玉環、玉瑗、玉琮等，器形

三星堆玉璋
三星堆遺址博物館收藏

都很大。此事一傳開，月亮灣出了名，許多古董商紛紛來此轉悠。為防古物流失，廣漢縣下令禁止農民在地裡挖寶，直至邀請到葛維漢組隊前來。

十天的考古發掘結束，共出土玉器、石器、陶器等器物六百餘件，交由華西協合大學博物館收藏和展覽。葛維漢繪製了詳細的發掘圖，撰寫了詳盡的報告。這次考古發掘的成果，引起了人們對古蜀國歷史的極大興趣。此後，日寇全面侵華，國共激烈內戰，時局發生劇變。華西協合大學博物館收藏的月亮灣玉器，在戰亂中不知下落。時光流逝，月亮灣漸漸被遺忘，也沒有人再提起燕道誠、羅雨蒼和葛維漢了。

1986 年 7 月 18 日，四川廣漢南興三星堆。磚廠的工人在取土時，意外地挖出大量玉器，包括一件長達 40 公分的玉璋。此事立刻引起文物部門的高度重視，並觸發了對這一區域的大規模考古探查和考古發掘。

三星堆與月亮灣，一南一北，隔着美麗的鴨子河相望。

在三星堆，考古學家陳德安領着考古隊進行了搶救性發掘。隨着對兩個大型祭祀坑的清理，人們一次又一次對着出土的器物發出陣陣驚呼。最終，

三星堆玉琮
燕道誠之子捐贈

三星堆共出土了千餘件造型奇特的青銅器、精美的玉器、耀眼的金器和成噸的象牙。

三星堆出土的青銅神樹殘高 396 公分，青銅神人高 226 公分。一件青銅神人面具寬 138 公分，是二十多件面具中最大的一件。這些神人、神樹和面具造型奇詭神秘，有濃郁的神靈崇拜意味。祭祀坑內，大量玉器層層疊壓，有璋、璧、瑗、環、琮等，其中一件殘長 159 公分的玉璋，堪稱玉璋之王。三星堆器物的系列特徵顯示，其禮器體系十分完備，祭祀規模巨大。

三星堆的發現轟動了世界。

1990 年 5 月，一座 4 平方公里的城址被全部探明。月亮灣遺址位於城內北部，三星堆祭祀坑遺址在城南外。至此，一個古代文明的面貌便顯露出來了。就青銅器的製作而言，沒有王朝一級的統轄機構，沒有大規模生產的管理體系，顯然無法完成這樣需要有組織、有協調的工程。所有這些表明了一個事實：古蜀具備王朝氣象。

蠶叢及魚鳧，
開國何茫然！
爾來四萬八千歲，
不與秦塞通人煙。

李白不是考古學家，也沒聽說他有古物收藏和研究的經歷，但這並不妨礙他把聽到或讀到的古代傳說寫進浪漫的詩篇。由於沒有文字記載，關於三星堆王朝始於何時，李白和我們一樣感到茫然。「四萬八千歲」顯然是文學家的誇張，與「白髮三千丈」一樣，是詩仙一貫的浪漫。

我們不知道三星堆王朝的名稱，因為考古出土的玉器和青銅器竟無一字銘文。中原人的典籍，提供了幾位蜀中王朝統治者的名字，僅此而已。蠶叢和魚鳧，兩位被中原人以植物和涉禽命名的君王，其生平事迹和王朝的經歷，就像成都平原氤氳的霧氣一樣縹緲，一樣杳不可尋。隨着三星堆附近新石器時代玉器的出土，三星堆文化之淵源愈發引人關注。

一般認為，蜀中的三星堆文化與黃河流域的商文化一樣，都源自夏文化。然而，三星堆器物在類型方面有其顯著的體系特徵，神靈崇拜也與黃河流域大異其趣，顯示了獨特的文化樣貌。秦嶺以北的商人熱衷於鑄造各種青銅器皿；秦嶺以南的三星堆人則以巨型青銅神人、青銅面具、青銅神樹和青銅鳥獸，詮釋了他們關於神靈、關於信仰的觀念。在玉器方面，二者也存在很大差異。三星堆玉器的體量普遍很大，紋飾簡練；中原玉器的體量則小得多，紋飾精細。隔着一座秦嶺，二者的差別怎麼就這麼大呢？李白給出了答案：「不與秦塞通人煙。」大秦嶺重巒疊嶂橫亘東西，山高林密猛獸出沒，人莫敢近。作為中國南北氣候分界線的秦嶺，也成了兩地文化的分水嶺。

由於缺乏文字記載，要探尋三星堆王朝的歷史、三星堆人的生活狀況、神靈崇拜、戰亂災難，等等，人們只能憑藉出土的玉器和青銅器發揮自己的想象力了。

武丁　婦好　殷墟

公元前 1250 年，在秦嶺以北，商朝的王位傳到了第 23 代。這位王名叫武丁，在位 59 年，是當時就有文字明確記載的君主。

武丁多次通過武力擴展王國的統治地域。每次戰爭前和戰爭過程中，他都要舉行隆重的儀式，用玉器祭祀神靈，祈求神靈站在自己一邊；戰爭勝利後，再行祭祀，感謝神靈。

在武丁的所有征戰中，有一場戰爭異乎尋常，即遠征鬼方的戰爭。鬼方在哪兒呢？大致在河西走廊一帶，即現今的甘肅、青海地區。這場戰爭曠日持久，打了整整三年，期間，武丁增兵三次，並在國都殷主持了三十四次祭祀，祈求神靈保佑商軍打敗鬼方軍。商鬼之戰是當時就有文字記載的一場大規模戰爭。商軍此戰，目的是獲取一項重要的資源：玉石。

人類對資源的佔有，是為了生存和生存得更好。玉石作為一種資源，既不能吃，又不能喝，僅用來琢磨玉器獻祭神靈和裝飾身體，與生存扯不上關係。可是，商朝人對玉石求之若渴，非常執着，竟不惜勞師遠征，大動干戈，難道說，玉石竟會影響到商朝人的生存？商朝人對玉石強烈的佔有欲望，絕非僅僅出於對美

的追求和正常祭祀的需要。一定有一個迫不得已的理由，讓商朝人非發動戰爭不可……或許，在一場自然災害之後進行過一次占卜，然後，從燒灼甲骨產生的裂紋中，一道神諭被釋讀出來，讓商朝人感到了極度的恐懼。按此神諭，他們必須向神靈奉獻大量的玉器，方可避免更大的災難，挽救所有人的性命。對於商朝人來說，生死攸關，天意難違。

商朝人奉饗神靈的玉器，祭祀過後會分一些給王室成員。每次祭祀，必須向神靈獻上一些新製的玉器。可是，當時商朝人手頭未獻祭的玉器和玉石原料，遠達不到神諭所要求的玉器數量。到哪裡能盡快獲得更多的玉石呢？商朝人把目光投向了西北的鬼方。

鬼方人時常帶着玉石、牲口和毛皮東來，跟商朝人交換穀物。那些玉石品質上乘，瑩潤堅硬，現代人稱為透閃石玉。古語云：「金生麗水，玉出昆崗。」顯然，生活在「昆崗」下的鬼方人掌握着豐富的美玉資源。然而，僅靠貨物交換無法滿足商朝人急迫的需求，必須直接奪取資源。於是，武丁一咬牙一跺腳，發動了遠征鬼方的玉石之戰。

三年戰爭結束，商軍獲勝，班師回朝，「有賞於大國」*（《周易》）*。在記述這場玉石之戰時提到的「賞」，就是商人的戰利品：玉石。

1976年5月，河南安陽殷墟。考古學家鄭振香女士帶領一支考古隊，對一座商代貴族墓葬進行了發掘。商代晚期，國都遷到了殷，即現今安陽小屯村，故商代晚期被稱為殷商。商朝滅亡後，城池頹圮成了廢墟，於是這裡又被稱為殷墟。

先前，人們對鄭振香的發掘主張頗多異議，因為她提議發掘

的地點位於已探明的商王宮殿區，而已確定的王陵區在洹水河對岸。但是鄭振香堅持認為，探鏟提出的夯土表明，下面有墓葬的可能性很大。

5 月 16 日這天，當鑽探至地下 8 公尺深時，探鏟提取到的泥土中滿是紅色的漆皮。「是墓！」眾人大為激動。接着，從探鏟提取到的泥土中摳出一件小東西，更使人們大喜過望——那是一枚小玉墜。

經過細緻的發掘，一座三千多年來從未被擾動的晚商墓葬呈現在人們面前。墓中隨葬物品之豐富，等級之高，器形、紋飾之精美，讓所有的人一陣驚喜。

幾件青銅器上的銘文表明，這是商王武丁的王后婦好的陵墓！鄭振香和她的隊員們知道，他們找回了一段完整的歷史，因為墓主人是中國考古發掘史上年代最早的有名有姓的人物。幾千年來，所有的商代王陵均已遭盜掘，唯獨婦好的陵墓得以完整留存，而它之所以能躲過厄運，就因為其所處的位置。至於商王為何違反常規，把這位王后下葬於宮殿區內，就成為一個千古之謎了。

婦好墓共出土 1928 件器物，其中玉器 755 件。玉器的材質有近一半是透閃石玉。這一發現，為武丁王征伐鬼方的戰爭提供了佐證。更令人驚喜的是，兩件刻有婦好名字的巨大青銅鉞證實了甲骨文的描述：婦好不僅是高貴的王后、孩子的母親，還是一位領兵征戰的將軍。

君親操鉞持首，授將其柄，曰：「從此上至天者，將軍制之。」

（《六韜》）

商代　玉人
中國國家博物館收藏

想象一下，王后婦好頂盔貫甲，手執代表軍隊統帥權的青銅大鉞，威風凜凜立於戰車上，率領王國的軍隊出征作戰，那是何等的英姿颯爽！

2016年3月8日，北京首都博物館。從這一天起，館裡訪客猛增。原來，就在這天，紀念殷墟婦好墓考古發掘四十周年特展開幕了。在三個多月的展覽期間，通過了解婦好使用過的玉器、銅器和記載商代貴族生活細節的甲骨器等，更多的人認識了這位三千多年前的王后、母親和將軍。

在北京方莊，考古學家鄭振香接受了媒體採訪。老人 87 歲了，仍精神矍鑠，談吐侃侃。對於特展選擇在國際婦女節這天開幕，她表示很高興，稱贊這一安排很有意義。談起婦好墓的發掘，老人興致很高，講述了發掘過程的諸多細節，言談之中，不時流露出對田野考古的嚮往。

「婦好的玉器很精美，特別是那些動物和首飾。」鄭振香回憶起第一次觸摸婦好玉器時的感受。相隔三千多年，兩位非凡女性的生活，因一次考古發掘產生了交集，讓人不禁感慨命運之手的奇妙安排。

除了祭祀用的玉璧、玉琮、玉璋、玉圭、玉璜等禮器，晚商還出現了更多的人物、動物和瑞獸玉器。婦好墓出土的跪坐玉人，是迄今為止知名度最高的古代圓雕玉人，也是經由考古發掘獲知的年代最早的商朝人樣貌。玉人的容貌、發飾、服裝及其紋飾，迷住了幾代歷史學家、考古學家和藝術家。他是巫師？是國王？抑或二者相兼？他身後的柄形器又是個什麼物件？

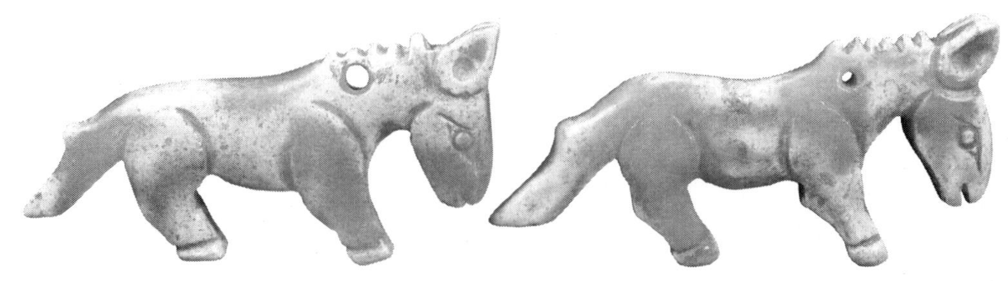

商代　玉馬
民間收藏

婦好的玉器中，除了玉簪、玉梳等首飾和玉璧、玉璋等禮器，還有許多動物玉佩，顯示王后對動物十分喜愛。其中，一件新石器時代石家河文化的片狀玉鳳，標誌着婦好玉器收藏的極高品位。

王后的動物玉雕身上，大多都碾琢商代特色的紋飾，可是，有兩件白玉馬卻完全採用寫實的表現手法，沒有碾琢紋飾，顯得十分自然、生動，特別引人注目。玉馬為剪影式的片狀器，長度5公分左右，小巧玲瓏。馬呈站立姿態，非常寫實，像是馬駒，模樣很可愛。玉馬的頸肩處鑽小孔，用於穿繩繫掛。

女將軍征戰歸來，卸下甲胄，滌盡征塵，梳妝熏香，又恢複了母親和王后的身份。她在身上綴掛各種玉飾，其中包括她喜愛的兩隻玉馬。王后步出寢宮，氣質高貴優雅，身上的佩玉相叩叮咚。

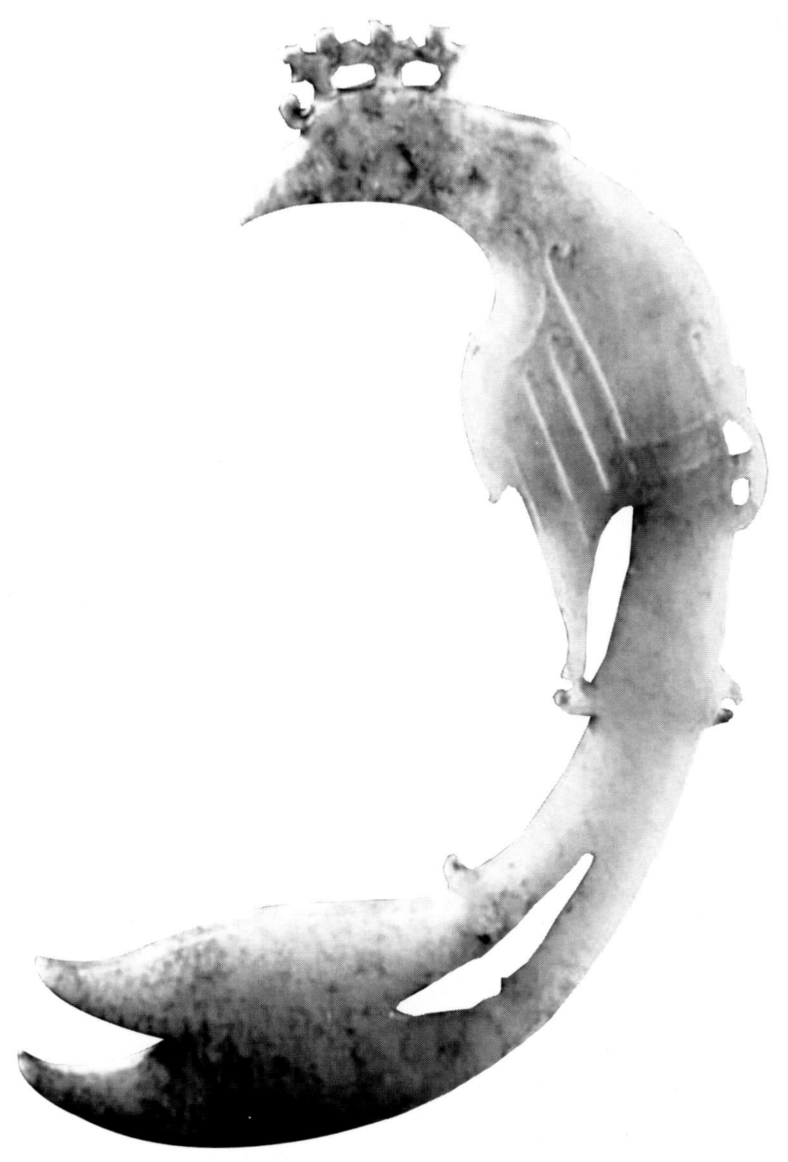

石家河文化　玉鳳
中國國家博物館收藏

老虎　雄鷹　燕子

商玉中有不少龍，有片狀的伏臥龍，也有圓雕的蜷體龍，紋飾都帶着濃重的神靈崇拜意味。有些玉龍的犄角很有特點，就像沒有開放的蘑菇，因此被稱為蘑菇角。王后婦好珍藏的一件蜷體龍，是迄今所見最為精彩的商代圓雕龍。

商朝人在製作玉瑞獸的同時，理性表達也開始萌芽，製作了許多表現自然界動物的玉器，有虎、熊、牛、羊、馬、鹿、兔、大象，有鳳、鷹、鵝、燕子、鸚鵡、貓頭鷹，還有水裡的魚、化蝶的蠶、飲露的蟬和長臂的螳螂……地上跑的，天上飛的，樹上爬的，土裡鑽的，水裡遊的，凡是被商朝人關注的動物，都經由玉工之手變成了美麗的永恒。

鳥飛鳴則日出，鳥投林則月升；蟬從土裡鑽出，爬到樹上，蛻殼之後振翅高飛，一鳴驚人；桑蠶吐絲，作繭成蛹，然後破繭而出，化蝶翩翩飛舞……這些自然界發生的奇妙事物，都讓商朝人感到十分神奇。這些被琢成玉器的禽類和昆蟲，是商朝人對自然萬物密切關注的物證。

商玉的紋飾很有特點。玉工以雙陰擠陽線法碾琢紋飾，很有立體感；紋樣嚴謹、抽象，具有象徵主義藝術特徵。無論是人物、走獸還是禽類，其軀幹和肢體，都分別用幾種紋樣裝飾；甚至所謂的臣字眼，也通用於人、獸、禽。這樣做，並非玉工缺乏藝術表現力，而是因為商朝人相信萬物有靈，在神靈面前，人與自然萬物都是被主宰者，所以一視同仁，紋飾統一。這一做法，表明了商朝人敬畏神靈的態度。

猛獸、猛禽崇拜是原始崇拜的重要內容，所以商玉中的老虎和鷹很多。早年流入日本的「虎噬人」青銅提梁卣，把商朝人對老虎的恐懼刻畫得淋漓盡致。在先民看來，老虎不必修建居所，不必穿衣禦寒，不怕風霜雨雪，一年四季來去自如，翻山渡河毫不費力。老虎擁有敏銳的感知能力，擁有巨大的力量和迅捷的速度。這樣的生存能力是人類所缺乏的，也是人們潛意識裡希望擁有的。於是，大夥既懼怕老虎，又崇拜老虎。「虎噬人」紋飾出現在婦好大銅鉞上，表明商朝人期望藉助猛虎形象來提升自己的力量；出現在司母戊方鼎的鼎耳上，則表明王權凜然不可侵犯。

民間收藏有商代白玉虎，圓雕，匍匐狀，白玉細膩溫潤。五官用陰線碾出，臣字眼和鼻子位於頭部上方，此種表現方法一直

商代　玉虎
民間收藏

沿用至西周。口大張，被掏成一個深深的圓孔，凸顯其吞噬能力。虎口側面鑽兩個小孔，貫穿左右，表現虎牙。雙耳支棱，朝向前方。肩部、腹部、後胯皆以典型的圖案裝飾，足爪以兩條平行陰線出之。限於玉材，尾短，上卷，裝飾平行雙弧線。肩上部和後胯上部，分別裝飾盾形紋（或稱皿形紋，後在西周青銅器上廣泛使用）。虎身上的所有紋飾線條，均為雙陰擠陽線法碾琢。這件玉虎的姿態和裝飾紋樣都很典型，是商代玉虎的一件標準器。殷墟婦好墓也出土了類似的玉虎。

商朝人還製作了不少玉鷹。古人對天空非常關注，那裡除了日月星辰和雲霧雨雪，還有飛鳥。在古人的眼裡，禽鳥的飛翔是一種神異的能力。猛禽的攻擊特性，又給這種能力增添了力量感，更加令人羨慕、神往。雄鷹翱翔天空，以銳利的目光掃視下面的草原和林地，一旦鎖定獵物，即斂翼俯沖而下，巨爪撲攫。無論是山羊兔子地老鼠，還是豺狼狐狸小麋鹿，只要被其利爪鉗扣，便在劫難逃。

商代　玉鷹
民間收藏

商朝人對鷹的崇拜，一點也不亞於對老虎的崇拜，婦好墓就出土了好幾只玉鷹。粗壯的腿爪，銳利的勾喙，強調了鷹的攻擊能力，表現了商朝人對力量和神異能力的崇拜。

老虎襲人，雄鷹攫獸，展現了地面和空中強者的

風範，是古人目睹的自然界最為驚心動魄的情景。商朝人用玉石來表現老虎和鷹的形象，既出於崇拜，也包含另外一層意思。

盾形紋顯得很神秘，既用於玉人身上，也用在玉虎和玉鷹身上。當它用在猛獸、猛禽身上時，可以理解為人類意志的印記，代表人在意念中將它們降服，為己所用。也許，從這個時候起，中國人的「力量詞典」中就有了「伏虎」這個詞條。後來，佛教傳入中土時，羅漢共有十六位，經國人的本土化創製，給添加了兩位：一位伏虎，一位降龍。那是商朝人對老虎態度的遺絮了。

商玉中還有不少玉燕子，用料上乘，多圓雕，以減地起陽線法碾琢紋飾，十分精美。這其中又有何緣由呢？

傳說，商部族的祖先名叫契，他的母親名叫簡狄。有一天，簡狄到河邊洗澡，在岸邊拾到一枚燕子蛋。她把蛋吃了之後便身懷有孕，生下了契。於是商朝人就說，「天命玄鳥，降而生商」，把燕子尊奉為自己的始祖。「玄」意為「黑」，指燕子背部、翅膀和尾羽的顏色。因此，在商代，玉燕就相當於祖宗像，用料能不精良？碾琢能不細心？紋飾能不精美？

「燕子王朝」享祚 554 年。

商代　玉燕
婦好墓出土

鳳鳥　嘉禾　六器

最後一位商王名叫紂，身高體壯，有把子力氣。他為人驕橫，極端殘暴，舉國上下無不怨憤，大夥忍他好久了。最後，周部族的首領武王姬發實在忍不下去了，聯合了幾個部族扯旗舉兵。

公元前 1046 年 1 月 20 日，是日甲子。在一個叫牧野的地方*（今河南新鄉）*，姬發率領的周軍與商軍展開決戰。面對人數佔優勢的商軍，聯軍拼死進攻，戰事十分慘烈。最終，商軍勢挫，臨陣倒戈，同周軍一道攻入商朝的行都朝歌*（今河南淇縣）*。走投無路的紂王來到行宮後花園，踉蹌着登上鹿台。他把最心愛的幾百件玉器堆在自己身上，澆上油脂，點着了火，與美玉俱焚。姬發領軍殺入王宮後，繳獲了大量玉器。

凡武王俘商舊寶玉萬四千，佩玉億有八萬。*（《逸周書》）*

文中的「佩玉」，指的是商代的各種動物形玉佩，皆為裝飾玩賞件。那麼，「寶玉」指的又是什麼類型的玉器呢？迄今無人能解，估計是用於祭祀的禮儀性玉器。

西周　白玉龍紋璜
美國明尼阿波利斯藝術博物館收藏

《史記》記述，滅商之後，姬發「命南宮括、史佚展九鼎保（寶）玉，乃罷兵西歸」，即安排官員向公眾展示象徵王權的青銅九鼎和玉禮器，表明自己已經取代商王，成為最高統治者。

姬發建立了周朝，定都鎬京（今西安），史稱西周，享祚257年。他被大夥奉為天下的共主，尊稱為「天子」，意為上天之子，是順應天道、得到上天庇佑的人。古人對天充滿敬畏，與天有親戚關係的人當然擁有至高無上的權威，且不容置疑。

西周初期，人口有1300萬左右。周人敬天法祖，對於祖先的淵源十分珍視。姬發的父親文王姬昌，早年領着周部族聚居在周原岐山（今陝西岐山）下。文王賢德，很受族人擁戴。傳說上天嘉其厚德，遣鳳鳥飛鳴於岐山上，降祥瑞於周人，使周部族日漸興旺。此後，「鳳鳴岐山」成為周人勃興的標誌，鳳鳥因此成為周人的圖騰，其圖案出現在許多玉器上。

民間收藏有白玉短劍，西周早期之物，係周朝建立的紀念作品。劍身完全依照青銅劍的樣子琢磨，中間起棱，兩側打窪，邊緣磨礪出鋒，象徵着武王起兵滅商的功績。劍柄的兩面紋飾相同，

西周　白玉劍
民間收藏

當中琢一隻昂首挺立的鳳鳥，柄的邊緣各琢一排飛鳥剪影，表現鳳鳴岐山百鳥朝賀的場景。劍格被琢成兩條對稱的龍，中間托起一個周王的頭像，寓意周朝代商而立是替天行道，是得到上天襄助和祝福的。玉劍材質精良，寶光蘊藉，三千多年的光陰在器身上積澱出美麗的栗黃沁色。

玉劍上有一種紋飾很有意思。鳳鳥身前，琢有兩穗顆粒飽滿的稻穀，周王頭上也裝飾一圈稻穗，象徵周朝給天下蒼生帶來的福祉。南宋辛棄疾有句：「稻花香裡說豐年。」不提麥花，不提黍花，不提高粱花，為何單提稻花呢？因為在古代，稻乃五穀之首，一禾兩穗或三苗共穗被視為天下太平的吉兆，稱為「嘉禾」。以谷穗、麥穗代表民生福祉，用來裝飾徽記、紋章的做法，今天仍在流行，常見於國徽和軍徽。

在周玉中，短劍十分罕見。以周王頭像、鳳鳥、雙龍和嘉禾裝飾短劍，就如同今天各國以領袖像、吉祥物等裝飾貨幣，歷史價值和藝術價值極高。因此，這是一件非常重要的作品。

周天子出行，必有儀仗軍士前後隨扈，手執戈、戟、矛等兵器。朝廷製作了很多玉戈、玉戟和玉矛，用於征戰前後的祭祀，也藉以宣示一個樸素的觀念，即「政權出自武力，維護政權也要靠武力」。民間收藏有西周白玉戈一套九件，形制規整，尺寸由小到大，秩序感和儀式感很強。每件玉戈的援上琢金文兩行，全套共 90 個字，雖器物大部受沁，字口仍清晰無漫漶，辨識無礙，具有很高的歷史價值和藝術價值。

西周多片狀玉器，以線條勾勒紋飾。俗稱「一面坡」的寬線條，源自商代的雙陰擠陽線。這件作品單線、雙線並用，剛柔相濟。寬線條的截面內側低，外側高，碾琢成一個坡度，因此得名。

西周　碧玉人龍紋佩
民間收藏

以玉作六器，以禮天地四方：以蒼璧禮天，以黃琮禮地，以青圭禮東方，以赤璋禮南方，以白琥禮西方，以玄璜禮北方。

（《周禮》）

周人把玉禮器定為六件，稱為六器或六瑞。新石器時代以來，人們製作了許多表現神靈崇拜和自然崇拜的玉器，器形和紋飾多種多樣，結果被周人精簡為祭祀天地、四方的六器，這是一個重要的變化。

六器中，璧、琮、圭、璋皆為幾何體，而璜和琥則採用了龍和虎的形象。在神話中，龍掌管着陰晴霧雪、風雨雷電，對人們日常的生產、生活影響很大。因此，代表龍的玉璜被列入祭祀用的六器，理屬當然，畢竟，氣象和氣候的變化直接關係到人們是否能獲得足夠的食物，關係到人們最大的福祉。可是，把老虎也安排進六器中，這又是為什麼呢？答案是：它反映了人們心中潛藏的恐懼和對平安的期望。

西方是太陽落山的地方。夕陽西下，西邊的山林背光，一片昏暗幽冥，正是老虎出來覓食的光景。「以白琥禮西方」可被視為一項屈辱的防務政策：向西方的老虎獻祭，期盼它不要來傷害人。後來漢初對匈奴採取的「和親」政策庶幾相類，區別在於，漢人送出的是年輕的皇室女子，周人奉獻的是虎形玉片。

周玉中，祥禽瑞獸和真實動物的數量都很多，有龍、鳳、虎、鹿、牛、鷹、梟、魚、鵝、鸕鶿，等等。許多動物的身體上碾琢神化紋飾，但是，也有不少作品以動物的自然面貌出現。這一時期大量出現的魚、鹿、鸕鶿捕魚等作品，均為寫實風格。這些被人們當作食物的動物以及常見的動物活動被琢成玉器，成為純粹的審美對象，顯示理性的光輝已經照耀進周人的心田。

西周時期，人與龍的形象首次在同一件玉器上出現。除了前面提到的玉劍，還有一種玉佩，將人頭紋與龍紋組合在一起，表現周天子與龍的特殊關係。這樣的紋飾有兩層意思：天子的權力是上天所授，以龍的德行比擬天子的德行。民間收藏有碧玉人龍佩，厚片，兩面同紋，「一面坡」線條婉轉柔韌，流暢華美。不同於其他動物紋玉佩，這類人龍玉佩通常用料較大，玉質精良。

在西周，玉器依然保留着禮敬神靈的功能，同時，由於材質珍貴，它們又被賦予了兩項世俗的功能：貴族的身份標誌和重要活動、重要盟約的信物。自此，玉器又成為德行的象徵。

天子　周禮　諸侯

周朝建立時實行了分封制，周天子有自己的一塊領地，其餘地方被分封給天子的親屬和跟他一同反商的夥伴們，稱為諸侯國。諸侯又稱國君，各自擁有軍隊，都聽天子調遣，每年向天子朝貢，天子則向其頒賜玉禮器。

新朝甫立，天子登極，萬眾敬仰，一呼百應。按理說，擁有了天下的姬發一定是很開心的了，其實不然，他並不十分開心，事實上，他很擔心。

姬發擔心什麼呢？他知道，有些人一旦擁有了權力和財富，就會變得不知天高地厚，就想得到更大的權力和更多的財富。「最大的財富是什麼？天下呀！自己舉反旗得天下，別人就不會舉反旗奪天下？都說我是上天的兒子，可背地裡他們信嗎？」他越琢磨心裡越不安。「不行，得想個什麼法子，讓他們認清自己的位置，安分守己，免得生出圖謀不軌的念頭來。」他冥思苦想，還是想不出什麼好法子來，於是積憂成疾，不久就去世了。

姬發年幼的兒子繼位，由叔叔周公（姬旦）輔佐。姬發在世時，沒少和弟弟說起他的擔憂。周公也深感掌權治國之難，趕忙找人

西周組玉佩在山西晉侯墓出土時的情形

一合計，搞出了一套禮儀制度，要大家都來遵守。這套制度名叫周禮，包含了很多規矩，比如：在器物使用方面，天子吃飯用什麼青銅餐具，用幾個，每個多大重量；諸侯、大夫吃飯用什麼青銅餐具，用幾個，每個多大重量；什麼身份的人可以擁有什麼樣的玉器，什麼場合應該使用何種玉器，如何手持，如何佩戴；佩戴組玉佩時，以什麼姿勢走路，走多快，想坐下來時，動作分為幾個步驟……

整個西周時期，每逢天子朝會，諸侯齊集，韶樂悠揚；執禮如儀，奉圭捧璋；玉佩晶瑩，相叩叮當。平常日子裡，天子和諸侯的交往也都尊禮而行，循規蹈矩，相待以禮，親誠敦睦，一團和氣，倒也沒出什麼大的岔子。一眨眼，270 多年過去了。

公元前 770 年，天子姬宜臼把國都東遷至洛邑*（今洛陽）*。此後的周朝被後世稱為東周，又被劃分為春秋和戰國兩個歷史時期。

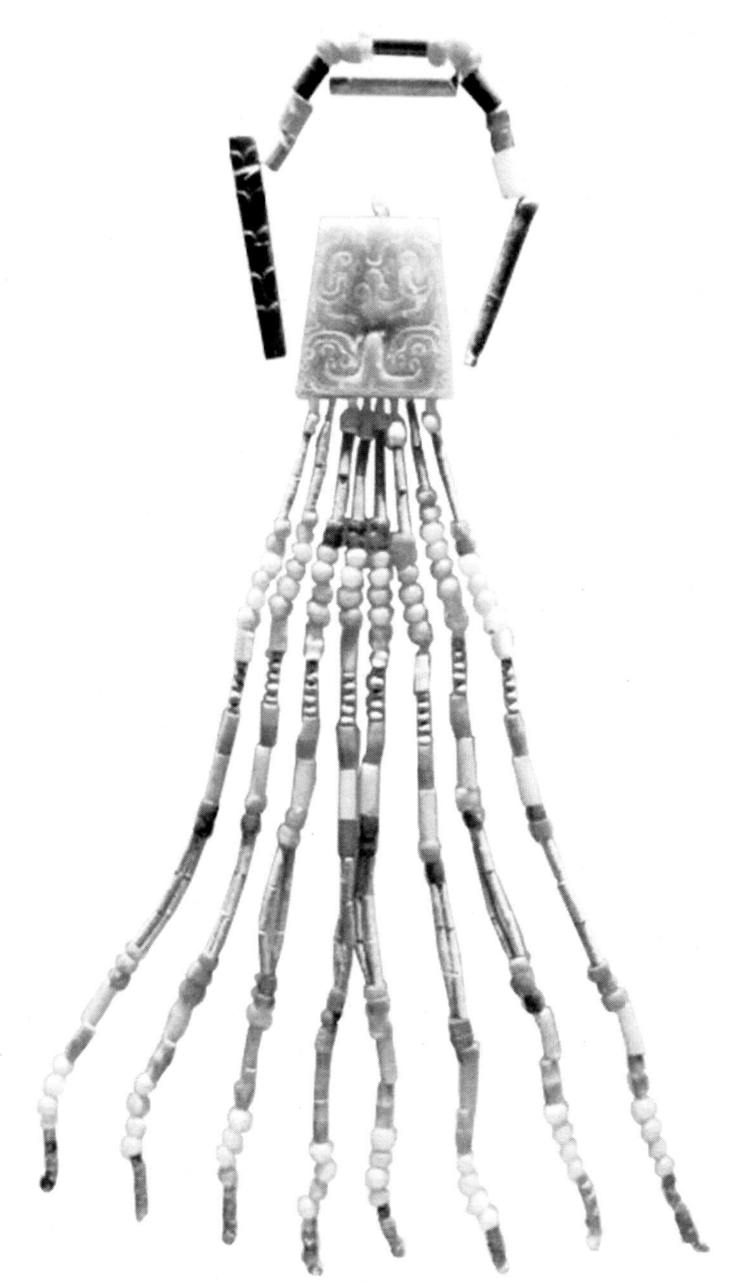

西周　組玉佩
河南博物院收藏

自周朝建立，天子和諸侯已經世襲好幾代了。諸侯慢慢覺得，被那麼多的規矩束縛着，似乎也太過分了，於是都想鬆動鬆動。心頭一活泛，可就忍不住了，行動上便表現出來。

公元前604年，楚國的國君莊王奉天子令，領軍攻打北方的戎人，獲勝後到洛邑繳令。天子派使者招待莊王吃飯。席間，莊王喝了不少酒。他放下青銅爵，捋了捋胸前的組玉佩，掃一眼案上的列鼎、列簋，大着舌頭問使者：「天子吃、吃飯用的鼎……呃……鼎能有多……呃……多重？」使者聞言，腦袋裡立刻當當當敲響了警鍾，心說，問天子的鼎有多重，是不是想鑄造同樣大小的鼎？是不是也想用九個鼎炖肉、八個簋盛飯？這可是想僭越禮制，要造反的苗頭啊！他當即板起臉來，規勸莊王嚴守規矩，守好自己的本分，不要有非分之想。

楚莊王「問鼎」，也許純粹出於好奇，而各國諸侯在行動上已經開始僭越禮制了。青銅器都是擺在明面上的大物件，太惹眼，不便在這上頭做文章，那就弄玉器吧。一開始，諸侯私下製作的玉器不外乎璧、璋、圭、璜等禮器。隨着春秋五霸、戰國七雄的爭鬥加劇，他們不再遮遮掩掩了，開始大量製作龍鳳佩，把自己的雄心壯志表露無遺。龍和鳳是祥瑞動物之首，是德行和權威的象徵，掌管天下蒼生的命運，最能體現諸侯對權力的欲望。這一時期，龍鳳合體的玉佩很多。那些看上去充滿彈性的軀體，就像積蓄着按捺不住的躁動。

諸侯也是人，而人在打破常規時，總是感覺很刺激、很興奮的。就這樣，在刺激和興奮中，規矩一個個被興高采烈地破壞掉，僭越禮制的事情愈演愈烈。周天子的權威受到了挑戰。

1965年11月，山西侯馬。考古隊在發掘一處春秋時期的晉國遺址時，出土了數千件玉圭片和石圭片。

圭是禮器的一種，長條片狀，上尖下平，線條平直，棱角分明。圭是「信」的象徵。貴族與天子見禮時，雙手將圭持握於胸前，很莊重的樣子。在那個諸侯爭霸、恃強淩弱的時代，諸侯之間喜歡結盟，共同攻擊或防禦別的諸侯，於是，玉圭被大量製作，用於書寫諸侯結盟的誓約。舉行莊重的祭祀之後，締約雙方共同把圭片埋入土中，表示由皇天后土做證，永不違背誓約。然而，很多時候，書寫盟書的玉圭剛被瘞埋入土，締約的一方就被另一方幹掉了。

侯馬的圭片上，用朱砂和黑墨書寫了大量先秦文字。經考古學家張頷先生釋讀，得知是晉侯在一次平定內亂後與家族成員訂立的盟約。這些被稱為侯馬盟書的文字，與今天寫在村里會牆上的鄉規民約沒啥區別，就是要人們堅守德行，非禮勿視，非禮勿聽，非禮勿言，非禮勿動。侯馬盟書的存在表明，在諸侯國內部，周禮也失去了約束力。

大國的國君僭越禮制，小國的國君同樣不安分守己，一起跟着胡作非為。

1978 年 2 月 18 日，湖北隨州擂鼓墩。空軍地勤某部的辦公室，一位營級軍官匆匆推門而入，左手擼下軍帽抹着頭上的汗，右手抓過電話聽筒，伸出食指撥起了號碼。等待電話接通的工夫，他稍微調整了一下呼吸。從新營房施工工地趕回營部的路上，他是一溜小跑。

「喂？」

「報告團長！……」

這通電話結束後，一條消息經由空軍駐軍傳給了地方文物部門：「隨州擂鼓墩發現古墓！」

考古隊抵達擂鼓墩時，看到了一座被施工爆破削去一半的土山。當探明爆破坍塌處距離墓坑僅 80 公分時，考古隊員和軍官們不禁倒吸了一口涼氣：「這要是炸崩了墓坑，損失該有多大啊！」

清除剩下的封土後，露出了許多排列整齊的巨大方木條。考古隊員們頓時面露喜色：這是一座東周大墓，有完整的槨室蓋板！

隨後的一天，出現了世界考古史上罕見的熱鬧場面，與擂鼓墩這個地名倒是很相配。在兩萬多名民眾的圍觀下，一輛空軍的解放牌 5 噸吊車和一輛民用的黃河牌 10 噸吊車，轟隆隆開進了發掘現場。按照考古隊員的指揮，吊車將那些最長 10 公尺、最重達 4 噸的槨室蓋板徐徐吊起。

這時，空中由遠而近傳來了轟鳴聲。很快，一架噴塗空軍徽標的直 -5 型直升機飛臨現場上空，降低高度來回盤旋。活塞引擎發出的轟鳴震耳欲聾，高速旋轉的槳葉撕裂空氣，發出「啪啪啪」的刺耳噪音。艙門大開着，一名手持相機的空軍軍官探出身子，不停地為發掘現場拍攝照片。

覆蓋槨室的 47 塊梓木蓋板被移開後，人們開始從積水的墓坑中往外抽水。此時，圍觀者已被士兵和警察遠遠隔離。

墓葬的主人是戰國時期一位名叫乙的曾國國君，因此該墓葬被稱為曾侯乙墓。作為楚國羽翼下一個小國的國君，乙在歷史文獻中寂寂無名，然而，其隨葬器物之多、裝飾之精美奢華，震驚了海內外。

除了幾百件瑪瑙器和水晶器，曾侯乙墓還出土了 300 餘件玉器，包括玉璧、玉琮、玉璜、玉龍、玉虎、玉玦、玉稟、玉梳、玉帶鈎等。一件多節、可折疊的龍鳳紋活環掛飾，是在墓主人胸前位置發現的，上面的鏤雕和浮雕紋飾異常精美，顯然是乙生前寶愛之物。

漢代貴族下葬時，嘴裡會含上一只玉蟬，以求讓靈魂附在蟬身上，隨着蟬鑽出地面、脫殼飛翔升入仙境，但在戰國早期還沒有這種做法。乙含在嘴裡的東西都很實在，玉牛、玉羊、玉豬、玉鴨、玉魚等，總共 21 件。這些動物玉雕大的 2 公分，小的 1 公分，琢磨得惟妙惟肖。比起漢代貴族渴望的羽化升仙，戰國貴族顯然更在乎能在另一個世界裡繼續享用美味。

總重達 10 噸的隨葬青銅器，又把考古隊員給雷暈了。這批青銅器的種類一應俱全，包括編鍾、尊盤、鼎、簋、觚、壺，等等。令人目瞪口呆的是，乙居然使用了九鼎八簋！一個蕞爾小國的國君，竟敢與周天子同制，僭越的程度無以複加。

孔子論玉　卞和獻璧

1993 年 4 月，山西曲沃。在一片田野中，考古隊搶救性發掘了一座春秋時期的晉侯夫人墓，出土了大量玉器，其中有一套完整的組玉佩。當考古隊員將其整理復原時，不禁瞠目結舌：組玉佩竟然長達 2 公尺！它由 204 件各種玉器串聯組成，僅玉璜就多達 45 件，其組合之豪華，遠遠超過了周禮的規定，當然，也超過了晉侯夫人的身高。

春秋　白玉龍首璜
上海博物館收藏

春秋　青玉龍鳳紋佩
上海博物館收藏

戰國　白玉龍鳳佩
曾侯乙墓博物館收藏

晉侯的僭越如此嚴重，其他諸侯也好不到哪兒去。他們不僅在玉禮器和青銅器方面破壞規矩，還對天子輕慢不敬，態度倨傲，不朝覲，不聽招呼。佩戴玉器的本意，在於節制貴族的行為舉止，使其從思想到行為都合乎周禮的規範。如果玉器的使用規矩都形同虛設了，周禮何存？天下何安？

伴隨着諸侯嗤嗤的竊笑，周王室的權力架構發出了一聲聲迸裂的脆響。

眼見得禮崩樂壞，亂象叢生，魯國有個人——孔子坐不住了。一段時間以來，他整天憂心忡忡：「諸侯不尊禮制，為所欲為，長此以往，天下恐將生亂。我原指望有魯侯支持，先在本國整頓綱紀，然後再向其他諸侯國推廣，一同匡扶周天子。可最近一個月，屢次求見魯侯，他連個照面也不打，自己的一番治國理念跟誰說去？」

孔子學問好，人正直，會辦事，得到魯定公的賞識，被任命為司寇*（相當於今司法部長）*。他明典執法，緝盜懲兇，政績斐然。可是，正當他要放開手腳施展抱負時，卻見不着定公了。原來，定公近

來迷上了齊國送來的美麗女子，整天跟她們膩在一塊，根本就沒時間搭理別人。前幾天郊祭，按禮制，祭祀結束後，定公應該給大夫們分送社肉（即儀式上獻祭的臘肉），結果他居然把這事給忘了個乾淨，人不見，臘肉也沒送來。

「國之大事，在祀與戎。」連祭祀這樣莊嚴隆重的國家禮儀，該做些什麼，魯定公居然都給忘了，怎不讓孔子痛心疾首！

孔子皺着眉長吁短歎，在書房裡來回踱步，不禁想起最後一次和定公會面時的情形。那次談話，定公跟換了個人似的，說話有一搭沒一搭，一手捋着胡子，一手無意識地撫弄着胸前的組玉佩，心不在焉，老打哈欠。組玉佩上，紅瑪瑙珠子串着白玉勒子，再串着白玉珩，串着白玉璜，串着白玉琥……孔子的腦海裡倏然靈光一現，瞬時得到了啟發，旋即走到案前盤腿坐下。他以濃墨蘸得筆飽，展開一卷新的竹簡，作起文章來。

在文章中，孔子條分縷析，比擬附會，說玉的品質，談人的德行。有感於玉的明潔、玉的堅韌、玉的溫潤、玉器相叩時好聽的聲音，他賦予玉十一種擬人化的德行，如仁、義、信、忠、道，等等，期望以此規範世人的思想和行為。「君子比德於玉」，就是比照玉的自然特性，提醒人們時刻檢點言行，恪守規矩，尊禮而行。他警告人們：禮不存，風必邪；風一邪，國必亂；國一亂，起戰端，天下大禍啊！

文章寫好了，卻沒有知音分享。擱下筆，孔子雙目緊閉，把頭一仰，陷入深深的苦悶中，為自己，為魯國，為周王朝。

正所謂坐而述，不如起而行，孔子很快打定了主意。既然魯定公不待見他了，他要去和別的國君說道說道。

公元前 496 年，孔子辭去公職，帶上幾個門徒，坐着牛車周遊列國去了。每到一處，他都苦口婆心地規勸諸侯，希望他們比德於玉，克己複禮，共同維護周王室的權威，維護天下的穩定。

可是，他的努力沒有得到多少正面的回應，反而常常受冷遇，遭白眼，被譏諷，挨圍攻。

十四年列國周遊，顛沛凍餓，受盡苦楚，磨掉了孔子勸諸侯向善的心氣。他悄悄回到魯國，辦起了教育。至少，開壇講授可免奔波之苦，還能定時收到門徒當作學費繳交的臘肉。

傳道授業解惑之餘，孔子時常面西而立，向着洛邑的方向眺望，難掩心頭的落寞：「都說『禮失求諸野』，可是，在野之人又有多大能耐挽狂瀾於既倒？想我孔丘一片赤誠，勞神操心，只為天下安寧，卻像明珠落塵埃、美玉在深山，無人賞識啊！」

在南方，一塊美玉在深山裡被人發現，開始了一段充滿傳奇的經歷。在四百多年的時間裡，它見證了庶民的血淚、諸侯的權謀和慘烈的殺伐，見證了一個龐大帝國的勃興與轉瞬覆亡。

卞和是春秋時期楚國的琢玉高手，相石辨玉極有眼光。在遊歷荊山時，他撿到一塊石頭，斷定璞皮裡面是一塊難得的美玉。於是他來到王宮，將璞玉獻給楚厲王。厲王命宮裡的玉工察看。玉工察看一番後稟告說，那只是塊普通的石頭。厲王叫人砍掉了卞和的一條腿。厲王死後，卞和拄着拐進宮，向武王獻玉。武王也命玉工察看，回覆仍是石頭。武王叫人砍掉了卞和的另一條腿。後來，文王即位，讓人取來那塊石頭，在璞皮上略一打磨，發現裡面果真是一塊質地瑩潤、純淨細膩的稀世美玉。文王感念卞和忠貞，將美玉命名為「和氏璧」。

又過了好多年，就到了天下紛擾的戰國時期。當時，各國人口加起來約為 2000 萬。此時，禮制早已蕩然無存。諸侯們把周天子晾在一邊，相互間睥睨窺伺，暗地裡算計使壞，不時兵戎相見，往來攻城略地。結果，秦、楚、燕、韓、趙、魏、齊成為勢力最強的諸侯國。

七國的國君各自招來些高士能人，好吃好喝供着，跟他們討

要主意，整天琢磨着怎樣從別國那裡奪取更多的土地、城池和百姓，以圖建立霸業。就在這時，發生了一件聳動天下的事情：趙國的惠文王不知通過什麼途徑，把名聞天下的美玉和氏璧弄到了手！霎時間，天下轟動，群雄激昂。

無緣得到名聞遐邇的美玉，使一向爭強好勝的秦昭襄王感覺很沒面子。他給趙惠文王寫了封信，說願意拿十五座城池跟趙國交換和氏璧。一塊玉石換十五座城池，真是價值連城啊！那麼，戰國時期的十五座城池連同其基礎設施，其價值相當於今天的多少錢呢？有好事者通過對一畝地、一斗麥、一吊銅錢的複雜換算，最後得出答案：60 億元人民幣。

懾於秦國的強大，趙惠文王只得答應秦昭襄王的要求，派遣大夫藺相如攜和氏璧入秦交易。馬車西行，一路上風景如畫，車上的人卻無心觀賞。藺相如受此重托，如履薄冰，一路上不停琢磨：「種種迹象表明，秦國一直積蓄軍力，欲對各國不利。現如今為了巴掌大的一塊玉石，竟然願意付出如此高的代價，這裡頭八成有詐⋯⋯」

在秦國，當確定昭襄王根本無意交換而只是想騙取美玉時，藺相如巧施計謀，半夜裡攜玉急急逃走，完璧歸趙。昭襄王聞報，氣得吹胡子瞪眼，奈何藺相如已離秦境遠去，只得悻悻作罷。畢竟，秦國還沒有做好戰爭的準備，這口惡氣只得先咽下了。

傳國玉璽　中央集權

秦昭襄王四十七年（公元前 260 年），秦國發動了對趙國的戰爭。長平一戰，秦軍大勝，兇殘地坑殺了 40 萬趙軍戰俘。秦軍此舉，一來藉此威嚇其他諸侯國，二來報復趙國在和氏璧問題上的不合作態度。然後，昭襄王接受了趙國割地求和的請求。

公元前 236 年，昭襄王的曾孫嬴政在位十年了。這一年，秦

秦代 白玉印
中國國家博物館收藏

國發動了掃滅六國的戰爭。攻滅韓國之後，秦軍進攻趙國。經數年征戰，趙軍最終潰敗。秦國的虎狼之師殺入邯鄲，奪得了幾代秦國國君朝思暮想的和氏璧。

公元前221年，齊國最後被秦軍攻滅，東周長達五百餘年的動蕩與戰亂結束，隨後，享祚約八百年的周朝滅亡。嬴政自稱始皇帝，建立了中國歷史上第一個大一統的帝國：秦。

帝國建立之初，為使政令暢通、經濟繁榮、維持長久統治，嬴政做了幾件影響深遠的大事。他統一了文字和度量衡，還創新了政治制度，實行中央集權，只設郡縣，不封諸侯——誰也不想被些個擁兵自重的家夥惦記着，不是嗎？

嬴政登基後，立刻叫人把和氏璧從寶匣中取出，命玉工鐫琢了一枚傳國玉璽，印文為「受命於天，既壽永昌」。他的意思很明白：玉之堅硬，千年不朽。朕乃真命天子，用天下第一美玉鐫琢玉璽，大秦定能江山永固，直至千秋萬代。嬴政萬萬沒想到，僅僅十五年後，一個愁眉緊鎖的小村官，生生把他千年帝國的美夢給毀了。

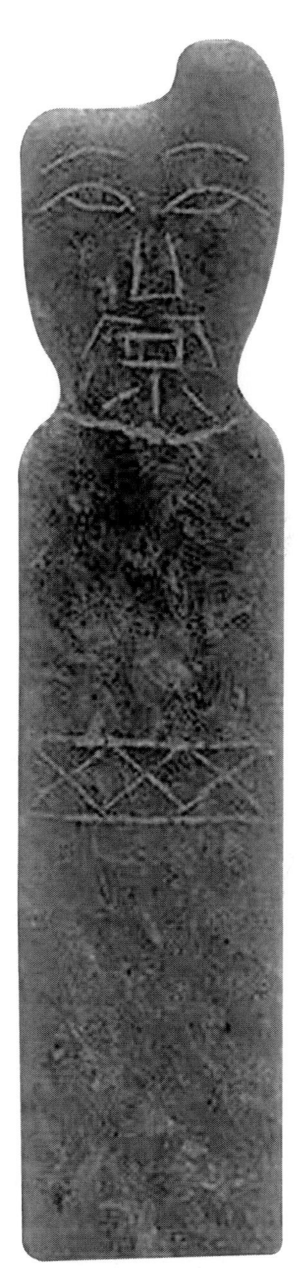

秦代　青玉人首牌
陝西歷史博物館收藏

從一種玉器身上，可以看出秦帝國轉瞬覆亡的端倪。秦代玉器很少，其中有一種長方形的青玉小片，一指來長，上端琢人頭像，髮髻偏向一邊，活脫脫就是始皇陵陪葬士兵陶俑頭部的剪影。陰線刻畫五官，表情冷漠，隱含一股肅殺之氣。為了修陵墓、築長城、開直道，朝廷從各地征發了大量民工。依照一百多年前商鞅制定的嚴刑峻法，那些沒有按時抵達工地的民工被一律問斬。成千上萬的民工和士卒把命丟在了驪山皇陵、長城工地和直道途經的荒野中。暴政之下，百姓悲苦無告，最終民怨沸騰，反旗四舉。

沛縣（今江蘇沛縣）的一個小村官名叫劉邦，眼見反旗四起，他斬蛇明志，也趁勢拉起了竿子。各地起兵的人越來越多，逐漸形成兩支實力最強的隊伍，與秦軍展開激戰。車騎沖突，殺聲回蕩，劍劈戟挑，飛矢如蝗。

公元前206年，劉邦領軍殺入都城咸陽。原指望享祚千年的秦帝國就這麼灰飛煙滅了，只留下長城蜿蜒萬里，直道沒於荒草，皇陵封土高隆。

秦朝滅亡了，萬眾矚目的傳國玉璽卻遍尋不着，為此，另外一支反秦軍的首領項羽與劉邦打了起來。四年的殘酷戰爭，終於在一個名叫垓下的地方結束。項羽自刎烏江，劉邦當了皇帝。

公元前202年，漢朝建立。自此，西、東兩漢共享祚406年。高祖劉邦聽從高人的建議，在關中修建了新的都城，起名叫長安。新朝甫立，面對一個千瘡百孔的爛攤子，要做的事情千頭萬緒，很快就沒人再提傳國玉璽的事了。

傳國玉璽究竟哪兒去了呢？原來，咸陽城破時，劉邦就拿到了玉璽並將其秘藏起來，後來一代代傳了下去。漢以後，朝代更疊，玉璽在不同的皇宮中時隱時現，最終在元末明初徹底失去了蹤迹，沉入迷一般的歷史波瀾。

漢初，帝國人口在1500萬至1800萬之間。戰亂之後，滿目瘡痍，

百業凋敝，民生維艱。此時，劉邦思考最多的問題是怎樣才能長治久安。他十分羨慕秦始皇創立的中央集權制度，能把一切權力都攥在自己手中。但是他也很清楚，江山剛打下來，立刻就把手握重兵的功臣們晾在一邊是很危險的。於是，他極不情願地採用了周朝舊制，給皇親和功臣劃分土地，封為諸侯王。「以後再慢慢想轍吧。」他對自己說。

雖然實行了分封制，劉邦並沒有制定像周禮那樣的規矩。他心裡明鏡似的：人要有非分之想，規矩再多，能奈他何？至於那些鼎簋彝尊、璧圭琮璜，不就是些吃飯的家夥事兒嗎？不就是些漂亮的石頭玩具嗎？誰愛弄誰弄。「朕也不鑄造什麼九鼎八簋、七觚八匜，有銅料還不如多鑄劍呢。朕只需鐵腕掌控，看誰還能翻了天去！」

事實上，即使沒有規矩束縛，諸侯王們對青銅器也提不起太大興趣了，原因很簡單，當時木胎漆器開始流行，吃飯喝酒用漆器就很好，輕便耐用，易於洗滌，還不必老是擔心磕着牙。於是，青銅器皿還在鑄造，但大多光素無紋，雕琢漫不經心。近年坊間常見一種漢代青銅器，器身渾圓，光素有耳，一考究，居然是行軍鍋！從廟堂祭祀禮器到士卒野戰飯鍋，青銅器的地位一落千丈。

青銅器風光不再，自然沒人問鼎有多重了。然而，人性並未改變。皇帝與諸侯王之間的權力矛盾從一開始就存在，最終還是爆發出來。對此，劉邦的反應又快又兇狠。

公元前 196 年，劉邦親率大軍，消滅了造反的淮南王英布。至此，那些和他一起打江山的老戰友，都被以謀逆造反的罪名全部除掉，天下終於成了劉家的天下。

可是，家天下的劉氏皇族並非鐵板一塊，皇帝與同姓諸侯王之間一旦發生重大利益沖突，血緣也擋不住錚鳴出鞘的刀劍。

白玉劍璏　皇后之璽

公元前154年，因不滿其權益被削減，吳王劉濞、楚王劉戊等七個諸侯王通謀反叛，史稱「七王之亂」。景帝劉啟調兵遣將，幾經血腥惡戰，花三個月時間鎮壓了反叛。劉戊兵敗，自忖死罪難逃，遂引劍自刎。

劉啟沒有過多地追究這位造反的堂兄，還御准將其下葬於尚未完工的王陵。他專門派去一名官員，把一個小小的黃綢包裹放在劉戊的棺內，以表重視。事情傳揚開來，大夥都為劉啟的宅心仁厚所感動。

1995年春，江蘇徐州城郊。這一天，獅子山上的小村莊突然熱鬧起來，汽車一輛輛進出，載人的、運家具的、拉牲口的絡繹不絕，人聲喧嚷，雞啼狗吠。路人不明就裡，一打聽，原來是全村一百多戶居民正在搬遷。「聽說啊，這獅子山上發現了漢墓，國家再不挖呀，都快變成老張頭家的大紅薯窖了！」

獅子山上確實發現了一座漢代陵墓，墓主人正是楚王劉戊。老張頭家的紅薯窖也確實就在王陵上方，但離墓室還遠着呢。楚王陵是在岩石山體中開鑿的，規模宏大，從山頂到墓室相距17公尺，幾乎掏空了整座獅子山。

作為這座楚王陵的發現者，考古學家王愷先生主持了發掘。隨着發掘的進展，出土的器物給大家帶來一個又一個的驚喜。儘管王陵在漢代即已被盜，但仍留下不少珍貴的器物，包括精美的玉器，有玉佩、玉環、玉璧、玉戈等，還有一套近乎完整的玉衣。

西漢　白玉劍首
徐州博物館收藏

清理內棺時，在靠近楚王胸部的位置，人們發現了幾塊玉器碎片。在臨時工作室內，碎玉片很快被拼對起來，原來是一件紋飾精美的白玉劍璏（ㄓˋ）——一種裝飾劍鞘的玉器，也叫玉璲。從戰國時期開始，貴族們就流行在佩劍上鑲嵌整套玉飾，除了劍璏，佩劍和劍鞘上的其他玉飾還有劍首、劍格和劍珌。

西漢　白玉劍格
徐州博物館收藏

令考古隊員大為驚訝的是，這件白玉劍璏明顯是被人故意砸碎之後才放到楚王身邊的。好好的玉劍璏，幹

西漢　白玉劍珌
徐州博物館收藏

嘛要砸碎了啊？是誰，又為什麼要把砸碎的玉劍璏放在楚王身邊？面對這件玉質瑩潤、紋飾精美卻又支離破碎的玉器，考古隊員一陣陣迷糊，百思不得其解。後來，經熟諳西漢歷史的王愷先生一點撥，大夥才恍然大悟：「嘿！這敢情是漢景帝的一篇大批判文章啊！」

劉啟的碎玉檄文，釋讀出來是這樣的：「劉戊之死，死於德虧；其身雖亡，其心可誅！」

作為漢代最高等級的藝術品，玉器的禮儀功能減弱，凸顯了世俗屬性，成為權力和財富的象徵。按孔子「君子如玉」的理論，玉器也是貴族德行的標誌。劉啟以砸碎的玉劍璏譴責劉戊德行喪失，不過是一個孤立的事件，正常情況下，玉器的美好和珍貴，讓人們對其寶愛有加。

玉：石之美。有五德：潤澤以溫，仁之方（彷彿、如同、就像）也；䚡理自外，可以中知，義之方也；其聲舒揚，專以遠聞，智之方也；不橈而折，勇之方也；銳廉而不忮，絜（「潔」的同義異體字）之方也。

東漢學者許慎在《說文解字》說玉象徵着君子的五種德行：仁、義、智、勇、潔。漢代貴族的佩劍都用美玉裝飾，稱為玉具劍。貴族們腰間懸掛玉具劍，在標榜德行的同時，其權力和財富也一目了然。

財富讓人悠遊自在衣食無憂，權力則讓人有「一切盡在掌握」的持續快感。當年，劉邦就很享受這種感覺。討伐英布班師途中，劉邦在故鄉沛縣停留了十五天。與家鄉父老及兒時的夥伴們聚飲歡宴時，劉邦不禁慷慨吟唱，楚音楚調，渾穆蒼涼。

大風起兮雲飛揚，
威加海內兮歸故鄉，
安得猛士兮守四方！

120 名少年合唱隊隊員以稚嫩的嗓音，跟着劉邦唱起了《大風歌》。「高祖乃起舞，慷慨傷懷，泣數行下。」（《史記》）江山一統，集權專制，劉邦當然很高興，可是，為此除掉了所有的老戰友，又讓他感傷不已，一時頗感迷茫：「從今往後，誰來為老劉家守護天下四方啊？」他舞蹈宣洩，淚灑當場，懸在腰間的玉具劍不停搖晃，白玉劍飾在陽光下晶瑩閃亮。

西漢 白玉劍璏
徐州博物館收藏

2012 年 12 月 1 日，陝西西安。陝西漢文化保護發展基金會舉行隆重的儀式，對孔忠良等十位先生進行了表彰。孔忠良感慨萬千：「四十五年了，還是有人記得我啊！」那麼，那年究竟發生了什麼事呢？

1968 年秋的一天，陝西咸陽韓家灣 13 歲的小學生孔忠良放學後，沿土路蹦着跳着往家走。他哼着曲調鏗鏘的流行歌曲，斜挎着的書包不停拍打着屁股，啪啪啪如同伴奏。

路過狼家溝時，一瞬間，在路旁水渠的土坎上，一個白色的東西勾住了孔忠良的目光。他放慢腳步走過去，伸手把那東西從土裡摳了出來。那是個白色扁方的東西，像是石頭做的，兩寸見方，上面琢了個怪獸，下面平整，凹凸有文字，認不出來。搓掉附着的泥土後，白石頭立刻顯得晶瑩溫潤，十分好看。

回到家，孔忠良把琢有怪獸的白石頭拿給父親孔祥發看。孔祥發接過來一瞧，認出這是一枚印章，而且是白玉製作的，這令他十分驚訝。聯想到一直有村民在附近的田野裡發現一些銅器、

西漢　白玉「皇后之璽」
陝西歷史博物館收藏

銅錢和陶器什麼的，都是些年頭久遠的東西，孔祥發斷定這個白玉印章是件寶物。

次日，孔家父子出了門。他們走路、乘車，來到西安，輾轉找到陝西省博物館。文物學家一接過白玉印章，「皇后之璽」四個篆字跳入眼簾，他頓時心跳加速，二目大睜，雙唇哆嗦，兩手微顫，立刻將玉璽緊緊攥在手心。

熟讀漢史的文物學家清楚地記得，《漢舊儀》記載：「皇后玉璽，文與帝同。皇后玉璽，金螭虎紐。」其中的「文」同「紋」，指的是玉璽周邊的紋飾。眼前這枚玉璽，「文」是一圈陰線回雲紋，線條裡填滿朱砂。印紐琢螭虎，與典籍所載完全相符。螭虎蟠曲，孔武有力，具有西漢玉雕動物的典型特徵。孔忠良發現玉璽的地方，在劉邦與呂后合葬的長陵以西約一公里，位於陵園範圍內。種種情況表明，這是漢高祖皇后呂雉的玉璽！

聽說白玉印章是件重要的寶貝，孔家父子當即把它捐獻給了國家，沒要任何報酬。博物館送了他們20元錢，作為來往路費的補償。

西漢末年，王莽篡漢。後來，赤眉起義，盜掘長陵。值得慶幸的是，參與盜墓的某個士兵在忙亂之中，竟然弄丟了一件至為重要的寶貝；更值得慶幸的是，兩千年後，一位小學生拾到了這件寶貝並捐獻給國家，保留下迄今為止唯一可證的與呂后、與劉邦有密切關係的實物，讓人們可以憑此追想那個風雲變幻的時代。

漢軍西征　美玉東來

高祖去世幾十年後，皇位相繼傳至文帝劉恒和景帝劉啟，即西漢的第五、第六位皇帝。

文、景兩朝採取「無為而治」政策，與民休息，鼓勵農桑，被秦末戰亂摧殘的經濟得到恢複，繼而快速發展。社會富庶穩定，人民安居樂業。國庫充盈，桁架上串銅錢的繩子都朽斷了，一堆堆的銅錢還花不出去。這一繁榮時期，史稱「文景之治」。

公元前 140 年，景帝駕崩，16 歲的太子劉徹登基。武帝劉徹年少英武，很想有一番作為。漢初，北方的匈奴不斷背棄協約，頻繁越境劫掠。高祖親征匈奴，結果慘敗白登山。此後，歷朝一直隱忍，對匈奴採取和親政策，將皇族女兒嫁給單于為妻。七十多年了，帝國的安危竟由一個個柔弱的漢家女子承擔，這樣的奇恥大辱不停地啃噬着年輕皇帝的心。

劉徹登基五年多，國家大事一直由秉持「無為」政策的竇太后決斷。小孫子欲興兵雪恥的沖動，一直被老太太牢牢摁住。公元前 135 年，竇太后去世。劉徹終於擺脫桎梏，開始謀劃北方的戰爭。

西漢　青白玉辟邪
民間收藏

公元前133年，漢帝國發動了對匈奴的戰爭。至公元前119年，漢軍相繼在河套地區和河西走廊大敗匈奴，掃除了北方邊患。漢匈戰爭的勝利，促成了老百姓對國家的認同，統一民族的意識覺醒，「漢」成為中國第一個具有帝國形式的穩定實體。在這個實體內，諸子百家的思想相互包容滲透，多民族文化交彙融合，逐漸凝聚成燦爛的漢文化，奠定了中國文化的格局。

此後，劉徹又發兵西域，破樓蘭，陷車師，掠大宛，打開了中原與西域之間的通道。隨着西域局勢穩定，東西方商人自發做起了貿易，貨物以中國絲綢為大宗。此後三百多年間，貿易逐漸擴大，商路不斷伸延，自長安過河西走廊，出玉門關，入西域，越昆侖，經中亞，繞裏海，抵達地中海沿岸。商路途經西域的于闐（今和田），昆侖山的玉石便通過貿易輸入中原。

武帝之後，幾位皇帝罷兵息武，農業經濟恢複發展，手工業和商業日趨繁榮。生活富足的貴族對奢侈品的需求激增，使玉器一躍成為頂級奢侈品，並在發展中形成了鮮明的特色。這些特色，既在物質層面也在精神層面反映出來。

有兩個重要的因素影響了漢玉的製作：一是原料，二是工具。內地的玉石加上西域輸入的玉石，為玉器行業提供了充足的原料。西漢中期，金屬冶煉技術提高，比青銅更堅硬的鐵得到廣

西漢　青玉鴨
民間收藏

泛使用。除了耕地用的犁鏵钁頭、打仗使的劍戟刀矛，治玉所需的各種砣具也用鐵鑄造。兩個因素加在一起，為漢代玉器製作的繁榮打下了堅實的物質基礎。

戰國時，楚人寫了部《山海經》，記載各地山川的動植物和礦藏。很少有人注意到，書中介紹的很多地方，幾乎都要注明有無玉石蘊藏，其中提到的玉石產地就有 200 多處。由此可見，當時的人們對玉石及其產地極為關注。刨去那些有關植物和奇異動物的描述，《山海經》幾乎就是找尋玉礦的指南。

漢代玉料的來源也是多樣的。如今，我們確定了當時一些玉石的產地，另外一些則無從知曉。眾所周知，今天的和田玉料並非都來自和田地區；同樣，漢代的和田玉料也並非都來自和田地區。一些漢代玉器所用的和田玉料，既非和田地區出產，又非今人熟知的俄料和青海料。經實物對比發現，許多漢玉的材料不是過白，就是太透。這些玉料可能在漢代曾大量出產，漢以後資源枯竭了；又或者，其產地已在歷史中湮沒，再無人知曉。徐州獅子山西漢楚王陵、廣州西漢南越王陵和南昌西漢海昏侯墓，都有不少用這些產地不明的玉石製作的玉器。在很長一段時間內，這些玉石的產地依然成謎。直到 2007 年，在河西走廊地區，甘肅馬

鬃山近 5 平方公里的大型漢代玉礦遺址被發現，終於為人們提供了漢代玉料來源的一個重要線索。

漢代的圓雕玉器特別多。漢初，玉料依然珍稀，一塊玉常常被剖成若干片來琢磨。西漢中期以後，玉料充足，玉工得以馳騁才思，施展精妙的碾琢技藝，把物象立體地呈現出來。漢人用三百多年的時間，把圓雕技藝磨煉到了登峰造極的境界。

兩漢的圓雕玉器，以動物、器皿兩大類最多。漢代動物玉雕的種類很多，有瑞獸如辟邪、龍、鳳、四神，有自然界的動物如熊、虎、獅、鹿、馬、羊、牛、豬、鷹、雁、鵝，等等，凡是平時眼睛看見的、心裡想到的動物，都被玉工琢磨成器。這些動物玉雕的功用又分為三類：一類是陳設器，擺着看；一類是掌中物，拿着玩；一類是佩飾，掛身上。器皿類多參考商周青銅器，器形和紋飾則多有創制。

不同於商周的端穆神秘、春秋戰國的抽象繁縟，漢玉的裝飾多為寫實的瑞獸祥禽，靈動活潑，浪漫灑脫，氣勢磅礴。形成這種風格的基本條件是物質的豐富、社會的開放、思想的自由和包容。

「無為」政策不僅繁榮了經濟，其放任自由的態度也惠及文化藝術領域，提供了玉器行業興盛所需的寬鬆環境。思想不受束縛，玉工的創造力得以自由發揮，了無牽絆，玉器品類大增，造型多姿多彩，文化意涵豐富。

龍、鳳、辟邪、四神、馬、熊、獅、虎等，是圓雕漢玉表現最多的題材。作品神采飛揚，風格雄渾奔放，浪漫不羈，表露出漢人縱横豪宕的氣質特徵，體現了他們強健的心智和從容自信的心態。這樣的心態從何而來？它來自扶犁農人汗下如雨的背膀，來自將軍士卒甲衣輝映的斜陽，來自絲綢之路駝鈴的叮咚回響，來自長安街頭摩肩接踵的客商……

馬政　漢馬　玉馬

> 馬者，甲兵之本，國之大用。安寧則以別尊卑之序，有變則以濟遠近之難。

《後漢書》引用馬援的這兩句話，表明了漢人對馬匹非同尋常的重視。馬援年輕時在隴西牧馬，愛馬，知馬，會相馬，故有此識見。與伏波將軍相比，漢代玉工對馬的情感表達更為質樸、更加直接。

民間收藏有漢代白玉和青玉馬首，風格寫實，五官刻畫如刀砍斧削；皆作嘶鳴狀，掀唇露齒，鼻孔大張，咻咻吐氣，頸脖上揚，氣勢豪宕，器宇軒昂。玉馬首選取馬頸和馬頭造型，是受到了大型陶馬分段製作的啟發。馬首不大，卻都氣勢磅礡，雄風颯颯，置於案頭，有千里之概，如聞嘶鳴蹄聲在耳，恍覺風沙雨雪撲面。

在人類文明史上，馴養和使用馬匹是人們做過的最正確的事之一。18 世紀工業蒸汽機發明以前的數千年裡，馬是農耕和運輸的主要畜力，也成為決定戰爭形態的重要因素。

西漢　青玉馬首
倫敦維多利亞與艾伯特博物館收藏

西漢　青玉馬首
民間收藏

西漢　陶馬首
民間收藏

晚至戰國後期，馬拉戰車仍是戰場上的主要突擊兵力。每輛戰車由一名馭手駕馭，兩名士兵執戈、矛、戟等長兵器實施戰術攻擊。直到趙武靈王向北方遊牧民族學習，推廣胡服騎射，中原地區才出現了一人一馬的騎兵。

中國歷史上第一次成建制使用騎兵的作戰，發生在楚漢戰爭中。為解彭城（今徐州）之危，楚霸王項羽率三萬騎兵殺向漢王劉邦的五十六萬聯軍，斬敵十餘萬。此役，騎兵以強大的沖擊力和機動性，顯示了對步兵和對車兵的巨大優勢。

漢初，經濟衰敗，百業蕭條，牲口很少。「自天子不能具醇駟，而將相或乘牛車」《漢書》。劉邦想要四匹相同毛色的馬來拉車，居然無法湊齊。許多大臣和將軍甚至趕着牛車上朝，景況十分窘迫。

對騎兵的威力有切膚之痛的劉邦，把畜養馬匹提高到國家戰略的高度。朝廷設立了專司養馬的官職太仆（相當於今部級），制定

了發展養馬事業的馬政，規定了詳細的獎罰措施。到武帝時，馬政大見成效，京城附近養馬四十萬匹，各地官家馬場的馬又有幾十萬匹。民間養馬眾多，田間地頭，農民常馭馬耕作。城鄉各地，隨處可見百姓三三兩兩騎馬閑行。當時，百姓騎馬還講究只騎公馬，騎母馬出門是要被人譏笑的。有了大量的馬匹，帝國組建起規模龐大的騎兵部隊，在戰爭中擔當了主力。

漢代人對馬情有獨鍾的藝術表現，始自漢匈戰爭和西域遠征的勝利。這兩場戰爭，都是遠距離作戰，都要把軍事力量遠程投送，因此都是騎兵的戰爭。

出身仕漢羽林郎，
初隨驃騎戰漁陽。
孰知不向邊庭苦，
縱死猶聞俠骨香。

王維

公元前 123 年，出身羽林軍的驃姚校尉霍去病參加了對匈奴的戰爭。他率領八百輕騎兵孤軍深入大漠，對匈奴發動突襲。鐵騎陷陣，吼聲震天，刀映紅日，血濺黃沙。此役，漢軍騎兵斬敵 2028 名，俘虜了匈奴的相國和單于的叔父。這一年，霍去病 18 歲。少年將軍一戰成名，武帝嘉其勇冠三軍，封冠軍侯。

公元前 119 年，河西走廊。漢軍再次進擊，尋找匈奴決戰。霍去病領五萬騎兵深入荒漠兩千餘里，在缺水少糧、沒有援軍的情況下，與匈奴左賢王率領的強大主力猝然遭遇。面對人數佔絕對優勢的敵軍，霍去病毅然下令發起攻擊，和他的騎兵一起縱馬衝殺。一天之內，漢軍殲敵七萬餘，徹底擊潰了世仇匈奴。單于遠遁，不復南望，漢帝國 80 年來所蒙受的屈辱，終於一朝洗雪。

對匈奴的戰爭歷時 15 年，漢軍共動用騎兵 120 餘萬騎次。

霍去病和帝國騎兵屢建奇功，成為無數青年羨慕和效仿的偶像。那些蹄染白霜、鬃拂彤雲、馱負着帝國騎兵馳騁沙場、蹴踏匈奴、在戰爭中居功至偉的戰馬，成為尊嚴、榮耀與自豪的象徵，成為藝術家着力表現的對象。

公元前 36 年，元帝劉奭（ㄕˋ）在位期間，副校尉陳湯隨校尉甘延壽戍守西域。此前十多年，匈奴的郅支單于在西域逐漸坐大，竟然殺害漢使，氣焰十分驕横。對匈奴殘餘勢力的擴張，陳湯深感憂慮。趁甘延壽養病，代理軍務的陳湯假造皇帝聖旨，召集起十幾個西域小國的軍隊，與千餘名帝國騎兵合兵一處，以四萬餘兵力發動了對匈奴的最後一戰。多國聯軍的騎兵三千里奔襲康居國，兩天內攻陷單于城，匈奴郅支單于部全滅，一百多名成為匈奴雇傭軍的羅馬軍團士兵被俘。

數萬騎兵立馬戰場，高舉刀槍，齊聲吶喊，如山呼海嘯。飄散的煙火中，陳湯縱馬馳上單于城頹殘的城牆。他勒韁駐馬，手按腰間玉具劍，眺望着綿延的雪峰和鋪向天邊的草原，從牙縫裡迸出那句令人血沸的豪言：「犯強漢者，雖遠必誅！」

英雄早已遠去，張揚着英雄主義精神的一件件藝術品卻留了下來。從西漢至東漢，馬被描繪在壁畫上，被刻在畫像石上，被雕鑿成大型石刻，被燒製成陶俑和磚塊，被琢磨成玉器。霍去病墓前的馬踏匈奴石刻、甘肅武威的銅奔馬，陝西、河南、四川的陶馬，和許多玉馬一樣，彰顯着漢帝國的凜凜威儀，抒發着漢朝人奮發進取的豪邁情懷。

長壽升仙　金縷玉衣

自陳湯在西域掃滅匈奴，帝國的西部維持了一百多年的和平，商路通暢，東西方貿易量大增，西域及河西走廊出產的玉石源源東來。

西漢中期，人們享受着「文景之治」留下的社會經濟紅利，貴族們更是熱衷於生活享樂。國家強盛，人們心胸拓寬，養成了自信開朗、豪放大氣的文化性格，藝術作品的意象自然雄闊，玉器風格更加汪洋恣肆、雄渾奔放。

儒家貴玉、黃老「無為」、道家神仙長壽的觀念、讖緯神學和陰陽五行等各種思想觀念，對西漢中期以後玉器的題材和形式產生了綜合性影響。此時的漢人，思維往往「窮天人之際」，「常懷千歲憂」，喜歡琢磨百年、千歲這樣漫長時間內人的狀態，對時間、空間的悠遠無涯懷着深深的敬畏和憂思。人們認為，人事上通天心，而天地之災變關乎人事之順逆。以這種近乎宗教性的觀念和楚文化的神怪觀念為基礎形成的神仙信仰，對玉器題材產生了重大的影響。經濟的繁榮、貴族和富商對奢侈品的需求，也影響到了漢玉的形式和風格。

西漢　白玉辟邪
英國伍斯特博物館收藏

西漢早期的經濟繁榮，得益於文、景二帝推行的「無為而治」政策。道家的「無為」理念，原意為順應自然，漢人則將其演繹為逍遙、超脫的生活態度。武帝雖然推重儒家，但道家學說不僅未被罷黜，反而日益成為顯學。皇帝和身邊的人都好道、學道。劉徹的祖母竇太后輔佐了三朝皇帝，是道家理念的積極倡導者和有力的推行者。

竇太后好黃帝、老子言，帝及太子諸竇不得不讀《黃帝》《老子》，尊其術。（《史記》）

竇太后不僅自己精研深悟，還要求皇帝及以下人等學以致用。就這樣，講修身養生的《黃帝四經》和講處世為人的《道德經》，經由皇宮內的政治學習，很快成為漢代社會最受追捧的學說。於是，道家養生與儒家治國並行不悖，孔孟之道和神仙信仰比翼齊飛。

風行朝野的神仙信仰，是在「黃帝、老子言」的基礎上形成的。貴族和富商留戀眼前美好的生活，朝野上下盛行尋仙和修煉道術，以期升入仙界，長生不老。

漢人篤信神仙的程度，當代人很難想象，但那確實是影響他們精神生活的重要因素，其沉迷之深，自然反映到玉器等藝術品的製作中來。漢人求升仙、求長壽的願望是如此的強烈，以至把心中的期盼濃縮成一句句吉語來裝飾瓦當，嵌在皇家宮殿的檐頭：「長生無極」「長樂未央」「延年益壽」「與天無極」「飛鶴延年」「延壽萬歲」「富貴萬歲」，等等。其中，「長宜子孫」「長樂未央」「延年益壽」等吉語，也常被用來裝飾玉璧。

漢人認為，人若未能在有生之年登仙，去世後也是可以升入仙界的，「仙逝」一詞有可能就這麼來的。帝王和貴族都希望在仙界能繼續今生的享樂，所以，他們去世後，家人會將其生前使用的東西隨葬。可是，人體是會腐朽的，沒了身體，還怎麼宴飲行樂？怎麼歌吟舞蹈、馭乘騎射？於是有人說了：「玉不是千年不朽嗎？玉不是能溝通神靈嗎？做個玉匣裝盛逝者，不僅能保證身體不朽，還有助於升仙呢！」於是皇帝下旨，由御作坊東園製作玉匣，並定下制度：只有列侯、諸侯王以上的高等級貴族才能享用玉匣。

漢人所說的玉匣，即今人所說的玉衣。玉工先琢磨好兩千多到四千多塊大小不等的玉片，邊角鑽孔，然後用金線、銀線或蠶絲連綴，分別包裹住頭顱、軀幹和四肢，再將這幾部分連綴起來。當代的考古發掘，如果出土一套玉衣，大家都會很高興，因為它表明了其主人的尊貴身份。

西漢　金縷玉衣
中山靖王陵博物館收藏

1968 年 5 月 23 日，河北，滿城郊外 1.5 公里處的陵山。軍隊在山上進行爆破施工時，從山岩中崩出了一座古代墓葬。幸運的是，爆炸對墓室的損壞不大；更幸運的是，指揮施工的是一位有文史常識的軍官，他馬上意識到坍塌的洞口後面是什麼，立刻下令停止工程作業，布置警戒，飛報上級。

滿城發現漢代大墓的消息驚動了北京，官員、學者紛至沓來，急於一睹大墓內的情形。就這樣，一群考古學家和歷史學家靜靜地完成了一次遁世穿越，去往兩千多年前的西漢中山國。

巨大的王陵以窮盡今人想象力的奢華陪葬，展示了西漢早期一個諸侯王的生活情狀。與大量精美器物一起出土的，有一套完整的金縷玉衣。對於確定墓主人的身份，這套玉衣具有非常重要的歷史價值和文物價值。至於連綴玉衣的幾千枚玉片，其藝術價值還不如一只拳頭大小的玉辟邪。然而，無論今人如何品評，對於要把鍾鳴鼎食神仙般生活進行到底的中山國靖王劉勝來說，這套玉衣絕對是不可或缺的。

劉勝陵出土的玉器等物，都具有鮮明的楚文化風格。漢朝的開國君臣多出生於楚地，楚文化遂成為漢文化的主流。楚人的神怪觀念與陰陽五行玄學、讖緯神學、升仙迷信結合起來，促成了漢玉瑰麗奇譎、浪漫豪放的藝術風格。

和所有漢朝人一樣，劉氏皇族也一心期盼長生不老，嚮往美麗的仙界。但是，他們卻忽視了人世間的邪祟和佞妄，以致讓某個善於偽裝、居心叵測的外戚得勢，一度丟了大漢江山。

有器必有意　有意必吉祥

公元 8 年，權臣王莽廢黜幼太子劉嬰，篡漢自立，改國號為新，歷 214 年的西漢滅亡。王莽施政混亂，更改幣制，摧殘工商，對外用兵，賦役繁重，民不聊生，終致民變四起。

公元 17 年，綠林、赤眉起義，天下大亂。西漢長沙王劉發的後代劉秀趁勢舉兵。幾經鏖戰，劉秀軍勢大盛，遂登基稱帝，復國號「漢」。新莽滅亡後，劉秀的漢軍與群雄逐鹿中原，開始了長達十多年的殘酷戰爭。

公元 25 年，光武帝劉秀克定天下，重建統一的漢帝國，定都洛陽，史稱東漢。劉秀急劇轉型，在位三十四年間罷兵息武，與民休息，「未嘗複言軍旅」（《後漢書》）。朝廷專注經濟，鼓勵農桑，發展畜牧，經濟全面繁榮，綜合國力之強，遠超文、景之後的西漢，是為「光武中興」。東漢享祚 196 年。

和帝劉肇是東漢的第四位皇帝。他英明睿智，廢除了西漢的鹽鐵官營制度，開放私人經營，經濟發展迅速，富商巨賈不斷湧現，帶動了手工業的繁榮。物質生活好了，人們的精神生活隨之變得豐富多彩，人文思潮不斷湧現，開啟了文化昌盛的局面。

東漢　青玉胡人捧琮八方壺
民間收藏

東漢　白玉辟邪
民間收藏

強悍的帝國風範，豐富的物質生活，廣闊的世界視野，寬鬆的文化環境，使得漢人的思想異常活躍，開闊無涯。這種開闊，非是平面之開展延伸，而是一種溝通天地的宇宙精神，「人法地，地法天，天法道，道法自然」（《道德經》），就是漢人與天地同流的寫照。

東漢人蓋房子，講究「其宮室也，體象乎天地，經緯乎陰陽，據坤靈之正位，仿太、紫之圓方」（《西都賦》，後同）。就算是挖個水池，也要「左牽牛而右織女，似雲漢之無涯」。這種與天地相往還的氣度，呼應並極大地豐富了道家學說，使西漢以來流行的神仙信仰愈加深入人心。

在漢人的觀念中，人、自然、神仙是密切相連、渾然一體的。人們經營現實生活的幸福，就是追求長壽永生、進入神仙境界的過程。在他們看來，這樣的「現世報」觀念，比苦修今生才能來世享福的宗教觀念更吸引人。

神仙信仰催生了體系化的吉祥文化，成為漢代藝術的重要部分。吉祥文化的各種觀念，幫助人們在心理層面和社會生活層面樹立正面的態度，激勵人們積極創造與進取，追求幸福。受這種社會意識潮流的推動，祥瑞題材的玉器大量湧現。漢玉中常見肩膀生翼的仙人，或騎馬，或乘辟邪，或手捧璧、琮、圭、璜四樣禮器。這種造型的仙人被稱為羽人，表達了人們對羽化登仙的渴望。

東漢最強盛之時，也是中國古代玉器創作最多姿多彩、藝術水準達至巔峰的時期。這期間，陳設玉器成為一個重要的品類，無論是單件作品、成組作品還是組合件，其內容和形式都體現了「天人感應」「天人合一」的理念。

在漢人的藝術幻想中，神靈的世界與人的世界並存。漢玉通過人與神靈、動物和瑞獸祥禽交織共處的場景，演繹人與自然、與天庭仙境之間複雜的關係，反映了人征服自然、超越自然的渴望，是漢人外向的精神面貌和積極進取的人生態度的物化。作品結合寫實和誇張手法，將漢人想象中的神仙世界與富有生活氣息的人間世界有機結合，以精湛的碾琢技藝，創造出一件件瑰麗神奇、精美絕倫、氣勢非凡、富有夢幻色彩的藝術傑作。

東漢的陳設玉器中，不少作品體量大，構思巧妙，造型活潑，紋飾精美，往往一件作品就包含了圓雕、高浮雕、鏤空雕、掏膛、陰線等工藝，琢工細膩，極盡雕飾之能事。在這些作品中，辟邪和龍鳳等瑞獸祥禽上下環繞，蟠曲騰躍，生動異常；更有碾琢活環者，於雄渾大氣中蘊含玲瓏情致。這類作品呈現出富麗堂皇的視覺美感，讓人心旌為之搖動。一些陳設玉器繁縟鋪陳的裝飾手法，與漢賦大篇幅的疊句鋪陳、漢代建築宏大的群體營構可謂異曲同工，精神相通。

東漢玉器中，龍鳳、辟邪、四神等瑞獸很多，反映了貴族和富商對納福迎祥、避邪驅祟的強烈心理需求。這一藝術表現，從戰國時期和秦代一直延續下來。

刻玉為百獸之形，毛髮宛若真矣。（《拾遺記》）

以辟邪和螭龍為例，東漢作品一反西漢早期的沉穩姿態，追求動感、力量感和速度感。它們氣勢豪放，神情誇張，精神十足，睥睨四方，個個顧盼自雄，顯得不可一世。漢人縱橫豪宕的精神氣質，在一件件玉器上得到了充分的體現。小至寸許的辟邪，大至盈尺的尊、瓶、盤組合件，體量雖異，卻都設計新穎，形貌奇偉，紋飾華麗，充滿激情。

窮造化之精神，盡萬類之變態；瑰麗窈冥，無可端倪。

（《騷賦論》）

這段文字所描述的，正是人們心中的仙境氛圍，也是玉工悉心表現的內容。那些矯健的龍、鳳、螭龍和辟邪穿行於雲霧間，體現了漢人往來人間天上的自信。那些裝飾人物與瑞獸的玉器皿，則直接反映了漢人對神仙境界的熱切追求，表達了熾烈的情感，使仙界的瑰麗奇幻和仙界的無窮活力時時環繞身邊。

西漢中期和東漢的經濟繁榮，造就了一大批富商巨賈。《後漢書》記載，他們「館舍布於州郡，田畝連於方國」，「有千室名邑之役」。這些富商擁資雄厚，憑藉敵國的財富，最終成為豪強，生活極其奢侈豪縱。「豪人之室，連棟數百，膏田滿野，奴婢千群，徒附萬計，船車賈販，周於四方，廢居積貯，滿於都城」。最後兩句，說的是富商們空閑的房子，在洛陽比比皆是。富商們開設自己的玉器作坊，製作大量精美絕倫的玉器，「琦賂寶貨，巨室不能容」。「琦賂寶貨」，即紋飾精美的玉器。由於人們普遍篤信神仙，吉祥文化的因子滲透進了每一件漢玉，使其成為美好意願的物質載體。

漢玉無論大小，無論何種題材，都做到了「有器必有意，有意必吉祥」。美好的寓意、奇幻的造型和精湛的施藝，使漢玉成為歷代愛玉者孜孜以求的寶物。這些兩千年前華美的玉器，具有很高的歷史價值、工藝價值和藝術價值，能留存至今的每一件作品都彌足珍貴。

海昏侯的寶藏

與得到一件紋飾精緻、瑰麗華美的漢代陳設玉器相比，在某個特殊時刻，人們更為期盼的，可能是一個外觀遠談不上奢華的方寸小件。

2016 年 1 月 17 日，江西南昌新建觀西村。這一天，村邊那九座耗資數千萬元建造的平房，可能是中國境內安保力量最為密集的地方：外層由荷槍實彈的武警戒備，中層由持械擁盾的警察防守，內層有保安員拎棍沿牆巡護。整個平房區域籠罩在緊張凝重的氣氛中。這一切，都緣於 2011 年 3 月 23 日的一個報案電話。

案發地位於鄱陽湖西岸觀西村的一座小山上，一個深達 15 公尺的盜洞表明，挖掘者的目標極有可能是一座漢代墓葬。搶救性考古發掘迅速啟動，鄱陽湖畔地處僻壤的這座小山，立刻成為中國考古界矚目的焦點。

當探明僅有的當代盜洞已經抵達椁室時，所有考古隊員的心都提到了嗓子眼。過去六十多年，漢墓「十室九空」的現實，對他們的打擊實在太大了，沒人想再看到一個被洗劫的墓坑。直到發掘至邊室和主墓室之間的過道時，發現盜洞就此終止，人們高懸着的心一下落了下來。轉瞬間，大夥劫後餘生般的鬆快轉變為腎上腺素沸騰的期待：這將是六十多年來考古發掘遇到的第四座完整的漢代王侯級墓葬！

在觀西村大墓之前，完整的漢代王侯級墓葬有中山靖王劉勝陵、南越王趙眛陵、濟北王劉寬陵，這些王陵都是西漢早期的，也許後世盜墓風起時，這些陵墓的地址早已被人遺忘，因而都躲過了被盜掘的厄運。

經過五年的細緻發掘，從大墓和陪葬坑出土了一萬多件（組）珍貴器物。根據墓葬地點和部分器物上的文字，大家對墓主人身份的猜想愈加堅定。但是，人們還需要一個最直接的物證——墓主人的印章。這枚印章，或官印或私印，通常被放在墓主人身邊。

終於，大家無比期待的一天到來了，考古發掘進行到最後一項：清理內棺。在安裝了溫、濕控制和其他保護設備的 6 號文保房內，整體套箱提取的內棺已於前一天開啟通風。一切準備就緒後，充滿期待的考古隊員和資深顧問一齊圍攏到棺木旁，每個人都屏息凝神瞪大雙眼，用急切的目光逐寸掃描內棺。

內棺中，墓主人的遺骸早已被兩千年的時光消解得沒了蹤影，只留下大量珍貴的器物，顯示它們高貴的主人曾經存在過。

絲縷琉璃席，青銅小器件，層層疊疊已碳化的絲織物……玉璧，玉璧，還是玉璧……漆盒，漆奩，漆杯……玉佩，玉環，玉瑗，玉管，玉獸，玉帶鈎……玉具劍，鐵刀……

「找到了！」一聲急促而壓抑的輕呼，頓時將現場的氣氛推向了狂喜的高潮，所有的目光都順着一個人的手指聚焦到了一個地方。

它就在那兒，大約是墓主人原來腰部的位置，緊挨着玉具劍。一枚小小的白玉印，比手拇指的指甲蓋略大，一半埋在淤泥裡，露出的印面清楚地顯示了一個白文篆書的「劉」字，印面邊長不

足兩公分。顯然，這是一枚私印。按漢印方形的規制，被淤泥掩埋的印面僅能容一個字，而且，極有可能就是大家熱切期待的那個字。

白玉印被小心翼翼地提取出來，淤泥被輕輕抹去。

「劉賀！」

印面的篆書謹嚴規整，明確無誤地向人們表明了墓主人的身份：武帝劉徹與李皇后的孫子，昌邑王劉髆的兒子；5歲承襲昌邑王王位；19歲時，昭帝駕崩，繼承皇位，在位僅27天便被權臣霍光廢黜，貶為庶民；30歲封海昏侯；34歲病故於封國。

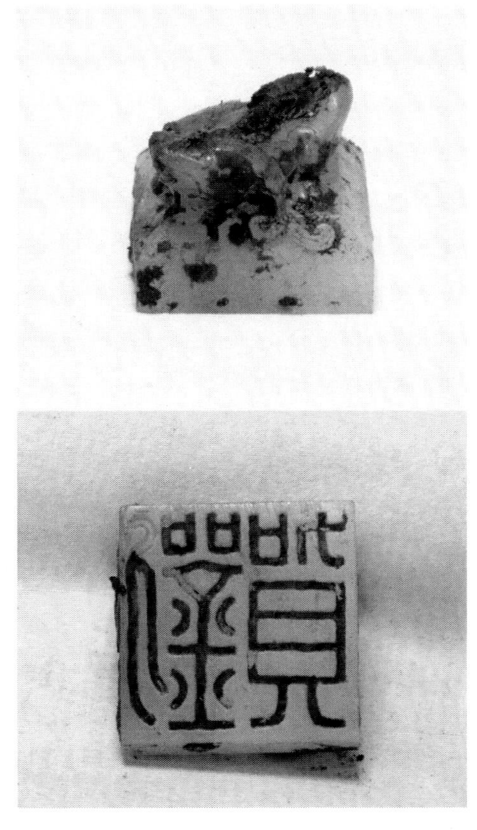

西漢　白玉「劉賀」印
南昌海昏侯墓出土

劉賀的封國為什麼起個名叫海昏侯國呢？原來，「海」指的是湖泊，「昏」意為黃昏，指太陽下山的方向，即西方。海昏侯國意為鄱陽湖西岸的諸侯國。

江西省文物局一點兒也沒耽誤工夫，迫不及待地要與全國人民分享其收穫豐厚的考古成果。

2016年3月2日，北京首都博物館。「五色炫曜——南昌漢代海昏侯國考古成果展」華麗開幕。441件（套）展品是從已經出土的一萬多件（組）文物中精選出來的。包括玉舞人、玉劍飾、玉帶鉤、玉雞心佩、玉熊、玉璧、玉璜、玉環、玉印在內的玉器，

西漢　青白玉熊（片狀）
南昌海昏侯墓出土

與金器、青銅器、漆器、陶器等文物一起展出，向人們呈現了劉賀 34 年生命歷程的種種細節，引領人們回望兩千多年前一段陽光燦爛和風雨晴晦的歲月。

展櫃內，幾十枚金餅、幾十塊金版、幾十件馬蹄金和麟趾金，還有鼎、簋、尊、壺等青銅器，以其耀眼的光芒、精美的紋飾和逼人的富貴，迎接人們熱切的目光。那些晶瑩明潔的玉器，則以其華美精緻、溫煦潤澤和豐富的文化內涵，深深打動了人們的心。

展出的玉器中，一件體量不大的片狀青白玉熊十分引人注目。玉熊身軀壯碩，後肢站立，像是在蹣跚散步；右前肢彎肘平置胸前，掌心向上；左前肢上舉，掌心朝前，像是在跟熟人打招呼。它眼睛寬扁，嘴岔大咧，笑意盈盈，一副卡通形象。

看着這件極具喜感的玉熊，不禁讓人想到它的主人。劉賀從皇位上猝然跌落，在遣返山東和遠放江西的灰暗日子裡，這只神情諧謔的小熊，是否曾給他帶來些許開心的時刻呢？

當年，18 歲的霍去病在疆場上一戰成名，獲得武帝劉徹給予的無上榮耀。冠軍侯英年早逝，武帝下旨，將他葬於自己陵園內最顯赫的位置。四十七年後，武帝的孫子劉賀 19 歲，被霍去病同父異母的弟弟霍光扶上了皇位。當人們還在為這兩代人之間的君臣情緣感慨時，新皇旋遭廢黜，且理由牽強，一時疑竇迄今難解。

劉賀把玩玉熊時，是否跟它訴說過心中的郁悶？是否抱怨過命運的捉弄？然而，即使玉熊聽到了些什麼，也沒法告訴我們，只是以它那令人莞爾的神態，逗引人們去做漫無邊際的猜想。

劉賀的爺爺劉徹，登基後幾年內壯志難伸，常帶着羽林軍騎射狩獵，藉以發洩。他還喜歡鬥獸，尤喜猛虎、野豬，「嘗與熊搏」。一個是野獸中的大力士，一個是年少氣壯的皇帝，兩相搏擊，凸顯了一種力量之美。

後來，有幾位皇帝也喜歡鬥獸。一日，元帝劉奭觀獸搏，一頭大熊突然撞破柵欄，奔向殿前。皇帝身邊眾妃四散奔逃，唯有一位姓馮的婕妤（妃嬪稱號）挺身向前，擋在大熊面前。熊一愣怔，被撲上來的幾名侍衛刺斃。元帝問馮婕妤：「何不避走反前趨？」馮婕妤答道：「妾聞，熊攫一人，則不旁及，因舍妾身以護上。」漢代英雄輩出，巾幗不讓鬚眉。漢玉多熊，除了人們對其身強力壯的羨慕，大約與劉徹搏熊、婕妤擋熊的事迹也不無關係。

在四百年的漢玉戲碼中，體態憨拙的熊可謂全能，既能跑跑龍套當配角，也常挑梁擔綱演一號。做配角時，因其身大力不虧，總是被安排當力士，幹些托舉器皿的體力活，一副謙恭馴順、任勞任怨的樣子；一旦出演主角，它立刻展現出符合其體魄和力量的霸氣來。見有青玉圓雕玉熊，身軀偉岸，後肢站立；肩膀生出寬大的雙翼，長翎翻卷，垂至地面，如身披大氅；神態端肅，儼然大佬，威風八面，氣場十足。

長翅膀的熊叫作飛熊。有個典故叫「飛熊入夢」，說的是周文王幸得能臣的故事。文王姬昌在岐山儲蓄力量，圖謀反商，渴望得到高人輔佐。一天夜裡，他夢見一頭撲棱着翅膀的熊飛入懷中。醒來後，文王大感奇異，便叫人占卜，看看在哪裡能找到飛熊。根據卜辭的指引，他尋到了渭河邊，遇見正在用直鈎釣魚的姜尚，而姜太公的號正是飛熊。有了「飛熊」姜太公的輔佐，滅商興周的大業最終得以成就。

在漢人眼裡，身軀壯碩的大熊有了翅膀，就成了力量和智慧的集合體。琢製玉飛熊，表明在一個充滿生機的社會裡，大夥對人才是相當重視的。

曹丞相的玉觿

漢人創造的辟邪也長着一雙翅膀。它以老虎為原型，軀體強健，肌腱暴突，充滿彈性；頭顱碩大，雙目圓瞪，闊嘴利齒；四肢粗壯，巨爪如刃，雙肩生翼，渾身上下透着一股子上天入地吞噬邪祟的剛猛之氣。「如虎添翼」這個成語，說的就是辟邪。

辟邪的創造，顯示了漢人對力量的崇拜。如果說，龍、鳳、四神等瑞獸祥禽代表着祥瑞福祉，辟邪就是其勇猛剛毅的守護

西漢　白玉辟邪
民間收藏

者。在四百年的時間裡，漢人製作了很多玉辟邪，期望藉助這些威猛瑞獸的護佑，永享富足太平。

然而就像老話說的，月盈轉虧，盛極則衰。強大繁盛的漢帝國終將步入暮年，然後不可避免地走向衰亡。當這一天來臨時，所有的疥癬之疾已變為沉疴深入膏肓，帝國曾經雄強魁偉的身軀轟然倒下，絕代風華倏忽逝去，四百載榮耀輝煌不再。

「患生於多欲，害生於弗備。」（《淮南子》）東漢末年，吏治混亂，外戚干政，軍閥割據，黃巾造反，董卓作亂。霎時間，海內分崩，河山昏暗，刀兵四起，烽火連天。持續的戰亂塗炭生靈，摧殘經濟。在人命如草芥的日子裡，再沒有幾個玉工能坐下來琢磨玉器了。

157 年，桓帝在位，全國人口為 5600 多萬。靈帝、獻帝時，從 184 年黃巾軍起事至 192 年董卓之亂平息，「人戶所存，十無一二」。在 8 年時間內，超過 80% 的人口死於戰亂及由此造成的瘟疫，總人口劇減至 1120 萬。董卓之後，又有多個軍閥擁兵作亂。如果任由戰亂持續，不知還會有多少漢人的生命消亡。

189 年，安徽亳州人曹操以其出色的軍事才能，在討伐黃巾軍的戰爭中嶄露頭角。此後，作為朝廷的最高軍政長官，他指揮了漢軍剿滅黃巾軍和其他軍閥的戰爭。也就在這一時期，大量漢玉和其他寶物遭受了浩劫。

為籌措戰爭經費，曹操組織軍隊發掘西漢王陵以獲取金銀銅鐵。「盛世買玉帛，亂世收黃金。」銅鐵用於鑄兵器，金銀可以換糧食。對於那些不知哪天就喪命的士兵來說，玉器、漆器和陶器等都是沒用的東西，所以被隨手丟棄。與其他珍貴器物一起，許多玉器就此埋沒地下。

漢初「七王之亂」時，梁孝王劉武指揮軍民堅守城池，死死拖住反軍，為周亞夫率領朝廷軍隊剿滅叛亂贏得了時間。平時，

景帝對這位弟弟就挺照顧的，平叛之後更是對他大加賞賜。劉武去世時，大量金銀和玉器盡皆隨葬。

曹操親臨現場，指揮士卒發掘了劉武的陵墓，「收金寶數萬斤」。這次掘墓所得，保證了朝廷軍隊整整三年的糧餉。

組織發掘先王陵墓，一直是人們譴責曹操的一個焦點，認為他此舉大逆不道、十惡不赦。但是，對曹操大加撻伐的人都選擇回避這樣一個事實，那就是，曹操指揮軍隊取走先王的財寶，目的只有一個：拯救鮮活的生命。

白骨露於野，
千里無雞鳴；
生民百遺一，
念之斷人腸！

曹操的親筆描述，如同今天戰地記者的紀實報道，真實呈現了戰亂造成大規模人命損失的慘狀。在這首題為《蒿里行》的詩中，曹操為國家陷入分裂而戰亂不休深感憂慮，為無數生命的毀滅痛徹肝腸，字裡行間充滿真摯的人道關懷，體現了一個政治家的悲憫。

「軍合力不齊，躊躇而雁行。」由於缺乏軍費，軍隊統帥缺乏足夠的號召力，以致原本忠於朝廷的各路人馬各懷鬼胎，在平叛作戰中畏首畏尾，躊躇觀望。血腥的戰亂每延長一天，不知又有多少生靈遭荼毒。曹操看在眼裡，急在心上。要鎮壓黃巾軍和彼此混戰的軍閥，遏止大量生命消亡的勢頭，就需要一支服從指揮、訓練有素、戰鬥力強大的軍隊。建軍、強軍是需要巨額軍費的，可是，最初幾年的戰亂已徹底摧毀了帝國的經濟，朝廷根本拿不出錢來。

作為軍隊的統帥，如果能從國庫裡拿到軍費，誰還會頂着污名去組織發掘王陵籌糧餉？在以道德為基本評判標準的古代中國，又有哪個政治家像曹操一樣願意做出這樣的自我犧牲？一邊是個人的名節，一邊是瀕臨絕境的百姓，曹操做出了抉擇。為拯救萬千黎民於水火，他甘願自損名聲，行千古唾罵之事，這是一種什麼樣的胸懷！

曹操敗黃巾，破二袁，滅呂布，剿烏桓，鎮壓了許多其他的割據武裝，前後征戰凡 17 年。至 208 年，北方的戰亂終於被平息，更多行將毀滅的生命得到了拯救。應該指出的是，那些咒罵曹操組織盜墓的人，都是東漢末年戰亂的幸存者和他們的後代。

曹操原想提兵南下統一中國，可是，北方的統一戰爭已經耗盡了他的心力。儘管這匹伏櫪的老馬依然壯心不已，可是身體實在撐不下去了。

220 年春，曹操病逝於洛陽，終年 66 歲。

2009 年 12 月 27 日，北京。河南省文物局和中國社科院考古研究所聯合舉行新聞發布會，宣布了一個轟動海內的消息：河南安陽西高穴村的東漢大墓已被確定為曹操的高陵。曹丞相萬萬沒有料到，1700 多年後，自己會再次成為公眾輿論的焦點。

曹操是大夥熟知的歷史人物，關於他身前身後的疑問卻很多：他真的像戲裡演的那樣，是個「挾天子以令諸侯」的白臉奸相嗎？他到底是奸雄還是英雄？傳說中的「七十二疑冢」，更是把人們撩撥得心癢難耐。大夥都想知道：這座漢墓的主人真的是《三國演義》和《三國志》裡的那個曹操嗎？

從古至今，西高穴村大墓多次被盜。搶救性考古發掘僅找到了一些破損的文物：幾只殘破的粗陶罐、幾粒不配套的瑪瑙珠子、一柄鏽蝕朽爛的鐵劍、幾千塊散亂的鎧甲片、一件殘損斷裂的螭龍首白玉觿（ㄒㄧ）。

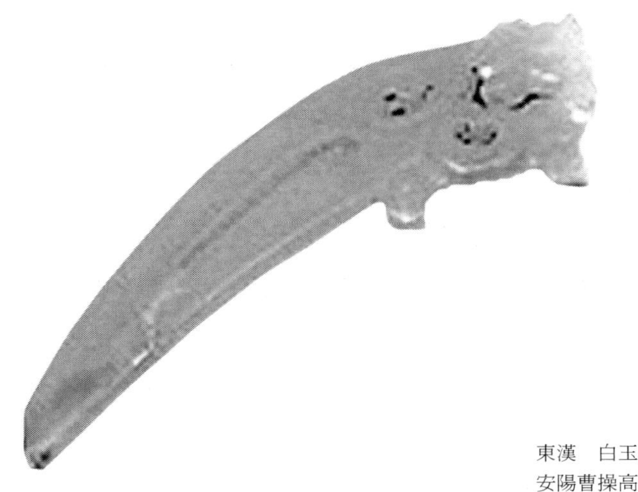

東漢　白玉觿
安陽曹操高陵出土

觿，所以解結，成人之佩也。

玉觿的造型，源自古人用來解開繩結的獸牙或小獸角，是一種生活用具。西周時，玉觿十分流行。當時，貴族為防腰帶鬆脫以致失禮，通常繫着很緊的死結，想解開時，需用玉觿來挑撥，於是，成年貴族男子的腰間都懸掛玉觿。戰國至兩漢時，貴族都使用帶鈎，很方便，不再使用玉觿了，但作為組玉佩的飾件，玉觿仍非常流行，器形、紋飾愈加精美。

玉觿「解除紛擾、終止混亂」的寓意，幾乎就是曹操一生事功的寫照。

空空如也的磚石墓室在眾目睽睽之下敞開着，在照明燈的強光下，每一平方公分的地方都受到了手鏟、竹籤和毛刷的關照。即便如此，也沒能再找到像樣的器物。關於曹操，一位戰亂終結者的身後事，留給世人的謎團仍遠多於答案。

那件紋飾精美的東漢螭龍首白玉觿，是這次考古發掘所得唯一的藝術品。玉觿斷裂的器身和折損的尖端，似乎在向世人喻示曹操去世後曹氏一門多舛的命途。

《喪亂帖》 白玉帶

220 年，漢獻帝劉協禪位於曹操的兒子曹丕，東漢滅亡，魏國建立。曹氏後人能耐不濟，大權落入司馬氏手中。

魏、蜀、吳三國時期，兵禍連連，生靈塗炭，赤地千里，慘絕人寰。戰爭對社會經濟文化造成滅頂之災。戰亂後期，總人口銳減至500多萬。田疇荒蕪，城池廢圮，留存人間的玉器多遭毀滅。漢王朝和漢文化瀕臨滅絕的邊緣。

南北朝　白玉龍紋玉帶板
上海博物館收藏

265 年，司馬氏廢魏自立，國號為「晉」，史稱西晉，中國再度成為一個統一的國家。可是好景不長，西晉立國才十一年，就發生了「八王之亂」，導致國力衰微。

連年戰亂給西晉帶來了滅國之災。317 年，西晉滅亡，東晉在南方建立。在北方，五涼四燕、三秦二趙等十六國相繼登場，相互攻伐。百餘年內，片石過刀，血流漂杵，無數百姓命赴黃泉，千里中原十室九空，華夏大地籠罩在末日般的血腥和黑暗中。

> 喪亂之極！先墓再離荼毒，追惟酷甚，號慕摧絕，痛貫心肝，痛當奈何奈何！（《喪亂帖》）

一封椎心泣血的家書，浸透了東晉人王羲之目睹戰亂慘象時肝腸摧折的悲慟，也號啕出華夏大地上萬千黎民的悲哀、無助和絕望。當今書家臨撫此帖，有幾人能體會書聖如死灰一般的心境？

戰亂連年，導致社會持續動蕩，人口劇減，生產力遭到極大破壞。這一時期，不知多少宮宇遭焚毀，多少美玉成齏粉。民生苟且，百業廢弛，玉器行業近於消亡，這一時期製作的玉器幾乎可以忽略不計。

420 年，東晉滅亡，南方相繼建立了宋、齊、梁、陳四個朝廷。

439 年，鮮卑人的北魏軍隊自蒙古高原向南撲來，血戰中原，攻滅北涼。北方持續了二百多年的戰亂終結。

北魏之後，東魏、西魏、北齊、北周相繼取代，隔着長江與南方的皇朝對峙。歷史進入了「南北朝」時期。

北魏的第七位皇帝是孝文帝拓跋宏。他意識到，要維持在中原的統治，遊牧民族在馬上逞勇使蠻的那一套行不通了，必須學會農耕，必須學習漢文化。於是，他頒布聖旨，推行徹底的漢化。

有多徹底呢？所有鮮卑人必須說漢話、取漢姓、着漢服，皇帝自己就取了個漢名叫元宏。七八年內，鮮卑人全體漢化。

從北魏開始，北朝的皇帝和百姓都篤信佛教，花了大把的銀兩去建廟宇、養僧人、築高塔、開佛窟、鑿佛像。從大同到洛陽，一座座洞窟大佛龕連着小佛龕，一身身造像長瓔珞續着短瓔珞。那些寬衣博帶笑意盈盈的佛陀，那些今生來世因果轉換的觀念，把人們的心塞得滿滿的，沒給小小的玉器留下多少位置，玉器行業暮氣沉沉。北朝如此，南朝又如何呢？

在南方，政權的更疊也總是伴隨着對前朝皇族的殺戮。等喘過氣來，新皇帝又忙着尋求精神慰藉，消除屠戮的業障。因此，佛教同樣盛行於南方各朝，且因環境因素，衍生出另一番佛國景致。沒有高峻的石山開窟造像？那就在山林水畔修建心靈的栖居之所吧。於是，「南朝四百八十寺，多少樓台煙雨中」。

梁武帝蕭衍沉迷佛教，隔三岔五就跑到廟裡當和尚，拽都拽不回，非要朝廷掏錢給寺廟贖他出來。佛說，一切都是空，再美好、再珍貴的東西都是身外之物，都可以舍棄。皇帝連江山社稷都不在乎了，大夥還要玉器幹什麼？

光陰荏苒，沒有幾件玉器的南北朝，在梵音與鍾磬聲中慢慢老去。

581年，在北方，漢化鮮卑人的北周朝廷出了大事：外戚楊堅廢黜了自己的外孫周靜帝，登極稱帝，國號「隋」，北周滅亡。八年後，隋文帝楊堅發動了統一中國的戰爭。20歲的晉王楊廣提兵撲過長江，南方最後一個皇朝陳國被攻滅，漢代以後中國長達三百多年的分裂局面終告結束。

604年，文帝駕崩，太子楊廣即位，是為隋煬帝。楊廣是一位極富才智和個性的皇帝，他遷都洛陽，首開科舉，創立了後世沿用千餘年的文官選拔制度。短短幾年之內，國家就被治理得

有模有樣，經濟迅速恢複，國力日益增強，統治的疆域甚至超過了漢帝國。至大業五年（609年），全國人口恢複到4600多萬。

局面稍好，楊廣就不消停了。他親自籌劃，舉全國之力、集天下錢糧開挖大運河，還率軍西擊吐谷渾，東征高句麗，開疆拓土，把隋帝國的疆土拓展至「東西九千三百里，南北萬四千八百一十五里」（《資治通鑑》）。然而，由於大規模濫用民力和頻繁對外用兵，賦稅丁役加重，百姓苦不堪言。等到大運河挖好，帝國的氣數也快到頭了。普遍的怨憤導致反旗四舉，光是頭領稱帝的反軍就有十二撥。這些反叛武裝互相攻伐，軍民死傷慘重，人口急劇減少。

618年，江都（今揚州）兵變，煬帝被造反的將軍宇文化及所殺。隋朝滅亡，享祚37年。

2013年11月16日，北京。國家文物局和中國考古學會宣布：隋煬帝楊廣與蕭皇后的陵墓在揚州被發現。帝陵是被房產開發商的推土機給推出來的，其所在地曹莊，與這位皇帝主持開鑿的大運河相距僅十餘里。

經考古發掘，從煬帝陵出土了400餘件（套）重要文物，包括墓志銘、蕭皇后的金鳳冠和煬帝的金腰帶。在這條純金腰帶上，鑲嵌着十三塊紋飾精美的白玉帶板，證實了南北朝至隋代「天子革帶附十三環」的典籍記載。在這位飽受爭議的皇帝去世1395年後，因其陵寢的發現，人們見識到了隋代最美麗的玉器。

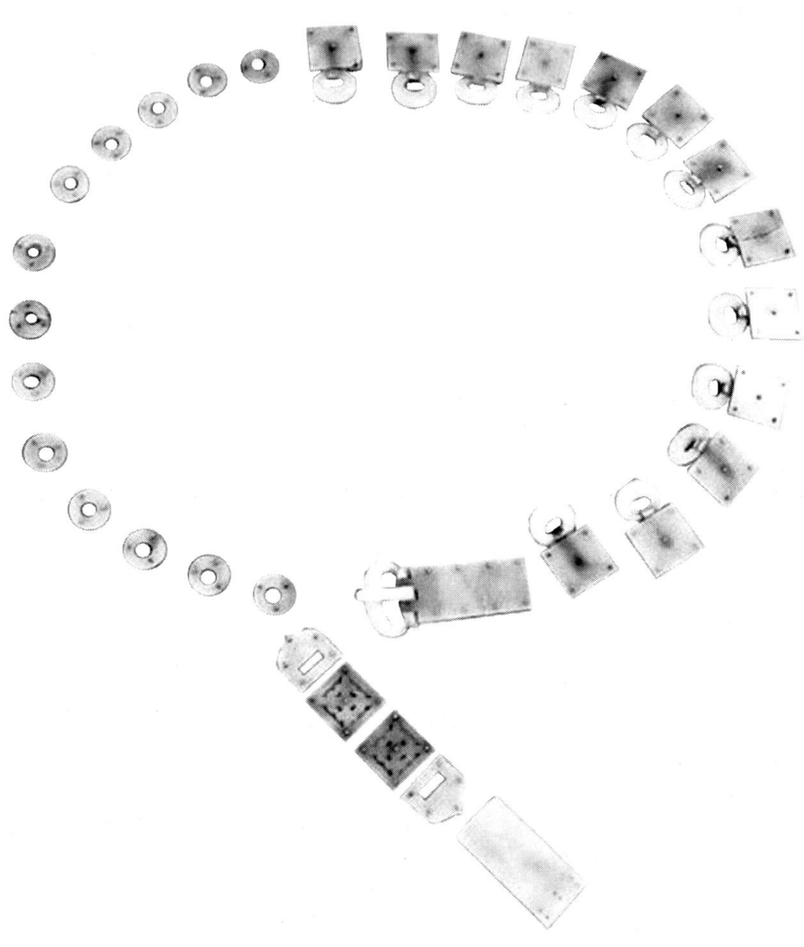

隋代　白玉帶
揚州隋煬帝陵出土

人歌小歲酒　花舞大唐春

617 年，從隋軍將領李淵父子關起門來嘀咕舉兵之事的那一刻起，玉器行業終於看到了全面複蘇的曙光。同年，李世民率軍攻陷長安，次年建立唐朝，自此享祚 290 年。

在十年時間裡，秦王李世民率唐軍南征北戰，歷經血腥殺伐，逐個消滅了隋末擁兵割據的各路人馬。隋末唐初的戰亂極其血腥殘酷，人口從 3100 萬再次銳減至不足 1000 萬。

海內初定，李唐皇朝開始了大一統帝國的政治、經濟建設。受益於隋煬帝開鑿的大運河，錢糧商品流通便利，加上中原和江南農耕成熟，至太宗時期，經濟發展十分迅速，國力增強，史稱「貞觀之治」。

628 年，西遊取經的玄奘法師途經西域，見到了西突厥汗國的可汗。630 年，太宗李世民提兵北上，滅亡東突厥汗國。此時，西域脫離中國皇朝統治已三百餘年了。控制西域的突厥人時常發兵滋擾，威脅帝國的安全。太宗對此大為光火：「漢可治西域，獨大唐不可？」自漢代以後，東西方貿易中斷已久，太宗極欲將其恢複。

唐代　白玉鳳穿花佩飾
故宮博物院收藏

640年，李世民遣唐軍遠征西域，滅亡高昌國，設立西州都護府。隨後，唐軍攻滅吐谷渾，將西域納入帝國版圖。657年，高宗李治在位時，唐軍滅亡西突厥。局勢稍穩，東西方貿易恢複。隨着中國絲綢大量販運至西方，東西方人員往來漸趨熱絡，極大地促進了帝國的經濟和文化發展。這一時期，玉器行業逐漸興旺起來，西域的玉石再次輸入中原。

到玄宗天寶年間，帝國的經濟繁榮達到巔峰，政治穩定，科技和文化蓬勃發展，受到周邊國家的仰慕。這時，全國人口增長至6000萬左右，京城人口近100萬。長安城殿宇連甍，里坊縱橫，隨處可見相貌不同、服飾各異的外邦人。帝國的首都成為一座國際大都市。

盛唐時期商業發達，民間手工業蓬勃興旺。長安城裡，綢緞莊內織娘穿梭，金銀鋪中匠人捶揲，製陶窯火常年不息，玉器作坊水凳吱呀。街肆上店鋪鱗次櫛比，招牌幌子參差交映，賣吃的，賣喝的，賣花的，賣唱的，賣金銀的，賣絲綢的，賣陶瓷的，賣玉器的……五行八作，應有盡有。胡姬酒肆食客擁擠，駱駝商隊絡繹通衢；夜市燈火洞明坊裡，西域歌舞風情旖旎。熙來攘往之人，或民或官；頭上身上所飾，妝金佩玉。

有唐一代，玉器已經世俗化，裝點着人們的日常生活。與漢玉所代表的「天、人」觀念相比，唐玉凸顯的是「以人為本」，專注於人自身的美化。一般玉器強調裝飾性、把玩性，人物作品多反映現實生活，風格高度寫實，形神活潑生動。

唐玉世俗化的一個例子，是官員的品級標誌。唐朝沿用隋制，高級官員的品級以腰帶上的玉板來標識，即在腰帶上綴飾若干方形、圓形或心形的玉板。品級越高，腰帶上的玉板越多，玉質越佳，紋飾越美。

民間用玉多配飾，以女性首飾最具特色，如玉花、玉珠、玉梳、玉環、玉簪，等等。貴族婦女和殷實人家的女眷，都喜歡同時佩戴金銀首飾和玉首飾，其中，有一種名叫步搖的首飾特別流行，有玉石碾琢的，也有金銀打製的。玉步搖分為簪桿和花頭兩部分，前者插入髮束，後者鏤雕花草鳳鳥，綴掛小粒珠串，隨着女子行走的步態而搖曳生姿，因得其名。其他如玉環、玉佩等物，用於綴掛腰間。

春郊新燕飛陌上，
弱柳依依垂千行。
誰家女兒好顏色，
雲鬢步搖玉琳琅。

陽春三月，惠風和暢，姹紫嫣紅，草長鶯飛。渭河清波繞城過，長安水邊多麗人；一片華服流光溢彩，幾聲珠玉相叩叮

當。春遊的貴族女子身着花色豔麗的絲綢裙服，雲鬢高髻間，除了金珠銀鈿，還綴插白玉和碧玉首飾，與腰間繫掛的玉環、玉瑗相互映襯，愈添嫵媚嬌俏韻致。

唐文化自由浪漫，極具包容性，人們的日常生活，包括飲食、服飾、音樂、舞蹈和繪畫，充滿來自西域的各種元素。太宗李世民精通音律，親自將宮廷歌舞曲目擬定為十部樂，其中八部為外邦伎樂。文化的交融也反映到了玉器上。例如玉帶板，其紋飾有兩類：一類是花草，有牡丹、石榴、蓮花等，多來自現實生活，又常見來自西域的卷草紋；一類是人物和動物，多見胡人、獅子、胡人獻寶、龍、鳳、鹿、馬、犬、駱駝、雁、鶴、孔雀，等等。

唐文化是漢文化與邊疆民族文化的融合，這與李氏皇族的血緣密切相關。《舊唐書》追溯了太祖李淵的身世，可推斷其先祖來自突厥阿爾泰遊牧部族，後成為鮮卑人。這就不難解釋，李世民為何用突厥語隔江斥責背棄盟約舉兵犯境的突厥可汗，朝廷為何任用眾多的胡人，唐文化中為何會有這麼多的西域文化元素。絲綢之路沿途留存的精美洞窟繪畫，莫不與敦煌等處的繪畫風格相類。玉器作品中，胡人獻寶更是成為玉帶板裝飾的流行主題。

唐玉中，人物的藝術成就最高。仕女、佛像和飛天，是玉雕人物的重要題材。唐玉仕女有吹奏樂器的，有翩翩起舞的，等等，與三彩陶器的題材相類，顯示歌舞表演在唐代宮廷和民間都很流行。

民間收藏有唐代青玉樂師像一件，男女二人並肩而立，演奏樂器。女樂師面龐圓潤，體態豐腴，秀髮綰鬟，雙垂耳畔，代表了典型的唐代女士時尚。她懷抱琵琶，纖纖玉指輕攏慢撚，似有珠落玉盤般的樂音溢出。頭戴紗帽的男樂師手執銅鐃，跟着琵琶的旋律伴奏。男女樂師身着同樣的袍服，腰繫絛帶，顯然同屬宮

唐代　青玉演樂人像
民間收藏

廷樂隊成員。兩人面龐微仰，神情陶然，似沉浸在悠揚優美的樂聲中。

唐人的生活風俗十分開放，文學藝術的表達深具人文關懷。反映在玉器上，仕女的刻畫最為活潑生動，姿容傳神，世俗特徵突出，仿佛鄰家少艾、宮廷貴婦。唐人繪畫中的仕女、唐詩中描寫的仕女和陶俑「胖妞」，都可以和玉雕仕女相互映照：一樣的體態豐腴，一樣的雍容華貴，一樣的氣定神閑，反映了上流社會富足悠遊的生活，再現了大唐盛世的繁華旖旎、人民的從容自信。

玉飛天　佛舍利

同樣是女性人物刻畫，比起唐女性陶俑，玉飛天的體型就苗條多了。她們腰肢婀娜，手臂纖柔，側身飛舉，輕盈活潑，配上飄逸的長裙、絲帶和翻卷的雲朵，翱翔的感覺很真切。

飛天就是大唐佛門的「宣傳隊員」，是唐代佛窟繪畫和雕塑常見的女性形象。她們身姿窈窕，以曼妙的歌舞烘托極樂世界的美妙，吸引人們來信奉和皈依。這些美麗的女子或演奏樂器，或翩翩起舞，所以又被稱為飛天伎樂。後來，人們以「驚為天人」形容女子長得很漂亮，大約就是以飛天的美麗為參照的吧。

飛天也常被碾琢成玉器，成為唐代乃至後世的一個重要玉器品類。玉飛天體態輕盈，裙帶飛舞，玲瓏晶瑩，優美動人。她們以飄逸浪漫的情韻演繹教義的崇高，是宗教與藝術完美結合的典範。

玄奘西行取經，大半時間走的是西域玉石進入中原的線路，那也是玉石與佛教結緣的路徑。有唐一代，崇佛之風熾烈。為雕鑿洛陽龍門的盧舍那大佛，武皇后連自己的脂粉錢都捐了出來。除了像天竺人、中亞人那樣鑿刻石佛，唐人還以美麗的玉石製作

唐代　白玉飛天
故宮博物院收藏

佛像。玉石的明潔溫潤，最適於表現宗教藝術的聖潔崇高，也更能表達信眾的敬誠。許多貴族和富商在私宅修建家廟或設置佛堂，供養玉佛。不少玉佛還鑲嵌寶石，盡顯華貴莊重。

1981 年 8 月 24 日深夜，陝西扶風。在綿延數日的陰雨中，法門寺裡突然傳出一聲巨大的轟響，地面隨之劇烈震顫。僧俗人等惶恐不安，慌忙循聲前往探察。彌漫的煙塵尚未散盡，一個不可思議的場景便出現在人們眼前：院內的十三層寶塔從正中間坍塌下來半邊，餘下另一半在蒙蒙細雨中孑然屹立。

1987 年 2 月，為重建法門寺塔，人們開始對殘塔和塔基進行清理。4 月 3 日，工人在清理塔基時，發現了一塊大石板。移開石板後，赫然出現一條灑滿銅錢的石階梯甬道。一個埋藏了一千一百一十三年的巨大秘密終於被發現：唐代最後一次迎奉佛骨舍利之後封存的地宮！

佛祖釋迦牟尼在天竺涅槃後，阿育王將佛祖真身舍利分成若干份，分送世界各地供養，其中一件指骨舍利被供養在法門寺。太宗李世民頒旨，每隔三十年，就將佛骨舍利請到大殿上供民眾瞻仰。高宗時，改為每三十年將佛骨舍利迎請到長安，在皇家寺廟供養一段時間。每次奉請佛骨都轟動天下，迎送儀仗行進途中，百萬信眾夾道跪拜，香火繚繞，佛號喧天。監察御史韓愈眼見迎奉佛骨耗費甚巨，勞民傷財，遂上書諫廢，結果被皇帝一貶「路八千」。僖宗時，佛骨舍利最後一次被送入地宮。

考古學家韓偉主持了搶救性發掘。在法門寺塔清理現場，甬道下面華美的浮雕石門一打開，考古隊員便走進了一座寶窟。一千多年的時光仿佛凝固了：三十平方公尺的地宮內，有序置放着兩千多件珍貴的器物，包括唐高宗李治、皇后武則天供奉的寶物。在一座精緻的白玉靈帳裡和兩隻雕飾精美的寶函內，各發現了一枚指骨舍利。

經佛教文物學家鑒察，三枚指骨舍利均為玉質，按照佛教儀軌，它們被稱為影骨，即佛祖真身指骨舍利的陪護，「一月映三江」。既然影骨出現了，靈骨應該就秘藏於地宮內的某個地方。聽完佛教文物學家解說，考古隊員的心跳驟然加速。

靈骨舍利究竟被藏在哪兒呢？大夥急切地在地宮裡上上下下逐寸搜尋起來。一名隊員沿牆探查，不時用手鏟的木柄輕輕敲擊牆面。正敲着，他突然停下了手，兩眼直愣愣盯着磚牆，嘴唇嚅動了好一陣，嗓子眼裡愣是發不出聲音來。

一塊青磚被細心地從牆裡取出，一個小小的秘龕出現了，裡面安放着一個綢布包裹的鐵函。在工作室內，鐵函被小心地打開，裡面是一個鎏金銀函，再裡面是一個包金檀香木函。打開木函後，裡面有一個水晶槨，槨內臥着一具白玉棺。輕輕挪開白玉棺的蓋板，出現在人們眼前的，正是佛教界至高無上的聖物：

唐代　白玉佛舍利棺
法門寺收藏

世上僅存的佛祖釋迦牟尼真身指骨舍利！

佛祖真身指骨舍利千年之後面世的那一刻，剛過淩晨時分。這一天是 1987 年 5 月 5 日，農曆四月初八，釋迦牟尼誕辰日。此後，考古隊員和佛教信眾每每言及此事，無不嘖嘖稱奇。

唐人用上等白玉製作寶帳、三枚影骨舍利和盛放佛祖真身指骨舍利的寶棺，可見玉器在唐代佛教徒心中的崇高地位。

然而，由於寺廟和佛窟眾多，大批藝術家和手工藝人參與繪畫和雕鑿；大規模的陶器製作，又為更多精於雕塑造型的藝術家和匠人提供了就業機會；另外，受西亞民風影響，唐人特別喜歡金銀器，因此，金銀作坊又吸引了眾多能工巧匠。這幾個因素加在一起，導致玉器行業的發展受限。

唐朝的民族政策很開放，許多邊疆民族人士甚至外國人都在朝廷做官，有的還手握重權。有唐一代，先後有三千餘位外邦人士在朝廷供職。

755 年 12 月 16 日，一直窺視皇權的胡人節度使安祿山，夥

同另一個胡人將領史思明舉兵造反，安史之亂爆發。造反軍自幽州向西直撲，鼙鼓動地，刀槍錚鳴，一百年的和平安寧瞬時被打破，一片歌舞升平頓時灰飛煙滅。

胡兒鐵騎潼關路，
天寶繁華翻血污；
官軍曳戟忙奔走，
百姓流離號窮途。

756年夏，造反軍陷洛陽，破潼關，趨長安。官軍不支，擁着玄宗皇帝出城，倉皇逃蜀。去長安百餘里，行至馬嵬驛時，官軍嘩變。將士們抱怨玄宗寵溺楊貴妃，貽誤國事，逼着玄宗賜死貴妃。

李隆基潸然灑落的清淚，楊玉環裙邊折斷的玉簪，成為盛唐終結的淒惶標誌。此時的長安城，正遭受造反軍的蹂躪。大明宮裡亂兵劫掠，玉屏破碎金殿上；蓬萊殿內宮女逃亡，步搖墜落荒草中。

朝廷緊急啟用了被猜忌閑置的將軍郭子儀，領軍出擊造反軍。此後，經歷了三位皇帝，郭子儀克河北，收兩京，下鄴城，用了七年時間才把造反鎮壓下去。此時，帝國的國力已然消耗殆盡，人口大幅減少。至唐肅宗在位的760年，人口僅剩下1600餘萬。

安史之亂的影響是深遠的，自此以後，「禍亂繼起，兵革不息，民墜塗炭，無所控訴，凡二百餘年」（《資治通鑒》）。在長期的戰亂和動蕩中，玉器行業陷入了停滯。

連生貴子　連年有魚

唐末，藩鎮坐大，酷吏横行，朝廷的統治名存實亡。節度使朱全忠提兵反入長安，戮昭宗，立哀帝，謀篡皇權。

907年，朱全忠乾脆廢哀帝自立，國號為梁，唐朝滅亡。此後，中原一帶又相繼冒出了四個皇朝，中原以外地區先後建立了十個國家，史稱五代十國。

宋代　白玉蓮花鱖魚
南京博物院收藏

歷史再次殘酷地證明，一旦處於分裂的狀態，華夏大地必然遭受戰爭的荼毒。五十年間，南北戰火不熄，刀兵過處屍橫遍野，生民流離苦不堪言；政權更疊快似走馬，經濟衰敗百業凋零。

漢王甲兵勢如虎，
吳宮玉瓶血沫塗。
可憐江左豐饒地，
殘垣衰草竄野狐。

951 年，歷經殺伐，後周建國，定都汴（今開封）。960 年，北方的契丹與北漢合兵一處，南侵後周。殿前都檢使趙匡胤奉旨領軍北上抵禦。大軍行至陳橋驛時，趙匡胤的弟弟趙匡義等人策動兵變，擁立趙匡胤為皇帝。

趙匡胤把幾位手握重兵的將軍請來喝酒，曉以利害，讓他們交出指揮權，避免了手握重兵的將軍們為爭當皇帝而爆發戰爭。通過「杯酒釋兵權」，宋帝國建立了。由於連一次戰鬥都沒發生，也就沒有什麼開國功臣，沒有居功自傲、擁兵自重的將領，宋朝的君臣關係從一開始就處於理想的狀態。這樣的開局，在中國皇朝歷史上是首例。

960 年，宋朝定都汴京（今開封），改稱東京，在經濟完好無損的情況下，統治廣大的中原地區，總人口約為 2500 萬。史稱北宋。從這時到 1234 年，宋先後與北方的遼國、金國並存。兩宋共享祚 319 年。

建國後，宋軍相繼攻滅荊南、後蜀、南漢、南唐等國。太祖趙匡胤雖出身武將，卻是個手不釋卷的愛書之人。他恢複科舉，任人唯才，開優禮儒士的重文之風，朝廷行政順暢，國力日漸增強。趙匡胤去世後，趙光義（趙匡義改名以避太祖諱）即位，是為太宗。

宋朝隨即迫使吳越投降，繼而出兵攻滅北漢，中國再次統一。

1004 年，北宋軍隊力敵遼國的入侵，遼軍勢挫求和，兩國訂立澶淵之盟，結束了幾十年的戰爭。自此，北宋朝廷每年送給遼國一定量的貨物，雙方維持了兩百餘年的和平。宋、遼訂盟，反映了雙方政治家的睿智，福澤兩國百姓，實為「化干戈為玉帛」的上善之舉。那一時期，北宋財政歲入超過 1 億兩銀，每年用 10 萬兩銀和 20 萬匹絹交好遼國，對比一場中等強度的戰爭每年所需之 3000 餘萬兩銀，盟約之善，一眼即明。自澶淵之盟訂立，宋人得以一心一意搞建設。

宋帝國的國策性質內斂，不事擴張；倡文抑武，消除了軍人干政、軍閥割據的隱患；設立言官，建構糾錯機制，保證了施政的正確。於是，北宋政通人和，社會安定，經濟繁榮，文化和科技發達的程度，遠邁盛唐，居世界之首，是中國歷史上民間最富裕的朝代。徽宗大觀三年（1109 年），北宋人口將近 5000 萬，堪稱盛世。

北宋文化昌盛，藝術成就很高。徽宗趙佶雅好藝術，朝野競效，藝術氛圍濃厚。趙佶繪《瑞鶴圖》，殿宇巍峨，金碧輝煌，瑞鶴翔集，一派升平祥和景象。皇家畫院的畫家張擇端，則以全景式記錄手法，用工緻細膩的筆法描繪了東京城鄉民生富庶、繁華興盛的熱鬧景象，題為《清明上河圖》。兩幅作品留存至今，成為北宋政治和社會經濟的「歷史照片」。

北宋的經營環境寬鬆，商品經濟發達，與民生有關的手工業如絲綢紡織、陶瓷燒造十分發達。玉器行業也煥發了生機，玉工腳踩踏板牽着皮帶轉動桯（ㄊㄧㄥ）桿的吱呀聲，伴着流沙磨玉的唰唰聲，在各地的玉器作坊裡響起，玉器製作進入繁榮時期。

兩宋玉器徹底世俗化、商品化，佩飾、玩件盛行，士紳百姓莫不賞愛。走在東京、揚州、臨安（今杭州）的街肆繁華處，不時可見專營玉器的店鋪，與綢布店、皮貨店、鞋帽店、陶瓷店、席篾店、雜貨店、酒店和客棧比鄰而市，生意紅火。酒肆茶樓，士人啜飲，及至微醺，懷裡掏，腰邊解，頭上摘，手上捋，把示玉件，品評形質，講論高下，流風所及，蔚為時尚。

宋玉品種較多，包括人物、動物、佩飾、首飾、杯盞、文房用具等，廣受世人喜歡。

宋玉圓雕中，吉祥人物和動物最多，尤以持蓮童子最具標誌性。童子聰明伶俐，姿態活潑，手執蓮葉、蓮蓬，寓意「連生貴子」，非常喜興，深受民眾喜愛。以童子為題材的作品很多，從一個側面反映了當時百姓安居樂業、人口快速增長的情況。動物方面，玉狗尤其生動，風格寫實，可辨種類，多作伏臥狀，正堪手握，掌中盤玩，舒筋活絡，養脈益氣；鱗介類又常見雙魚佩，觸首貼尾，寓意「連年有餘」，喜慶吉祥，玲瓏可人，是上佳的佩飾。

宋代　白玉持蓮童子
故宮博物院收藏

春水秋山　花鳥魚蟲

2006 年 1 月，陝西藍田五里頭村。一連幾個晚上，一戶人家的男人趁着夜暗悄悄行動，發掘自家的一座祖墳。警方聞風而動，追繳了出土的全部 119 件珍貴的北宋器物。此事一經報道，引起很大轟動。人們大惑不解：這家人為何要發掘祖宗的墓？他們的這位祖宗又是什麼人？原來，這家人姓呂，被掘墓葬的主人就是中國的考古學鼻祖、北宋的太傅講學呂大臨。

宋代　金白玉鶻鷹攫天鵝春水
故宮博物院收藏

呂大臨博學多才，尤精研古代器物，「考古」一詞就是他首創的。他著作《考古圖》一書，對古代青銅器、玉器、碑刻等器物進行圖式分析，開對出土玉器、傳世玉器進行考察、著錄之先河。《考古圖》的出版，帶動了宋代器物仿古的風潮。不少宋代玉器皿，就是仿照漢玉琢製的。

宋人治玉為何熱衷於學古、仿古呢？這與當時讀書人的集體意識有關。隋唐時期，異域文化融入；五代十國時期，邊疆民族大量湧入中原，致使漢文化特徵再度被削弱。在中國，當漢文化遭受其他文化猛烈沖擊之後，文化界就會有一個反彈，以圖恢複道統、建立新的文化秩序，宋代就是這樣。衣食寬裕的宋人，願意拿出更多的時間去探尋自己文化的根源，以恢複文化自信。這種集體的尋根意識，也反映在藝術創作上，催生了大量的仿漢玉器。

宋人尚簡，因此仿古的宋玉在裝飾方面趨於簡潔，工藝方面自然難望漢玉項背，作品也多為小件。可是，一旦宋人着意創新，偉大的成就立刻顯現出來，比如雕塑和瓷器。如今，精美的宋代木雕菩薩和釉彩羅漢陶塑已成為中外重要博物館的指標性展品。另外，宋人在瓷器方面的創新，還得到了皇帝本人細緻的指導。

雨過天青雲破處，
這般顏色做將來。

作為一位傑出的藝術家，徽宗趙佶對汝窯瓷器所做的親筆批示，具體到了色彩的微妙之處。今天，人們談起宋代器物，必稱北宋的汝、官、哥、鈞、定五大名窯瓷器和南宋的龍泉窯瓷器，論述多多，連篇累牘，而宋玉之妙，卻鮮有人道了。

遼金玉器也多為小件，如龍、鳳、鴛鴦、蝴蝶、狗、龜、兔、魚、飛天、玉盒、玉水盂、玉帶板等。又有鏤雕玉牌，模仿金銀牌飾，內容多為龍鳳花草、走獸翎毛，非常流行。

山子是一種隨形施藝的陳設玉器，是契丹人、女真人最具特色的作品。山子的題材分兩類，玉器行裡稱為「春水」和「秋山」，前者表現蘆葦叢中禽鳥活動的野逸景象，又以鶻鷹攫撲天鵝的場景最為人喜愛；後者多刻畫虎、鹿、熊在山林間活動的情形。對於遊牧和漁獵民族來說，這些都是他們常見的物象。作品多鏤空碾琢，藝術表現生動傳神。

春水、秋山貼近自然的寫實手法，與同時期宋代院畫的寫實風格兩相映襯，是那個時期現實主義藝術風尚的體現。宋代工筆花鳥畫的成就，可作為花鳥題材玉器流行的注腳。正是由於親近自然的魅力，這些清新活潑的玉器紋樣廣受歡迎，春水、秋山紋飾就常被用於玉佩、帽花、爐頂和山子的裝飾。後來到了明代，山子的題材發生了變化，從先前的葦塘禽鳥和山林野獸，一變為中原文人所嚮往的隱士、漁樵生活，並一直延續到今天。這個情況表明，漢文化對邊疆民族文化具有極強的吸收和轉化能力；也說明，只要是大夥喜聞樂見的玉器品種，其生命力就可千年不衰。

宋帝國的君臣和百姓正享受着寧靜的和平生活，北方卻出了大事。多年被遼國契丹人欺壓的女真人舉兵起事，建立了金國。金兵隨即猛攻遼國，白山黑水之間和科爾沁草原上狼煙四起。

1125 年，金國攻滅遼國。1127 年，金兵大舉南侵。宋人由於實行了多年「守內虛外」的政策，疏於武備，結果，金兵侵中原，破開封，一座花花江山，頓時陷入血光狼煙之中。金人大肆屠戮之後，擄走了徽宗、欽宗二帝。北宋滅亡。

1127年，康王趙構在應天府（今商丘）登基，是為宋高宗。1138年，朝廷遷都臨安，史稱南宋。大批中原百姓和士族隨朝廷南渡長江，是為第二次「衣冠南渡」。以嶽武穆屈死風波亭為標

宋代　金青玉老虎楓林秋山
中國國家博物館收藏

誌，朝廷上下失去了光復北方的底氣，遂收拾起雄心壯志，埋頭經營搞建設。江南地面農桑繁忙，城鄉一片繁華興旺的景象。守着半壁江山的南宋帝國怡然安居，歷150年。

南宋國都甫定，吳宮重葺，廟壇新修。江南本來就魚米豐饒，南渡之後，民生需求劇增，刺激經濟，一時百業競騰，人口穩步增長。紹興三十二年（1162 年），南宋人口達到 2500 萬，其中臨安的人口為 120 萬。

與繁榮的經濟同步，南宋的文化藝術進入了一個蓬勃發展的時期，文學、繪畫、雕塑都留下許多不朽名作。「錦繡江南」一詞，就是後人對南宋社會富庶、文化昌盛的貼切描述。

10 世紀初，南宋王朝的製造業居世界第一，貿易的需求特別強烈。由於西夏人在西北方的阻隔，宋人便將目光投向東南方的大海，大規模海上國際貿易就此展開。碧波上的絲綢之路一直延伸到波斯灣，絲綢和瓷器大量出口海外。以海外貿易為驅動力，南宋的農業和手工業經濟空前繁榮。在京城臨安，街肆上店鋪林

立，出售的商品中，除了國貨，還有大量寶石、象牙等舶來品。

意大利人馬可波羅從北方南下臨安，立刻被這座東方大都市的富庶繁華迷住了：「這裡的人民面目清秀、儀表優雅，身着綾羅綢緞。這裡的建築華麗，雕梁畫棟，顯示出人們對裝飾藝術的熱情。」

英國人李約瑟是現代最負盛名的中國科學史學者。在其著作《中國的科技與文明》中，他對宋人在各方面取得的偉大成就贊譽有加。當被問到，如果可能的話，他願意回到中國的哪個朝代，他毫不猶豫地回答：「宋。」

南宋的繁榮，離不開眾多的手工藝人，是他們使玉器製作在江南得以延續並興旺發達。此時的玉器多配飾，世俗色彩濃厚，是大眾化的消費品。主要紋飾有雲紋、魚紋、卷草紋、龍紋、螭紋、饕餮紋等。玉器的造型和紋飾，很大程度上受到了皇家畫院繪畫藝術的影響，偏向現實主義。舉凡人物、花鳥魚蟲等，皆形神兼備、清新雅緻，富於文人情趣，迎合了南宋人閑適優雅的生活方式。唯宋人藝術尚簡，玉器多為小件，少恣肆張揚態度，具內斂含蓄風緻，與馬遠、夏圭的山水畫好有一比：

左右半角，正宜偏安坡岸；
尺幅小幀，恰好斜出花枝。

臨安城春和景明，西湖上畫舫輕蕩；士紳閑遊，佳人淺唱；雲鬢綴玉，薄袖含香；饌食精緻，弦歌悠揚。沒有人抬眼蘇堤垂柳以外的地方，沒有人聽到北方草原一陣緊似一陣的馬蹄聲響。就在這一時期，遊牧的蒙古各部勢力日漸強大，建立起強大的蒙古汗國。

忽必烈的大玉海

崖山（約在今廣東新會）一戰，宋軍大敗，宋王朝滅亡。這一年是1279年。戰爭結束時，宋王朝人口從宋遼金時期的2500萬劇減至1000餘萬。

元人入主中土後，中國成為一個疆域遼闊的帝國。元朝採用行省制度，施政嚴厲，局面逐漸穩定，農業經濟逐漸恢複，手工業也隨之複蘇。

今見元代玉器，如杯、碗、洗、盞、山子和瑞獸等，均為小件，大多碾琢不甚精細；唯佛像碾琢承襲宋人造像遺風，施藝精湛，最為可觀。佩飾之類，又見爐頂、帶鉤、帽花較多。北地苦寒，

元代 白玉淩霄花佩
首都博物館收藏

人們戴帽時間長，因此玉帽花常見。南方炎熱，人們衣着較單薄，細帶掛鈎扣，輕鬆便捷，所以玉帶鈎較多。

說元玉都是小件，那也不全對，至少有一件是個例外，而且，是個大大的例外。這事要從元軍大舉進攻南宋前說起。

某年的春日，大都，忽必烈把蒙、漢幕僚招到宮中議事。談完事，幕僚們退下。忽必烈給自己倒了一海碗燒酒，喝了一大口。憧憬着君臨天下的那一天，他腦子裡蹦出了一個想法：我要像漢人一樣，做一件紀念性的東西，表達自己威伏四海的抱負。「嗯，首先材質要珍貴；其次，東西還得大。」他立刻想到了玉石。那麼，做個什麼呢？忽必烈琢磨着，端起碗一仰脖子，把大半碗老燒倒了下去……「對！就做個大玉海，將來天下一統時，用它盛酒犒賞三軍！」忽必烈想做的大玉海，就是個大玉缸。

鎮守河南的蒙軍將領接旨，命人在南陽獨山開鑿出一大塊玉料。這塊墨綠色、帶些許白色條紋的玉石運到大都後，皇家玉作的玉工便開始設計、碾琢大玉海。

經冬歷夏，大玉海終告完工，這一年，史書記載是至元二年（1265 年）。這是一個橢圓形的大家夥，以現代計量單位測量，它高 70 公分，口徑 180 公分，周長 493 公分，膛深 50 公分，重 3500 公斤。玉海不僅體量巨大，而且紋飾精美。外壁上，滿琢浮雕海水微瀾，龍、馬、犀、鹿、豬等海中神獸翻波躍浪，氣勢張揚。忽必烈對大玉海非常滿意，讓玉工用漢白玉雕鑿了底座，將其安放在北海島上的廣寒殿中。元代時，北海島名瀆山，意為遠古大水沖積而成。故此，後人又稱玉海為瀆山大玉海。

至於大玉海後來是否被用來盛酒犒勞三軍，史籍未見記載。或許，初得天下的元世祖忙於政務，把做大玉海的初衷給忘了。三百多年後，明末戰亂，廣寒殿失火焚毀，大玉海從此沒了蹤影。

元代　墨玉瀆山大玉海
北京北海公園收藏

光陰似箭，轉眼到了清乾隆十年（公元 1745 年）。這一日，天朗氣清，繁花生樹，鳥鳴啁啾。在養心殿憋了些日子的皇帝待不住了，把案頭待批的幾份奏折一推，叫了一名親隨，微服出宮。

乾隆信步來至西華門外，但見街巷桃紅柳綠，觸目春色宜人，又見路人高矮胖瘦，衣着青紅皂白，各自勾當，各有趣味。忽聞前方鍾鼓齊鳴，鐃鈸聲喧，走近方知，是真武廟的道士在做水陸法會。乾隆踅入院內，跨進真武殿。

看了一回法事，瞅了幾眼老君，乾隆便退了出來，繞着大殿溜達，興致頗高地觀賞斗拱彩繪、五脊六獸。轉到殿後，一間偏房檐下的陰影中，有個黑黢黢的大家夥吸引了他的目光。近前來看，像是口石缸，上扣拼木蓋板，外壁凹凸不平，隱約若有紋飾。蹲下仔細端詳，乾隆不禁眉頭一皺，再伸手抹去些表面浮土，旋即面露喜色：「看來明人所記，言不虛也。」

第二天，真武廟裡來了一個眉清目秀的小太監。他身後跟着十幾個五大三粗的雜役，肩扛大木槓子粗繩索，還套來一輛牛車停在廟門外。

老道長聞報，慌忙出迎，一見陣勢，心下疑惑。聽小太監說想買下後廚那口「大石缸」，老道長面露難色，臉皺得像秋霜下的一葉枯荷：「小公公容稟，不是貧道不想賣呀，可這一年到頭的，觀裡的道士、夫役幾十口子，還指着它腌鹹菜下飯過日子呢。」小太監秀眉微蹙，歎口氣，順馬蹄袖裡掏出一張銀票來。老道長接過來一看，頓時眉開眼笑，一張臉猶如春風裡怒放的山茶，白花花的眉毛胡子都飄了起來：「好家夥！一千兩！這夠買好幾百口鹹菜缸了！」

奉乾隆的旨意，大玉海被運回了北海，洗涮乾淨，配置新的底座後，安放在團城前專門為它建造的玉甕亭裡。皇帝親撰《玉甕歌》及序文，講述瀆山大玉海的來歷，記錄其尺寸，品評其

紋飾，由玉工鐫琢在玉海的內壁上。幾十位大臣也奉旨賦詩唱和，題贊玉海，辭藻豐麗，非常熱鬧。一件前朝遺珍遭逢災禍，流落民間四百八十年，偶然間落到了風雅皇帝的手裡，轉眼被他操作成一樁風雅的文化事件。

隆重辦完大玉海的事，乾隆又回到了養心殿，該幹嘛幹嘛。沒有人察覺到，忽必烈的大玉海給皇帝的內心造成了多麼大的刺激。

今天，人們在北海團城觀賞大玉海時，不知是否會想起相隔四百八十年的兩位皇帝，想到清代的乾隆盛世，想到由蒙古汗王變成元朝皇帝的忽必烈？

石人　僧人　木匠　畫家

元朝享祚 98 年，其間，玉器行業也算興盛，但總體工藝水準平平。僅有釉下青花和釉裡紅瓷器，代表着有元一代器物製作的最高成就。

元朝廷也開科舉，錄用漢族士人做官，卻對其百般歧視。朝廷重用來自西域的「色目人」，漢人做官只是點綴，並無實權。比如宋朝宗室趙孟頫，雖獲世祖封授高官，卻處處受蒙古貴族掣肘。老先生樂得清閑，多半時間待在家裡寫字畫畫消磨光陰。

漢族士人宦途無望，遂專事著作，一則排遣郁悶，一則娛樂眾生，孰料竟卓然有成。在他們的作品中，元曲、雜劇蔚為大觀，包括膾炙人口的《漢宮秋》《梧桐雨》《竇娥冤》《趙氏孤兒》《西廂記》《拜月亭》，等等。光看標題，就能體會漢族讀書人心情的壓抑了。

對於來自朝廷的歧視，漢族士人早生怨憤，奈何蒙古貴族牢牢掌握着朝政和軍隊，士人造反的念頭剛冒出來，自己就先給摁下去了。到了元末，洪澇、乾旱、蝗災、瘟疫連年肆虐，饑荒不斷，許多地方人煙斷絕，景況十分凄慘。在此情況下，起義

明代　白玉仕女
上海博物館收藏

的火星終於迸發。

1350年，有人在黃河上打魚時，一網撈起個石刻獨眼人像。「石人一只眼，挑動黃河天下反！」毫無關聯的兩件事，被有心人編成偈語似的口號，然後像野火蔓延般傳開，頓時天下鼎沸，群雄蜂起。

這一日，安徽鄉下的一個村莊邊上，一位僧人揣碗懷棍，蹲在一堵頹垣下曬太陽。二十出頭的小夥子，看上去倒像有四五十歲的年紀，一張長臉愁苦不堪。他腹中饑餒，鳴響如鼓。正琢磨着該上哪一戶人家化緣去，兩個路人閑話，讓他聽了一耳朵。

「噯，聽說了嗎？有人造反了，正招兵買馬呢。前村陳老二……」

路人走遠了，僧人仍蹲在那兒，瞪眼瞅着漸漸變小的人影。一只蒼蠅飛來，繞着他的腦袋嗡嗡起落，他連眉毛都沒抬一下。

過了約莫一盞茶工夫，僧人眨了眨乾澀的眼睛，揮手轟走了蒼蠅。他閉上眼，心頭一陣翻騰：「想我老朱家幾代貧苦，到了我這兒，從小給人放牛打雜，起早貪黑，還是食不果腹。為得一口飽飯，無奈剃度為僧，誰知每日裡竟要四處化緣，一樣的朝不保夕。黴米爛菜餿豆腐，還有一頓沒一頓的。這光景，到什麼時候是個頭哇？」

僧人毅然投了起義軍。

這僧人俗名朱重八，投了起義軍後改名朱元璋。璋是商周時天子祭祀山川所用的玉禮器。朱重八易名以「元璋」，顯然富含深意：從元人手裡奪下江山。

憑藉豐富的社會經驗和出眾的組織才能，朱元璋很快在一支起義軍中樹立了威望，被擁戴為頭領。跟朝廷軍隊還沒打幾仗呢，幾支起義軍就開始互別苗頭，捉對猛掐，水陸攻戰，大江南北往來廝殺，因戰亂喪生者難以計數。幾經血戰，朱元璋逐個消滅了競爭對手，控制了半壁江山。

1368 年，朱元璋稱帝，建立明朝，年號洪武，定都應天府*（今南京）*。同年 8 月，二十萬明軍北伐，猛撲大都。元朝廷急急撤出，退入蒙古草原。自此，明朝享祚 277 年。

明帝國天下初定，地廣人稀，百廢待興。太祖朱元璋年輕時吃過很多苦，深知民生艱難，於是予民休養生息。他組織移民墾荒，徙富民，抑豪強，整頓吏治，以極其嚴酷的手段剪除貪官。不久，遭受元末戰爭嚴重破壞的農業經濟得到恢複。有了充足的糧食，人口逐漸增長。至洪武二十六年（1393 年），人口恢複到 6000 多萬。

有明一代，雖不時有內憂外患，但都沒影響到全國局面。朝廷施行低稅制，促進了農業、手工業的增長，社會財富積累豐厚，商業十分發達。民間生活普遍富庶，生活水平之高，堪比兩宋。每日裡天一擦黑，南北都市的商號上了門板，算盤珠子被扒拉得噼啪直響。

隨着經濟持續繁榮，人口穩步增長。至萬曆年間，全國人口近 6000 萬。明帝國取得如此成就，制度是根本。先進的內閣制、首輔制以及對官員的監督機制，保證了國家的平穩運轉。

四海升平，天下安泰，好幾位皇帝樂得清閑，當了甩手掌櫃，一心發展個人的興趣愛好。他們有玩蛐蛐的，有習字作畫的，有沉迷瓷器文玩的，還有醉心燒爐子煉丹藥的。熹宗朱由校乾脆拜魯班入了木器行，把天下大事盡交朝臣定奪，自己整天待在工作室裡，盡情舞弄鑿刨斧鋸，悉心鑽研榫卯搭接，還手藝高超，「雖巧匠，不能過焉」。內府修繕宮殿時，熹宗技癢，還擼起袖子搭把手。

連皇帝都熱衷於打家具、蓋房子，成了業內高手，可以想見當時手工業者的影響有多大，也反映了明代手工業對經濟繁榮所做的重要貢獻。

在經濟繁榮的環境中，富商們造園林，玩古董，養戲班教習歌舞，一時蔚為風尚。城市裡休閑活動五花八門，茶樓酒肆生意紅火，戲園書館人頭攢動。這邊廂，茶客們品茗聽書，隨着故事演義往來古今，其樂陶陶；那邊廂，舞台上人生悲歡，直把觀眾看得五迷三道，流連唏嘘。

不管是說書的還是演戲的，故事本子都得有人寫。於是，明代文學創作繁花似錦，傳奇、戲曲、雜記、小說層出不窮，尤以四部小說最負盛名：《金瓶梅》《西遊記》《水滸傳》《三國演義》。其中，《金瓶梅》對日常生活一應器物的細緻描寫，堪稱明代手工業產品的目錄總成。

消費文化流行，極大地刺激了手工業的發展，製瓷、家具、紡織、製茶等行業成長迅速。城鄉商品經濟發達，民間財富快速累積，江南一帶更是富庶豐饒，商賈絡繹，市場繁榮，奢侈品需求大增。民間賞玉、玩玉之風盛行，玉器行業應時勃興，蘇州和揚州成為玉器製作的中心。在南京、北京等文化經濟發達

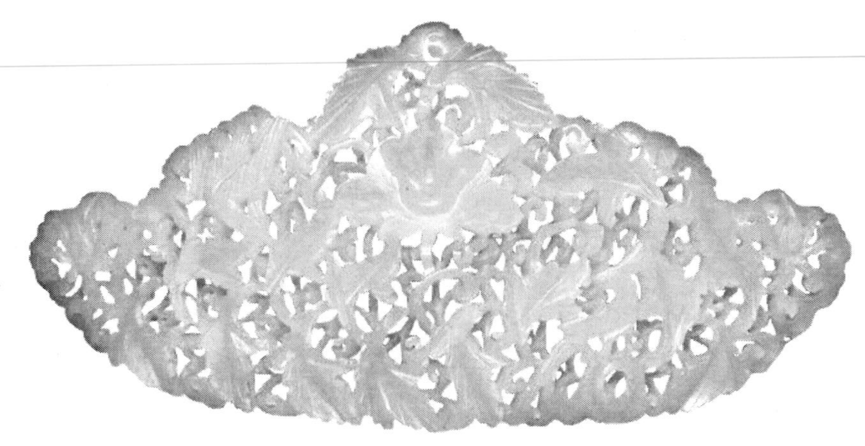

明代　白玉花鳥紋簪飾
上海博物館收藏

的城市，都開有不少玉器店鋪，生意十分興隆。

簾外輕寒起暝煙，手執玉玦小庭前。
沉沉良夜與誰語，星落銀河在半天。

唐寅　跋《小庭良夜圖》

夜闌人靜，一位容貌溫婉的妙齡女子佇立中庭，手執白玉玦對月輕歎。玦者，絕也。古時君王貶謫朝臣，示以玉玦；重招入朝，示以玉環。良人情絕分手，玉環缺口成玦，再難團圓，淒切情思盡在詩畫之中。

大才子唐伯虎風流倜儻，會試時，因涉嫌作弊被斷絕仕途。鬻字賣畫之餘，他流連風月，最是了解女子時尚。他的一幅《小庭良夜圖》，畫中，持玦的女子高髻綢裹，雲鬢簪插，斜挑珠翠，點綴玉花，表現了明代女子妝扮的細節。一幅人物畫中出現了幾樣玉器，顯示畫家對玉首飾的品類非常熟悉。

杯子 牌子 簪子 稟子

崇禎年間，江西奉新人宋應星五次會試落第，遂絕意仕途，專心著作《天工開物》，記錄農業、手工業技術。書中對玉石由西域到北京的販運過程做了描述：

> 凡玉由彼地……或溯河舟，或駕橐駝，經莊浪入嘉峪，而至於甘州與肅州。中國販玉者至則互市而得之，東入中華，卸萃燕京。玉工辨璞高下定價，而後琢之。

在這部偉大的著作中，宋應星以圖文並茂的形式，詳細講解了治玉的流程。這套工藝，直到幾十年前玉工們還在沿用。

明代玉器分裝飾用玉和文房用玉兩大類，數量很多。玉器真正形成明代的風格，始自明中期，深受文人藝術的影響。品類如杯子、水盂、牌子、帶鈎、人物、佛像、動物、鏤空壽字、各種首飾，等等，應有盡有。

明玉中，皇家玉器的玉質不一定是最好的，裝飾卻是最奢華的。鑲嵌寶石是皇家玉器的重要裝飾手段。北京定陵、湖北

明代　白玉瑞獸杯
台北「故宮博物院」收藏

鍾祥梁莊王墓，都有這類玉器出土。潔白溫潤的玉碗、玉盞、玉爵等器件，鑲嵌着黃、紅、綠、藍等各色寶石，盡顯富麗堂皇的皇家氣派。這類器物，均由御用監的玉工製作，裝飾用材之貴重，自然不是民間可比的。皇家玉器上鑲嵌的寶石，多為下西洋的鄭和船隊帶回。

明玉多小巧玲瓏者，與明人文化追求精緻優雅的特質很相襯。常見幾種白玉杯子，兩側各攀爬一條螭龍，腦袋幾乎探進杯沿，像是要啜飲杯中酒水，情態很生動。這類杯子既可玩賞，又可往裡面擱一銅勺，充當水盂供研墨之用，很受文人喜歡。玉杯雖號稱仿漢，其實多為明人創製，而其簡潔明快、不琢複雜紋飾，更與漢玉大異其趣。其他如松蔭策杖杯、童子像、筆山等文房器具和玩賞玉件，都深具明人特色。

明代　白玉山水紋牌
上海博物館收藏

明代　白玉簪
英國大英博物館收藏

明代流行玉牌，貼身佩掛，數量很多。玉牌通常用料較好，長、寬、厚比例舒服，淺琢吉祥圖案或吉語。其邊沿裝飾手法亦多，包括鏤空花式等，很受達官貴人和文人雅士喜愛。

晚明人張岱生於官宦世家，自幼錦衣玉食，富收藏，精鑒賞，對各色珍玩尤其熟稔。入清以後，家道陡落，時常懷念過去的好時光，因而著《陶庵夢憶》，講述風物，品論古董，其中盛贊嘉靖、萬曆年間的玉工陸子岡治玉為「吳中絕技」，可「上下百年保無敵手」。

陸子岡也生於官宦世家，性喜物玩，無意仕進，年屆婚齡，竟舍美人而愛美玉，拜師學徒，終成一代琢玉名手。他不僅玉牌做得好，還擅長碾琢各類首飾，像玉耳環、玉梳子、玉簪、玉釧、玉扣、玉稟、玉花、玉蝶等，花式紋樣投合時人的審美趣味，樣樣精巧，件件玲瓏。其時有文獻記載：「陸子岡，碾玉妙手，造水仙簪，玲瓏奇巧，花如毫髮。」當時市面上，他做的玉簪一枝就能賣六十金。殷富人家的姑娘、媳婦，都以擁有陸子岡碾琢的玉首飾為誇耀的資本。

正德年間，陝西有個孫家莊，莊裡有個姑娘名叫孫玉姣，和母親相依為命，靠養雞過日子。

這一日，母親有事外出，留下玉姣獨自在家。姑娘喂了雞，然後搬出個凳子，坐在門口繡花。一個名叫傅朋的青年從莊外走來，見玉姣容貌俊美，心生愛慕，便假借買雞與姑娘搭訕。玉姣

見小夥子長得玉樹臨風，談吐不俗，也暗生情愫，羞澀應答。可是礙於禮教，兩人不便多談。

孫玉姣進屋關門，傅朋呆立門前，好生惆悵。他確定姑娘對自己也有好感，便想給她留下件信物，發展一下感情，於是把一只玉稟放在門旁，敲敲門環，躲在一邊。玉姣聽得門環響，開門一看，沒見人，卻見地上有一只玉稟，想是傅朋失落的。她拾起玉稟，想等小夥子回來找尋時還給他。躲在一旁的傅朋見姑娘拾起了玉稟，方才戀戀不舍地離去，盤算着馬上找媒婆來提親。

《拾玉稟》這出戲有個優美動人的開頭，卻沒按人們的良好願望發展，令人惋惜。後來，人們乾脆只上演開場這一折，讓大夥感受戲中人美好的情感。作者選擇一只玉稟作為故事裡的重要道具，從一個側面反映了明代商品經濟的狀況、流行時尚以及玉器的普及程度。

由於民間對玉器的需求量較大，在利潤驅使下，玉工只圖出活快，大部分作品琢磨都不甚精細，工藝性和藝術性都大為遜色。後人管明玉叫「粗大明」，並不冤枉。

在器物製作方面，明代瓷器和家具的藝術成就遠遠大於玉器。如今，一個大大的宣德青花蓮紋碗，一只小小的成化鬥彩雞缸杯，就吸引了眾多的眼球；那些造型簡潔、線條流暢、優雅蘊藉的黃花梨家具，又牽走了許多人的目光。明人享有盛名的好東西還有很多，像什麼揚州的絲綢、南京的雲錦、北京的景泰藍、宜興的紫砂壺、宮廷鑄造的宣德爐、嘉定和金陵的竹根雕，等等。這說明在手工業發達、商品充裕的明代，人們對生活享受的追求是多元的。

會享受生活的明人萬萬沒有料到，一個因丟失公文被開除的小驛卒會扯旗起事；他們更沒想到，一個愛妾被奪的將軍會沖冠一怒，導致山河巨變。

玉癡皇帝

1644年，歲次甲申。李闖的起義軍從陝西殺到北京，明軍不敵，崇禎皇帝煤山殉國。因愛妾陳圓圓被奪，駐守山海關的明朝將軍吳三桂怒不可遏，引遼東的清軍入關攻擊李闖。八旗兇暴，明軍奮勇，弓馬淩厲，李闖敗走。清軍和歸附的明軍趁勢繼續南下，江南富庶地面，俱受鐵蹄踐踏。幾經戰陣沖殺、城池屠戮，明人傷亡慘重。僅1年的戰爭中，人命損失就高達700萬。清人入主中土，定都北京，此後，清帝國享祚276年。

清代初年，殺戮仍未停止。明末的實際人口接近 6000 萬，至大規模戰亂停息時，已有至少 4000 萬人喪生。

一些讀書人心繫朱明，圖謀反清。康熙皇帝聞報，原擬四下拿人，轉念又想，現如今天下底定，再捕殺、關押讀書人就不合適了；再說了，國家那麼大，不如將士人收服，為朝廷所用。於是，康熙尊孔崇儒，於科考之外，又開博學鴻詞科廣納名士。他自己也摽着勁研習漢學，苦練書法，打造儒雅賢明的形象。朝廷還拿出了大把銀兩，修《明史》，修《康熙字典》，修《古今圖書集成》，浩大的文化工程集聚了很多讀書人。有書讀，有書抄，有飯吃，

清代　乾隆銘高古玉圭
台北「故宮博物院」收藏

還有官做，沒多少人再惦着反清複明了。

另一方面，康熙卻容不得手握重兵的藩王。他下旨撤藩，吳三桂舉兵造反。殘酷血腥的戰爭持續了八年，造成 1000 萬人喪命。此後局勢稍穩，經濟才慢慢恢複。至康熙十七年（1678 年），人口達到了 1.6 億。雍、乾時期，經濟全面繁榮，民間手工業非常發達，呈現蓬勃興旺的景象。

清代有名的器物種類可以用三個字概括——土、木、石，分別代表瓷器、家具、玉器。清代玉器得享盛名，要歸功於酷愛玉器的乾隆皇帝。

1736 年，乾隆皇帝即位。在其六十年統治的末期，人口達到了 3.5 億多，盛世景象可以想見。在此期間，玉器行業蒸蒸日上，形成了以揚州、蘇州為核心的江南地區和北京兩大治玉中心。被後世稱為「乾隆工」的玉器，多出於兩地玉工之手，囊括了各種品類和紋飾。

乾隆癡愛玉器，給十幾個皇子起的名字都跟玉有關：永璜、永璉、永璋、永瑆、永琰……在處理黃河築堤、賑濟災民、鞏固政權等國家大事之餘，乾隆還抽出時間指導玉器的設計、製作，

表現出異乎尋常的熱情。他一生所下的諭旨，有許多跟玉活計有關。

根據乾隆的旨意，玉工們在他收藏的不少古代和清代玉器上鐫琢御製詩文。做這等前人未做之事，他就像在古代書畫上鈐蓋自己的各種印章一樣自然。在一些新石器時代和商代的玉器上，甚至鐫琢了這位大收藏家的長篇考據文字，詩文並茂，這也算是考古史上獨一無二的風景了。試看下面這首詩：

所貴玉者以其英，章台白光照連城。
釭頭曰漢古於漢，入土出土滄桑更。
晁采全隱外發色，葆光只穆內蘊精。
是謂去情得神獨，昔之論畫貽佳評。

清代　乾隆銘高古玉板
台北「故宮博物院」收藏

乾隆愛寫詩，勤寫詩，是歷史上作品最多的詩人，儘管藝術造詣不是很高。在他一生所作的四萬餘首詩中，有近八百首是詠玉詩，其中有六十首詠贊的是商、周、漢三代玉器。以上這首詩，是乾隆對一件高古玉琮的鑒賞心得。他認為，這件玉器很像馬車廂底部供輪軸穿過的金屬圈「車釭」，所以稱它為「釭頭」。他作了這首詩，命玉工鐫琢在「釭頭」的內壁上。我們試做譯讀：

清代　青玉簋
台北「故宮博物院」收藏

玉器之珍貴在於玉質的精良，

楚國章華台上的和氏璧因此價值連城。

有人說這件玦頭是漢代的，

我看它的年頭比漢代要早，

它入土又出土，盤養之後變化很大。

包漿亮麗，掩映着玉體晨曦似的色彩；

寶光靜穆，煥發出內蘊截脂般的精華。

沁色如畫獨具神韻，

古人賞愛多有佳評。

清代　黃玉瑞獸尊
台北「故宮博物院」收藏

有人指出，對這件古玉的名稱和功能，乾隆的闡述並不正確。然而，正如他在另一首詩中所說的：「博物析中理，祛惑期可證。」對與不對，還是可以切磋論證的嘛！金口玉言的君主能有這般胸次，着實難得。

對於漢玉，乾隆深深折服，曾吩咐造辦處玉作製作了很多仿漢玉器。他迷戀漢玉的沁色，曾傳旨造辦處，要求玉作為仿漢玉器熏染沁色，以獲得蒼古的韻緻。玉作曾奉旨仿製一件漢代谷紋玉璧，鏤琢「長樂」字樣。完工後，乾隆直接就把它定名為「漢玉長樂佩」，其崇漢之心，可謂殷殷。

只要事涉玉器，這位皇帝收藏家就是個謙虛好學之人。他經常把玉作的蘇州玉工姚宗仁找來，拿着玉件向他請教。這個情況被載入了檔案：「常以藝事咨之，輒有近理之談。」姚宗仁是古代玉器史上少數幾個留下姓名的玉工，他在行內的地位，相當於明代御用監的陸子岡。能讓皇帝成為「粉絲」並與其促膝談藝的玉工，姚宗仁是古來獨一人。

與漢武帝、唐太宗一樣，乾隆曾多次發兵西域。他將天山南北的廣大地域命名為新疆，意即新的疆土，正式劃入帝國的版圖，自此，獲取和闐（今和田）的玉石就便利多了。對和闐山料的大規模開採，就是從乾隆時期開始的。朝廷設立機構，派專員常駐和闐，監督玉石的採集和運輸，把採玉、運玉、治玉弄成一條龍產業。民間玉作坊也有其原料進貨渠道，不過，品質最上乘的大塊玉料，在和闐就被朝廷給收了，只有一些小塊好料流入民間。

當時，玉石資源還很豐富，玉龍喀什河上，隨便在哪片河灘的淺水下，只需彎腰撿拾，籽料、山流水即可到手。有了充足的原料和一個為玉癡狂的皇帝，清代玉器製作達到了漢代之後的又一個高峰。

乾隆的玉山子

乾隆四十五年（1780 年）冬天，初雪來得比往年早，天氣奇寒。這日酉牌時分，乾隆在《西安城牆修葺銀兩用度事》奏折上寫下朱批，然後進了碗參湯。他抻抻腰，打開炕頭一個微型多寶閣，挑出一件漢代白玉瑗，拿在手中盤了起來。玉瑗「好」倍於「肉」。皇帝手中這件玉瑗碾琢谷紋，質地晶瑩溫潤，局部沁色嫣紅栗黃，煞是喜人。

半個月來，直隸境內每日都有廷報，說的都是一件事。就是這件事，讓乾隆心情大好，滿心期待。

紛紛揚揚的雪花中，一輛巨型馬車駛近京城南郊，在積雪的路上緩緩前行。車輪碾壓積雪的吱嘎聲、車把式們的吆喝聲、甩鞭聲和騾馬的噴鼻嘶鳴交替響起，回蕩在冬日的曠野上。這是一輛由二十四匹騾馬拖曳的四輪平板大車，車上的貨物被粗繩麻花兒綁定。厚厚的積雪覆蓋在上面，如同披上了一張白色的毯子。

將近午時，雪停了。領頭的官員勒住坐騎的韁繩，回頭發出指令。車把式們一通吆喝，前後張羅好一陣，讓牲口停了下來。

鉛灰色的雲層悄悄裂開了一道細長的口子，微弱的陽光穿過迷蒙的濕霧，給野地裡光禿禿的樹枝抹上一絲絲暖色。前方幾株老榆樹的枝杈間，隱約可見永定門城樓。車把式們難抑興奮，相互拍打肩頭說着話，疲憊的臉上露出舒心的笑容。

一乘青簾官轎從京城方向過來，落轎掀簾，出來一位個子瘦小、留着山羊胡子、戴着冬季官帽的老頭。這位內務府官員鼻子凍得通紅，緊裹大衣站在雪地裡，望着車上的貨物瞪眼咋舌直搖頭，呼出的熱氣立刻在眉毛胡子上結成了冰碴。

貨物是一塊青玉，兩公尺多長，重逾萬斤，來自新疆和闐密勒塔山，一個距北京城八千裡之遙的地方。當初，把這塊巨大的玉石從高山上挪下來，就花了一年多時間。從山下啟程之日算起，玉石在路上已經走了整整兩年。

大青玉運抵北京後，皇帝傳下旨意：這塊巨大的和闐青玉，將以「大禹治水」為題琢成山子。乾隆的意圖很明確，他要藉一件天底下最大的玉器，表達效法古代聖王，做一個有為明君的心志，並藉此彰顯大清的國力。造辦處接旨，如意館的畫師和玉作的玉工立刻開始忙綠。他們圍着巨大的青玉來回轉悠，仰脖子彎腰相石，鋪宣紙研墨勾稿，根據玉石的原貌琢磨最佳設計方案，力圖達到皇帝的各項藝術要求。

山子最早見於宋遼金時期，多近景刻畫，題材有老虎遊秋林、麋鹿飲山澗，等等。明清時期，山子大為流行，隨形碾琢山間水畔景色，其間點綴一兩個人物，表現文人騷客或農桑漁樵的生活情狀。山子都是擺在文房桌案上的陳設器，小可寸許，大或逾尺。用兩公尺多高的玉料做山子，可謂曠古未聞。如果說尋常的山子是一個個怡情小品的話，那麼乾隆心目中的「大禹治水」堪稱全本大戲，皇帝本人則是這出大戲的總策劃兼總導演。作品的立意明確後，就等着畫家和玉工拿出劇本了。

清代　青玉會昌九老山子
故宮博物院收藏

次年春，設計方案獲得御準。大青玉被運至通州裝船，沿大運河南下。一個全比例的木雕模型同時發運，供江南的玉工參照。運玉的大船走走停停，一年後才抵達揚州。

對於蘇州、揚州玉工的技藝，乾隆皇帝贊譽有加：「相質製器施琢剖，專諸巷益出妙手。」蘇州的專諸巷名氣很大，是明清兩代治玉高手的聚居處。乾隆相信，只有蘇、揚的玉工才能盡善盡美地實現其藝術構想。

在專門修建的作坊裡，聚集了一批蘇、揚最好的玉工。猛一見如此巨大的一塊玉石，玉工們不禁大眼瞪小眼，張開的嘴久久沒合上。他們大多是幾輩傳承的藝人，從沒聽說，更沒見過如此巨大的玉料。當被告知他們要做一件什麼樣的活計時，玉工們更是驚愕得快喘不過氣來，既興奮，又惶恐。興奮的是，能參與製作一個前所未有的超級山子；惶恐的是，以他們掌握的磨玉方法，根本就做不了這件活計。

不了解治玉工藝的人，以為玉器是雕刻出來的，其實不然。玉石堅硬，用刀根本刻不動。玉器是磨出來的。今天的玉工使用電動砣具，砣頭用人造金剛砂製成，像拿筆一樣，手持高速轉動的砣具在玉石上按圖施工，非常簡便。最初，遠古先民用「它山之石」來「攻玉」，即以花崗岩、火山岩等堅硬的石頭敲打、刮磨玉石，使之成器。後來，古人發明了水凳，運作方式有點像縫紉機。玉工先把金屬砣頭固定在桯桿一端，然後坐在水凳前，踩動連接皮帶的踏板，由皮帶牽動桯桿和砣頭往複轉動，然後把手中的玉件湊到轉動的砣頭那裡。一個皮囊懸掛在上方，細小的水流帶着砂粒通過皮囊的穿孔，滴落在轉動的玉石上，由砣頭帶動砂粒來磨玉。正因為如此，如今北方民間仍把製作玉器稱為「洗玉」。直到 1950 年代，水凳才逐漸被電動砣具所取代。

在揚州，接了乾隆山子活計的玉工們着實犯難了。水凳只能在地面坐着使用，要想在高達兩公尺多的玉石上作業，就不能拿着玉件去湊砣頭，而是要以水凳和砣頭去夠玉件，畢竟，誰又搬得起一萬多斤的玉石呢？

造辦處的玉工拿出一套詳細的施工方案，比照木質模型雕件，向玉工們逐項講解。首先，需搭建施工平台。隨着製作的進展，不斷調整平台的高度，調整水凳的位置和角度，固定好後繼續施工。聽完施工方案的講解，玉工們面面相覷，滿臉困惑，顧慮重重。能不顧慮嗎？磨玉本來就是一件極精細的活，坐着幹尚且不易，卻要時不時升降腳手架，一會正、一會斜地調整並固定水凳，在兩公尺多高的玉石上不停變換姿勢來回折騰……要做好這件活計，難！

不管怎樣，既然是一件皇差，再難也得辦好。於是，帶着滿腦子的惶惑，玉工們開工了。在接下來的日子裡，這些天底下最優秀的玉工在腳手架上閃轉騰挪，在大青玉上滴水流沙，各逞技藝，去璞皮，出大形，再依照圖本精琢細磨。

日複一日，月複一月，年複一年，玉工們不知磨禿了多少砣頭，踩壞了多少架水凳，用去了多少桶沙子和水。隨着此起彼伏的「沙沙」磨玉聲，來自新疆密勒塔山的大青玉慢慢發生了變化。

當初誰也沒料到，從磨掉一小塊璞皮開始，到拋光最後一張人臉、最後一把钁頭、最後一片樹葉、最後一朵浪花，竟用去了六年多的時間。然後，人們又將花費一年的時間，把這件碩大無朋的山子運回京城。

1788 年秋，大禹治水山子運抵北京。玉作的玉工又忙開了，在山子背面的岩石上鐫琢乾隆御題。與此同時，造辦處銅作的工匠則忙着給山子設計嵌金絲的紅銅底座。按照乾隆的旨意，選擇了寧壽宮來安放這件高 2.24 公尺、重一萬多斤的山子。

清代　青玉大禹治水山子
故宮博物院收藏

清代　青玉
大禹治水山子局部

清代　青玉
大禹治水山子局部

清代　青玉
大禹治水山子局部

1790 年，對乾隆皇帝來說是意義重大的一年。這一年，他迎來了自己的八十壽辰，又恰逢登基五十五周年。為此，造辦處玉作特別為皇帝鐫琢了「八征耄念之寶」「自強不息」等多枚玉璽。

乾隆壽辰前夕，大禹治水山子，這件中國歷史上最大的玉器，被安放在寧壽宮的樂壽堂中。年屆八旬的皇帝喜氣洋洋，領着皇后、嬪妃和諸皇子皇孫及一班王公大臣們，觀賞由他一手策劃的藝術巨作。

面對展現在眼前的恢宏場景，一眾觀者莫不動容。但見巍然矗立的青玉山子上，高山聳峙，雲霧飄蕩；危崖嶙峋，林木茂密；鹿麂出沒，泉流飛瀉；路徑蜿蜒，洞穴幽深。所有這些環境因素，都是為了襯托一群群艱辛勞作、奮力開山治水的勞工。發生在遠古先民身上的一段傳奇，藉硬朗明潔的玉石再現出來，向人們傳頌着艱苦奮鬥、堅韌不拔的精神力量。作品既是對遠古聖王的頌揚，也是對中國約八千年玉器歷史的禮贊。

兩百多年過去了，歷經世事滄桑，風雲變幻，乾隆的玉山子依然矗立在紫禁城的樂壽堂中，迎接來自世界各地的人們，默默地向他們講述昆侖山上一塊玉石非凡的經歷，講述玉器在一個古老文明中的地位，講述一個民族對玉器千載不變的癡愛。

記憶中的漢王朝

MEIQI JIYI ZHONG DE HAN WANGCHAO

器與道，物質與精神，這一組相對又依存的概念，是人們研究中國古代器物時關注的兩個方面。

在新石器時代，愛美的天性讓先民在很多種石頭中選擇了玉石。人們先是用它打磨成工具，繼而磨製佩飾和祭祀神靈的禮器。商周時期的玉佩飾和玉禮器，在表現神靈崇拜的同時，突出了對君權神授觀念的詮釋，後者在春秋戰國時期表現得尤為突出。

漢帝國的強盛和繁榮，促成了統一的民族和統一的文化，也促成了風格鮮明的玉器藝術。在四百多年裡，人們製作了數量更多、體量更大、造型更生動的圓雕玉器，治玉的工藝和藝術水平都達到了巔峰。西東兩漢的30位皇帝、355代諸侯王、眾多的士大夫和富商豪強，都是玉器的擁有者。漆器、陶器易朽毀，銅器常被熔融再鑄，唯有玉器大量留存。這些漢玉，其表現主題和實際功用都體現着「道」，即漢人的思想觀念和時代的精神風貌，很具體，很真切，是我們了解漢代社會的重要參考器物。

白玉饕餮紋勒子

玉，石之美。《說文解字》

玉器的主要功能，是由玉石的質地和人類愛美的天性決定的。先民打製石刀、石斧時，發現某種石頭明潔堅硬，打磨之後，有晶瑩溫潤的視覺美感和光滑細膩的觸覺美感，於是又用它琢磨裝飾物，穿繩佩戴。從生產工具到飾品，玉器的功能發生轉變，由實用提高到了審美的層面。

玉勒子是一種佩飾，由玉管演變而來。玉管出現在新石器時代，是最早的裝飾玉器之一，平直，長短不一，光素無紋，通常多件串聯佩戴。西周時期，玉管演變為玉勒子，樣式很多，有圓柱形、喇叭形、束腰形、橄欖形，等等，都比較短。勒子多帶有紋飾，琢幾何紋、束葉紋、如意雲紋等，仍是串聯佩戴。

白玉饕餮紋勒子（長6.8cm）

到了漢代，玉勒子尺寸增大，紋飾更精緻，風格更活潑。

這件白玉勒子用料上乘，緻密瑩潤，玉體熟舊，如水煮蘿蔔一般，少沁。器型為平直的管狀，管孔兩端對鑽，交會處對不齊，有錯落。外壁滿琢浮雕紋飾，上下兩端各琢一圈打窪邊條，如同繪畫裝裱的畫邊。主要紋飾為雲雷紋及其變體，均對稱布置；排列整飭嚴謹，其中的弧線和銳角形成動勢，避免了可能產生的板滯，看上去既華美又活潑。勒子的下端碾琢兩個饕餮紋，也對稱布置。在器表的方寸面積上，綿密的紋飾繁而不亂，琢磨、拋光十分精細。

饕餮紋主要描繪神獸的面部。以獸面做紋飾，可上溯至新石器時代，當時先民就在玉器上琢獸面紋，如齊家文化玉鼎。到了商代，人們對獸面紋進行改造，去除了它的下巴，便成為後人所稱的饕餮。

「饕餮」這個名稱源自戰國時楚人寫的《山海經》，描述的是一種「羊身人面、虎齒人手、目在腋下」的神獸。這樣的描述當然不符合商周饕餮紋的特徵，所以，這一名稱只是借用而已。沒想到，這一借就借了兩千多年。在古人的描述中，饕餮還落下個饞嘴貪吃的名聲。

那麼，當初商朝人為什麼要把獸面的下巴去掉呢？

也許，商朝人在青銅器上裝飾面目猙獰的神獸面部，意在表明王權神授，凜然不可侵犯。由於祀奉神靈的美食和美酒都用青銅器裝盛，人們又擔心神獸貪吃偷嘴、監守自盜，於是就把它的下巴給卸掉了。戰國末期的《呂氏春秋》描述：「周鼎着饕餮，有首無身。」沒了下巴，它就「不能貪」了；沒了身子沒了胃，

它也就「不想貪」了。

關於饕餮為何沒下巴，還有一種說法：饕餮胃口無限大，吃起來沒個夠，最後連自己的下巴也給吞下肚了。商周貴族以饕餮紋裝飾青銅器，也許也有期望自己胃口好、身體棒的意思。後來，人們用「饕餮大餐」形容食物豐盛，用「饕客」「老饕」揶揄那些好吃、會吃、能吃的人。

北宋的蘇東坡不僅是詩文大師，還是個美食大師，發明了東坡肉。對於美食鑒賞，東坡先生頗為自得，聲言「蓋聚物之夭美，以養吾之老饕」（《老饕賦》）。他所說的「老饕」，就是我們常說的「饞蟲」。經東坡先生這麼一料理，饕餮這種本來威嚴獰厲的神獸頓時變得可愛起來。

白玉龍鳳呈祥佩

龍和鳳是中國人最古老的吉祥物，也是漢代吉祥文化的重要形象元素，被廣泛用於裝飾玉器。歷史上，玉龍和玉鳳的造型大致經歷了以下幾個階段。

新石器時代至商代，人們琢製了片狀和圓雕的玉龍和玉鳳。這個時期，人對龍和鳳的崇拜是分開的、單向的，態度純樸，龍和鳳均獨立出現。這是它們「各自為政」的階段。

西周時期強調「王權神授」的觀念，代表天上神靈意志的龍，其地位開始顯赫起來，人和龍的關係也變得緊密了，並被形諸玉器。當時，出現了幾種人與龍共處的玉佩。到了西周中期，出現了龍鳳共處的玉佩，龍鳳呈祥的概念萌生。此時，龍和鳳多以「一面坡」線條刻畫，造型圖案化、程式化，帶有濃郁的神秘意味。

春秋戰國時期，人文思潮大興，諸子百家各立學說，人的獨立意識提高，地位超然，不再有人與龍共處的玉佩了。在諸侯爭霸的背景下，象徵德行的龍和鳳被賦予濃重的權力含義，龍鳳合體的玉佩大量出現。在這些強調王權意識的作品中，合體的龍鳳弓身騰躍，姿態張揚，身軀裡彷彿積蓄着隨時可能爆發的力量。

到了漢代，神仙信仰盛行，祥瑞動物增多。龍、鳳和其他祥瑞動物一起，成為漢人納福迎祥的媒介和御乘升仙的工具。它們既可作為主題被琢成獨立的作品，又可作為紋飾與人或其他瑞獸

出現在同一件玉器上。這一時期，龍鳳呈祥的概念被進一步發揮，出現了許多龍鳳共處的玉佩，它們和而不合*（指合體）*，具有鮮明的漢代風格。

這件白玉龍鳳呈祥佩，龍鳳共處，往來穿插，交流互動，在蟠曲舞動中展示了呈祥的意態。龍的鼻頭、上下顎和牙齒一起，形成經典的鉞形。鳳的喙也繼承了戰國的樣式，大幅彎曲，呈鈎狀。龍和鳳的軀體則為漢人的創製，以多變的姿態，突破了戰國龍鳳玉佩程式化的弓形。

戰國龍鳳佩多裝飾密集的浮雕卷雲紋或谷紋，而這件漢代作品則追求簡潔明快，僅用陰線碾琢幾個雲氣紋，且布局疏朗，玉質的明潔瑩潤得到了很好的體現。龍和鳳的腿爪造型相同，意在表明其共同的神性。

白玉龍鳳呈祥佩（長 9.2cm）

在漢代，吉祥文化深入人心，當時形成的許多祥瑞觀念和具體的物象，仍根植於我們的思想和生活中。如今，在傳統的婚禮請柬上，在傳統的婚宴現場，都會裝飾龍鳳呈祥圖案。一對新人，一段新的生活，最美好的祝福就是「龍鳳呈祥」這句古老的吉語了。今天所見各種龍鳳呈祥圖案，是否都源自這件漢代玉佩呢？

白玉蒼龍教子帶鈎

龍師火帝，鳥官人皇。始製文字，乃服衣裳。

《千字文》這幾句講述了炎黃舊事，把文字的創製和穿衣着裝並列為文明肇始的標誌。古代中國，人稱「禮儀之邦」，《春秋》《周禮》《尚書》等典籍對華夏禮儀均有描述，其中就包括衣冠服飾。商周時期，衣冠就被賦予形而上的意涵，代表着華夏文化的正統。

有個歷史名詞叫「衣冠南渡」，代指長江以北的中原朝廷渡江南遷，政治、文化中心南移。這樣的事，歷史上曾發生過兩次，一次在西晉末年，一次在北宋末年。中原士族和平民兩次迫不得已的南渡，使中原漢文化傳播到了長江以南更廣大的地域。

南宋以前，中國人的衣裝沒有紐扣，平民結繩束衣，貴族腰繫絲帶。為防止在公眾場合因絲帶鬆脫而露體失禮，貴族們通常把腰帶繫上很緊的死結，回家後需要借助一件小工具挑撥，才能解開腰帶。於是，他們就把挑撥解結的玉觿掛在腰間。春秋時期，開始流行用帶鈎掛扣腰帶，很方便，不再需要玉觿了。自此，帶鈎成了「衣冠」的重要組成元素。

最初的帶鈎用青銅和鐵鑄造，或光素，或錯金銀。後來，人們開始用玉石和瑪瑙碾琢帶鈎，初亦光素，後琢紋飾。到了漢代，玉帶鈎大為流行，式樣和紋飾很多，演變為具有裝飾和炫耀性質

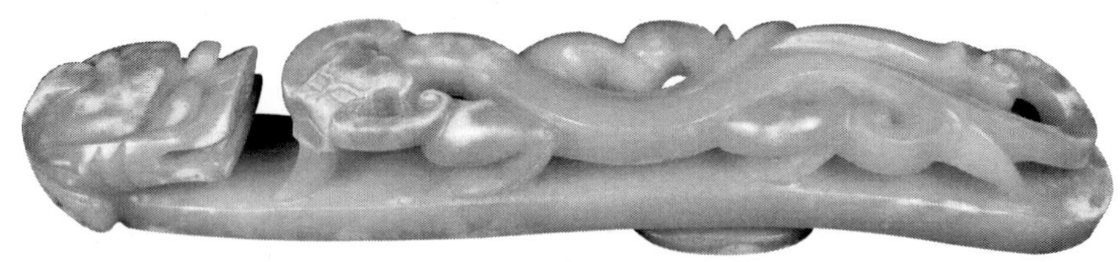

白玉蒼龍教子帶鈎（長 17.2cm）

的奢侈品，就像今天名牌皮帶的帶扣。

除了玉具劍，漢代貴族最重要的裝飾非帶鈎莫屬。人們在帶鈎上花費了很多心思，青銅，金銀，瑪瑙，玉石，凡是能想到的珍貴材料，都被用來製作或裝飾帶鈎。在紋飾上，人們更是極盡工巧，花樣翻新。一件材質珍貴、紋飾華美的帶鈎，既代表了主人的地位和財富，又凸顯其藝術品位。

這件白玉帶鈎玉質上乘，晶體緻密，膩如截脂，顯示貴族主人對材料的極高要求。相比那些陳設、把玩件，這件帶鈎的裝飾並不繁複，借用繪畫語言來說，很「整」。鈎首碾琢龍頭，回望着鈎身上的一條螭龍。這一圖式在中國傳統吉祥紋樣中很著名，稱為「蒼龍教子」。

鈎首龍頭寬扁，張嘴露齒；雙眼突出，模仿蝦子的柱狀眼，表現其親水的特性。鈎身上琢一條螭龍，做行進狀，雙眼和鼻頭以陰線勾勒，雙耳外撇前彎。龍嘴緊閉，有瑞氣從嘴角溢出，向兩邊彎曲回旋。

作品的碾琢技法也很有特點，線條爽利，弧面少，平面多，在以婉轉圓潤為主要造型特徵的漢玉中，這是比較少見的。玉工一反漢玉的體面表現風格，碾琢鈎首龍頭和螭龍時，在體面轉折處留下了峭拔爽利的邊線，顯得挺勁秀美；線條、塊面剛柔相濟，有簡潔明快的視覺美感。

在文物藝術品拍賣會上，常見一些清代的白玉和翡翠帶鈎，其樣式和造型與這件漢代白玉帶鈎非常接近。看起來，這個風格的帶鈎受到了人們的普遍喜愛，以至一千多年後還被大量模仿。從這個意義上看，這件帶鈎具有造型的本源性，是一件非常重要的作品。

白玉胡人駱駝

1877 年，德國地質和地理學家李希霍芬男爵出版了五卷本巨著《中國》的第一部。在書中，李氏依據自己七次在中國的考察，綜合參考了多種歷史文獻，勾畫出漢唐時期中國與中亞、西亞和南亞之間的貿易線路。鑒於中國絲綢一直是當時東西方貿易的最大宗貨物，李氏在其著作中將這些線路稱為絲綢之路。

從公元前127年到公元前119年，漢帝國軍隊經過幾次大戰役，消滅了北匈奴的主力，控制了河西走廊，打通了前往西域的道路。此後，東西方的陸上貿易開展起來。東來金銀、駿馬和美玉，西去絲綢、銅鏡和茶葉，數百年絡繹不絕。

從長安到撒馬爾罕，直至更遠的巴格達，甚至地中海東岸的大馬士革，途程何止萬裡？其間又有戈壁橫亘，瀚海茫茫，高山險阻，黃沙漫漫，貨物運輸極其困難，手提肩扛當然不行，馬馱牛拉亦難始終，唯有一種動物堪當重任，那就是被譽為「沙漠之舟」的駱駝。這種動物高大健壯，能負重，有耐力，善遠行，更重要的是，它的身體能儲水，可以長時間耐受乾渴。鑒於絲綢之路沿途的荒漠化環境，駱駝的這一生理特性至為重要。

就騎乘和運輸功能來說，人類馴養和使用駱駝，其重要性僅次於馴養馬和牛。駱駝背上的東西方貿易，比海洋貿易早了一千年。直至民國時期，北方的商貿運輸仍十分倚重駱駝，每

白玉胡人駱駝（長 8.5cm）

天都有駱駝商隊往來於大西北和張家口、北京、天津等地。當時在城郭郊野和通衢街肆拍攝的駝隊照片，成了絲路遺緒的最後寫照。

兩千年前，一支駱駝商隊走過草原，穿越戈壁，正在沙漠中向東行進，一路上駝鈴悠揚。時近傍晚，太陽漸漸在身後落下。人困駝乏之時，前方出現了一片綠洲。行至近前，見胡楊婆娑間，一泓泉水清冽。

隨着領隊胡人「喔　喔　」的吆喝，駝隊停住了。駝隊聚攏後，胡人們用腳踢着駝肚示意，駱駝前腿屈膝着地，接着後腿蜷曲，身體伏臥在地。貨物卸下之後，駱駝們被牽到泉邊飽飲一通。

夜幕四合，氣溫驟降，篝火燃起。胡人們圍聚在火邊，燒水、掰饢、撕乾肉，享受難得的休憩時光。火苗歡快地跳躍着，把胡人的臉弄得忽明忽暗。有人彈起了坦布爾琴，用烏古斯語唱起了歌。那是一首流傳於裡海東岸地區的幽怨小調。喝飽水的駱駝靜靜地臥着，嘴裡反芻着草料。叮咚的琴聲伴着婉轉的歌聲，飄向廣袤幽深的夜空。

胡人商隊途經昆侖山下的于闐時，在這個客商雲集的小城停留了兩天。他們向當地人購買了一些玉石，然後繼續東進。進入玉門關後，再行月餘，商隊終於抵達漢帝國的首都。

當時，長安城內外隨處可見往來的胡人和駱駝。胡人們操着幾種語言，和漢人做不同的貨物交易。卸下了貨物的駱駝吃着草料喝着水，頭頸俯仰擺動，搖出一片駝鈴叮當。每天看着這樣的情景，一位玉工有了創作靈感。

在長安喧鬧的街肆中，胡人販運來的玉石和其他貨物被出售了，其中一塊從玉龍喀什河撈起的玉石，落到了那位靈感萌發的玉工手中，被他琢成一件特別的作品。

這件白玉胡人駱駝，儼然是絲綢之路紀錄片的一幀定格。行進間的駱駝身軀前傾，四足有屈有伸，好像剛剛翻越一座沙丘。駱駝背上的胡人手扶駝峰，身體稍後仰，以保持平衡，焦渴的目光投向前方隱約可見的一片綠洲。善於觀察的玉工，抓住了人和駱駝行進間的姿態特點，將其表現得異常生動。

作品用材上乘，未受沁處可見玉質緻密溫潤。人和駱駝的大部分都沁成了黃褐色，恰似仆仆風塵、簌簌黃沙，讓人真切地感受到兩千多年前胡人商隊所經歷的漫漫途程和一路艱辛。

沙棗樹的葉子由綠轉黃，
我心上的人啊，
領着駝隊去往遙遠的東方。
他說等到沙棗樹葉子掉落三次，
才能回到阿姆河畔的家鄉。
孤獨的光陰讓人百轉愁腸，
日落時分，我總會在門前眺望。
我不要他帶回柔滑的絲綢，
不要雕花的銅鏡照看容妝，
只盼他在路上平安順利，
早一天回到我的身旁。

白玉四器人物（最高 6.7cm）

白玉四器人物

很多年前，我應邀參加了一次在河南新鄭舉行的黃帝祭拜大典，感受到了典禮的熱鬧。其間，很多人身着仿古服裝，手持各種儀仗器具，隨着擴音器播放的仿古音樂，表演着各種恭敬的動作。

我們的先人在祭拜祖宗和神靈時，都是滿懷虔誠和敬畏的，別的不說，貴族們提前三天沐浴齋戒是必須的。漢代社會不僅盛行神仙信仰，朝廷還大力提倡儒家的孝道，推行「以孝道治國」，對祖先的祭祀和對神靈的祭祀同樣重要。

古人祭祀祖先有一套固定的程式，比如擺放規定的祭品，演奏專門的音樂，誦讀祭文，頂禮膜拜，等等。這套儀式，千百年來基本沒變。在夏商周和漢代的祭祀典禮中，人們都會手持玉禮

器祀奉祖先，以表達最虔誠的敬意。

曾經十分流行的璋，在漢代已經很少見到。春秋戰國時期流行的琥，在漢代則被圓雕的辟邪所取代。於是，周禮規定的六器，在漢代已簡化為四器，即璧、琮、璜、圭。

這組白玉人物，表現了漢人在祭祀活動中捧執玉禮器的情形。四人跽坐，雙手捧持四器置於腿上，姿態恭謹，神情肅穆。他們頭上所戴的高冠，是貴族的瓦溝紋冠，有冠帶扣着下巴。衣襟右衽，腰束寬帶，上衣下裳都琢如意雲紋。春秋時期，如意雲紋是最典型的紋飾，因其單個紋樣簡潔，多個紋樣組合方便，裝飾效果極佳，所以漢代仍在襲用。有趣的是，由於如意雲紋很像人耳的輪廓，從春秋時期開始，玉工經常直接用它表現人的耳朵，漢人亦複如此。

玉人所持的禮器基本與實物形狀相符，只是玉璜的兩端做了延長，以連接人的腿部做支撐，看上去就像個 U 形磁鐵。

如今每年都舉辦的黃帝祭拜典禮，大抵沿襲了古代的各種儀式，唯獨缺少了玉禮器祀奉這一重要環節，體現了古今的不同。

那一年，黃帝祭拜大典之後，我順道重遊洛陽龍門。看着崖壁上、洞窟裡無數殘缺的造像，再聯想到雲岡、天龍山和響堂山等處被毀的眾多造像，心想，與它們相比，這些兩千年前的漢玉至今品相完整並受到珍愛，既是它們的幸運，更是國人的幸運了。

白玉辟邪

漢元帝建昭三年（前 36 年），副校尉陳湯矯旨組織聯軍，一舉消滅了盤踞西域的郅支單于所部匈奴。自此，匈奴餘部望風西遁，不復東望。漢帝國對西域的控制得到加強，商貿之路日漸順暢，貿易量大增。

西域的昆侖山下有個地方叫于闐，是絲綢之路沿途重要的一站。隨着東西方貿易的熱絡，當地居民發現有一樁生意非常劃算：從河裡撈出些漂亮的石頭，就能跟途經這裡的胡人商隊換錢。胡人的駝隊馱着金銀幣和玉石東行，再帶着絲綢、茶葉、銅鏡等貨物西去。年複一年，玉石買賣成為絲路貿易的重要部分。

夏季氣溫升高，昆侖山部分積雪消融，涓涓流淌，碰上大雨就會形成山洪。洶湧的洪水裹挾着大小石塊和四千公尺高山上崩裂的玉石，沿峽谷奔騰而下，最後沖入山下的幾條河流。一些玉石在河水中翻滾了千萬年，質地不堅緻的部分被磨掉，剩下的部分緻密堅硬，光滑溜圓，狀如卵石，稱為籽料。有些玉石從高山上崩落不久，也在河水裡翻滾、浸泡了一些年頭，仍帶有渾圓的棱角，塊頭稍大，稱為山流水。

兩塊拳頭大小的籽料被人從河裡撈起，賣給了東行的胡人，入玉門關後販運到長安，進了一家玉器作坊。一位玉工相中了它們，將其碾琢成一對辟邪。

顧名思義，辟邪的功用就是避邪。在漢人的觀念中，冥冥之

白玉辟邪（一對，各長 10.5cm、9.7cm）

中存在着某些邪惡的勢力，會對人造成危害。於是，漢人以兇猛的老虎為原型，給它添上一雙翅膀，創造了辟邪作為自己的保護神。辟邪的產生，延續了遠古先民對猛獸的恐懼心理。猛獸的力量、速度和攻擊能力，都是身單力薄的人類難以抵禦的。先民被猛獸追逐、攻擊時，第一反應就是祈盼比猛獸更強大的瑞獸來保護自己，這是漢人創造辟邪的深層緣由。

在這組作品中，兩只老辟邪昂首挺胸，闊步前行，呈現漢代玉辟邪的典型姿態。它們的頭部相對較大，軀體較為粗短，於雄壯威武之外又添一份圓融可喜。它們張口齜牙，長舌卷動；胸部寬闊，腿粗掌厚，肌腱飽滿，蓄足力量；雙翼開張，勢欲飛騰。

作為漢人避邪驅祟的主力軍，玉辟邪不僅數量多，藝術表現也多姿多彩，美不勝收。在這組作品中，個頭大的老辟邪背上站着一只小辟邪。它頭角崢嶸，羽翼初豐，雄姿英發，躍躍欲試。個頭小的老辟邪，胸前攀附一只鳳鳥。鳳的眼睛呈水滴形，勾喙微張；腿爪蹭蹬，冠羽飄拂，顯得英氣勃勃。漢代的玉辟邪見過很多，胸前有鳳鳥攀附的，此為僅見。玉工大約想盡可能多地保留珍貴的玉料，於是對原石的外廓反複相看之後，設計了這只鳳鳥，可謂神來之筆。

小辟邪和鳳鳥的體量雖小，姿態、神情的刻畫卻一絲不苟，非常生動，藝術感染力絲毫不亞於兩只老辟邪。兩件作品擺在一起，有互動交流之態，產生一種戲劇效果，讓人賞愛不已。

作品取材上乘，玉質緻密，細膩潤澤，寶光內蘊；玉體熟舊，局部沁色栗黃淺淡，愈顯韻緻蒼古，耐人品味。這對辟邪是漢玉中的上佳珍品。

在漢代，經濟的繁榮促進了吉祥文化以及相關藝術的發展，舉凡壁畫、畫像石、畫像磚、陶塑、漆器、玉器和錯金銀青銅器，藝術創作蔚為大觀。漢代藝術浪漫恣肆、雄渾大氣的風格，在玉器上有非常突出的表現。作為瑞獸祥禽的代表，玉辟邪蘊含着漢人的思想和性格，也展示了漢人往來天地、縱橫六合的胸襟和氣魄，是研究漢代藝術的重要對象。

青玉臥牛

一頭臥牛，青玉質，小巧玲瓏，恰堪手握。牛是黃牛，四肢屈曲，伏臥在地，像是剛剛結束在莊稼地裡的勞作，被牽到隴上，卸下了軛套，享受着休憩時光。黃牛頭略仰，嘴微張，像是在磨着牙反芻青草，偶爾滿足地「哞哞」叫喚。牛尾拂掠至胯，似驅趕蟲蠅，悠閑的情態刻畫得很生動。

和馬一樣，牛是先民在新石器時代馴化的動物，至今仍是最重要的牲口。牛是食草動物，秉性溫良馴順，健壯而富有力量，對農業生產助力很大。它被用來耕地耙田、拉車載重，是人們不可或缺的勞動夥伴，與人的關係十分密切。

青玉臥牛（長 5.4cm）

在中國，牛是財產的一個主要象徵，其保有量代表了財富的多寡。在西方，牛也有類似的象徵意義。英文bull本意為公牛，後來被用來指在股票市場上買空的證券經紀人。Bull Market直譯為牛市，意為「股價長期保持上漲勢頭的股票市場」。洋人選擇公牛來表達這樣的概念，是依據公牛身軀健壯又馴順的特點。所以，直譯的「牛市」一詞很形象，很生動，很好理解。

自古以來，中國人對牛就十分倚重，因為耕牛的多寡還直接關係到立國之本。東漢光武帝時，有個姓第五名倫的人獲舉孝廉。受到劉秀召見時，他講論政事，很對皇帝的心思，於是官拜會稽太守。第五倫到任後發現，當地百姓受巫祝蠱惑，盛行占卜祭神，為此常常宰殺耕牛做祭品，致使牛只減少，農業生產大受影響，百姓生活日顯匱乏。他就此發布通告：今後凡有方士、巫祝人等藉鬼神名義哄騙百姓殺牛祭神的，以重罪論處。辦了幾個案子後，這股歪風終於被剎住了。

牛有很多亞種。在中國，黃牛起源於北方，水牛起源於南方。漢文化起源於北方，所以在涉及牛的古代藝術作品中，表現的大多是黃牛。比如，老子西出函谷關，騎的一定是黃牛。

除了製作大量玉龍、玉鳳、玉辟邪等祥禽瑞獸，漢人還琢製了很多玉馬、玉牛、玉羊、玉豬、玉鵝和玉鴨等家畜家禽。在這些作品中，漢人遵循着人類與生俱來的對自然的關注，忠實地表達了自己的觀察印象，並做了相應的藝術處理。

與身軀相比，這件玉牛的頭部稍大，顯得憨萌可愛。牛眼呈水滴形，略凸，輪廓琢陰線。鼻梁隆起，鼻頭渾圓，簡潔地鑽了兩個小孔。牛額上用陰線琢了一個旋毛紋，與之呼應的是肩胛、後胯和背部上用陰線琢出的毛紋。本該是較大的扇形牛耳朵，被刻畫得很小，突出了頭頂上彎彎的犄角。

臥牛的動作幅度很小，給人以閑適安寧的感覺。把玩這件玉臥牛，恍如置身鄉野田疇間，習習微風送來草木和莊稼的清香，內心一片平和安詳。

白玉馬上封侯

一匹馬，一只蹲在馬背上的猴子，外國人看了，一定會認為這是馬戲團一個熱鬧好玩的節目。在中國人眼裡，這兩種動物的搭配組合，體現了絕大多數人夢寐以求的人生最高境界。「馬上封侯」這句吉語，反映了古人對頂級功名的渴望。

秦末，劉邦起義，結果當上皇帝，建立了漢朝。登基之後，他把皇親和功臣封為諸侯王。皇哥、皇弟和皇子封王，只因生在帝王家；平民封王，就得憑能力甚至拿性命去博取了。沒過幾年，封王的韓信、彭越、英布等功臣全部被剪除。此後，對非皇族人士的封賞只到侯一級，也就是說，封侯是平民百姓奮鬥的終極目標。

霍去病率領八百輕騎挺進大漠，斬匈奴二千餘，俘敵酋多人。一代名將橫空出世，國人欣喜萬分。武帝劉徹嘉其勇冠三軍，封為冠軍侯。此後歷次戰役，霍去病每戰必捷，加官晉爵，成為青年楷模。

然而，深入陌生的莽莽荒原作戰，實在是兇險萬分。李廣等幾位將軍戎馬半生，卻因各種原因屢屢受挫，損兵折將，封侯之事終與其無緣。唐代詩人王維慨歎，「衛青不敗由天幸，李廣無功緣數奇（ㄐㄧ，指單數）」，說「飛將軍」李廣未獲封侯是因為運氣不佳，有點兒背。由此看來，對絕大多數人而言，封侯實在是一種奢望。於是，善於變通的人們變得務實起來，轉而尋求「官

白玉馬上封侯（高 5cm）

上加官」：畫一只頭冠鮮豔的大公雞，邊上再添幾株雞冠花。民國年間，齊白石這一題材的作品極受歡迎。

表現人生的最高境界，當然選用上等的玉料。這件馬上封侯，白玉緻密晶瑩，純淨無瑕，年深月久，玉體熟舊，瑩潤如果凍。兩種動物的形象設計很有意思：猴子基本寫實，意指普通人；馬則是長着翅膀的飛馬，借喻難得的機緣。猴機靈，馬勁健，二者的形神刻畫都很生動，技藝已臻化境。有道是：

寓意吉祥，承載着幾人冀盼？
美玉熟舊，積澱了千年光陰。

白玉龍鳳琮璧

中國人喜愛玉器，最初是因為玉石的美。後來，人們認為玉石可以溝通神靈，能帶來吉祥，於是就用玉石製作了祭祀神靈的禮器，如琮、璧、璜、圭等，向神靈祈求祥瑞。

禮的實質是什麼呢？從字形上看，「禮」字的繁體為「禮」，源於甲骨文的「豊」字。作為象形文字，「豊」字的上半部分描繪了幾串玉器，下半部分描繪的是祭台，合在一起就是「築台獻玉」。在新石器時代和夏商兩代，禮是用玉器祀奉天地神靈和自然諸神。

禮制初創之時，大致確立了琮、璧、璜等玉禮器的形制以及它們在各種祭祀典禮上的使用規矩。「典禮」的「典」字，其甲骨文寫法，表現的就是雙手舉起成串的玉器進行獻祭，表明「無玉不成禮」。這一時期，禮是用玉器祭祀神靈和祖先。

西周時期，禮制完備，《周禮》規定了包括各種玉禮器在內的禮器使用細則。這一時期，禮的核心內涵是統治者為維護權力而制定的規矩，代表着天子與諸侯、士大夫之間的關係。

春秋戰國時期，禮崩樂壞，諸侯爭霸，玉禮器莊重的禮儀功能大幅減弱。到了漢代，人們對自身的狀態更為關注，玉禮器變成了貴族們追求權力、炫耀財富、標榜德行的世俗物品。

漢人的率性和漢代藝術的浪漫不羈，也表現在對玉禮器的利用上。給玉禮器裝飾祥禽瑞獸，這種做法始於戰國時期。到了漢代，這種被稱為出廓的裝飾方法更為盛行，涉及各種玉禮器，使它們成為祈福迎祥、追求長壽升仙的平台，吉祥文化因此呈現出一番新的樣貌。作為演繹神仙信仰平台的玉禮器，或單獨琢製，或搭配組合，與祥禽瑞獸的結合形式也多種多樣，總之，一切服從藝術構思，一切服從創作需要。

白玉龍鳳琮璧（高 13cm）

這是一件琮與璧組合的白玉擺件，裝飾祥禽瑞獸。兩只琮由兩個紐絲環連接，托起一件淺琢龍鳳紋的璧。在璧的另一面，瑞鳳翱翔，祥龍盤繞，讓莊嚴端肅的禮器籠罩在熱情如火、瑰麗浪漫的氛圍中。在這裡，龍和鳳才是作品主題的表現者，表達了漢人乘龍禦鳳升仙的強烈願望。禮敬大地的琮和禮敬上天的璧，被借來表現羽化登仙的環境，即由大地至天庭。

作品的一個表現手法很有特點。在玉璧的一面，圓雕龍鳳在玉璧上出入，如穿行雲水；璧的另一面，淺浮雕龍鳳與前面的圓雕龍鳳軀體精準銜接。如此高妙的表現手段，足以展示出漢代玉工的巧思營構了。

作品以白玉碾琢，是美玉良工的典範。它展示了玉工雄奇浪漫的想象力、出人意表的結構設計和精妙的碾琢技藝，是玉禮器功能變化的典型例證，因此非常重要。

白玉鷹熊

西方文化的一些基本要素，在希臘和羅馬時期就已形成，包括一些象徵性的形象元素。與羅馬帝國同時期的漢帝國，四百多年內形成的漢文化中，一些概念和象徵性形象元素也流傳至今。

猛禽崇拜，在東西方都有悠久的歷史，而中國相關證物的紀年比西方要早得多，因為其材質是不易湮滅的玉石。中國人對鷹的崇拜，早在新石器時代就已產生，並留下許多實物。荊州博物館、故宮博物院、河南博物院、天津藝術博物館和上海博物館珍藏的石家河文化玉鷹，已有四千多年的歷史。2015 年 12 月，對湖北天門石家河文化遺址的再次發掘，又出土了數百件玉器，包括一件精美的獸面座雙鷹。

在商代，鷹作為英武的標誌已被廣泛使用，人們琢製了很多玉鷹。後人在描述那場改變歷史的偉大戰爭時，也以飛鷹助勢。

牧野洋洋，檀車煌煌，駟騵彭彭。維師尚父，時維鷹揚。（《詩經》）

周武王姬發和姜太公率領周軍與商軍在牧野決戰時，雄鷹在廣闊的戰場上空盤旋。

到了漢代，鷹被賦予了濃重的人文意涵。更具創意的是，人們把鷹和熊撮合在一起，藉諧音表達對英雄的敬意，製作了不少

白玉鷹熊（高 8.5cm）

玉鷹熊。那麼，漢人的英雄情結從何而來呢？

戰爭是最激烈的人類活動，所激發的人類情感也是最強烈的，對英雄的崇拜由此產生。在漢人的觀念中，膽略過人是「英」，力量強大是「雄」，合在一起，代表着一種出類拔萃的氣質，具備這種氣質的人被稱為英雄。

在漢代波瀾壯闊的戰爭背景下，英雄層出不窮，受到百姓的敬仰。武帝北擊匈奴之後，帝國開疆拓土，尚武之風極盛。到宣帝在位時，軍威遠播，國勢達致巔峰。那是一個需要英雄且英雄輩出的時代。劉邦、劉徹、劉秀是英雄，霍去病、陳湯是英雄，衛青、李廣是英雄，忍辱發奮著作《史記》的司馬遷是英雄，堅守西域疏勒城的耿恭等數百名將士是英雄……在那些風雷激蕩的歲月裡，從皇帝到將軍，從貴族到庶民，都有一股子縱橫天下的英雄豪氣。直到東漢末年的亂世，曹操還鄭重其事地問劉備：「當今天下，您認為誰可稱英雄？」

這件白玉鷹熊，就是漢人對英雄的氣質所做的立體呈現。雄鷹踞立大熊肩背，長翮收斂，儀態軒昂，雄姿英發。它用勾喙叼住大熊後脖梗上的一叢毛，像是在指引方向，有揮斥八極之慨。大熊身軀偉岸，肌肉發達，後肢直立，像人那樣叉着腰，挺胸腆肚，豪氣橫生；肩部和胯部各長着一雙翅膀，神威倍增。它揚眉瞪目，張嘴似在低吼，宣洩着力能扛鼎、不可一世的氣概。作品生動的形神刻畫，把漢人的英雄情結表達得酣暢淋漓。

一千多年後，一位頗以文治武功為傲、對自己的藝術品位自視甚高、對漢玉傾心推崇的皇帝，曾傳旨造辦處玉作，製作了多件鷹熊合歡巹（ㄐㄧㄣˇ）和鷹熊合歡瓶。乾隆對漢玉的仰慕，與他對「英雄」含義的感悟一起，都體現在這些精美的玉器上了。

白玉虬龍佩

很多年前的一個冬天，留學生小崔從北京返回哥本哈根，給我帶來了漂亮的禮物：一對繫着大紅中國結的小葫蘆。體味着「福祿」美好寓意的同時，我對用一根繩子能編結出精巧的花式大感興趣。可是，翻來覆去研究半天，還是看不出編結的來去路數，只得作罷。

後來，在一次紐約軍械庫亞洲藝術周的古董展銷會上，我觀賞了一件明嘉靖瓷香爐。器身上的青花紋飾是佛家八寶，即輪、螺、傘、蓋、花、瓶、魚、腸，其中的「腸」與中國結的編結路數一樣。按佛家教義，「腸」寓意「回環貫徹，一切通明」，象徵着智慧。再後來，在香港荷裡活道的一家古玩店，我買了幾件漢玉，其中的一件玉佩讓我知曉，佛家「腸」或中國結的編結方法，兩千年前的漢人就玩得溜熟了。

玉佩之多，莫過於漢代；佩形之豐富，也首推漢代；但是，以編繩子的結構製作玉佩卻並不多見。這件虬龍玉佩，可被視為明清兩代同類玉佩的鼻祖。構成這件玉佩的是三條蟠曲的虬龍。它們首尾相接，相互穿插，身軀組成相互穿插疊壓的三個環，就像用繩子編結一樣，玲瓏精巧，靈動活潑。

《楚辭》有句：「焉有虬龍，負熊以遊？」虬龍是一種無角、無腿的龍，生活在水裡，「其狀魚身如蛇尾」。以屈原對水生動物的了解，他認為，虬龍是不會馱負大熊在水裡遊泳的。虬龍的身軀很長，有良好的柔韌性，所以漢代玉工選擇它，設計了這件編繩式玉佩。

每次把玩這件玉佩，除了品味玉質的細膩溫潤，我總會忍不住從龍頭開始，循着龍身的走向一路找到龍尾，有點走迷宮的意思。一番遊戲過後，就會有一點小小的成就感，有一點小小的感悟。

一切通明。

白玉虬龍佩（寬 5.8cm）

青玉龍鳳谷紋璜

漢代的各種玉禮器中，璧和璜的數量最多，裝飾紋樣也最豐富多彩，這其中有何緣由呢？原來，這和漢人崇信天神太一有關。

> 太一，星名，天之尊神。（《楚辭》）
> 中宮天極星，其一明者，太一常居也。（《史記》）

漢人將天神太一奉為最高神祇，備極尊崇。武帝時，按司馬遷制定的太初，把太一神的祭祀日定在正月十五，即元宵節，活動十分隆重。兩漢時期，朝野盛行神仙信仰，人們渴望羽化登仙，到天上的仙界去享福，這都影響了玉器創作。為了取悅太一神，漢人製作了很多用於禮天的璧和璜。

先民當初製作璜，用於祀奉代表天神意志、對人的生活施加影響的龍。璜的彎拱造型，源自雨後彩虹的樣子。在三千多年時間裡，璜從光素逐漸演變為紋飾滿身。到了東周時期，人們將璜的兩端琢成龍頭，在此基礎上，漢代玉工採用出廓手法，在璜的邊緣上裝飾龍鳳。一般情況下，璜兩端的龍頭順勢朝下，但也有一些新穎獨特的設計。

這件青玉璜的兩端自底部向上升起，形成龍的胸部和頸項，龍頭高舉。如此造型，明顯受到了戰國龍形玉佩的影響。龍頭的

造型就是典型的戰漢風格；龍眼呈水滴形，十分俊秀；上、下顎與牙連成一體，呈鉞形。頸部出卷鬣，上彎與鉞形顎相接，既美觀，又起到承托作用，使尖銳的下顎不易受損。頸部向下逐漸變粗，略後仰，胸部前突，寬闊渾厚。有前肢，向後蹬。璜身穹窿處略帶方折，向兩端延伸過程中逐漸變為流暢的圓弧，猶如一張拉滿的強弓，蓄足力量，一觸即發。

璜的穹窿內碾琢一只鳳鳥，鳳眼亦作水滴形。鳳鳥隨勢出形，翎羽飄飛，颯颯然如淩虛御風，益增祥瑞氣氛。璜身上的出芽谷紋顆粒飽滿，排列有序，鋪陳出祈願風調雨順、五穀豐登的祥瑞主題。

作品所用的青玉帶着灰色，很有特點，其產地待考。過去有一種觀點，認為漢玉多為和田玉，其實不然。漢玉的材料來源是

青玉龍鳳谷紋璜（長 15cm）

多樣的，最著名的例子就是諸侯王的玉衣。那些玉衣所用的青黃色透閃石玉料，顏色介於和田青玉與岫岩青玉之間。如今，在整個新疆地區，都沒有找到類似的玉石。也就是說，漢代或漢代以前，這種透閃石玉曾出產於某個地方，但我們現在不知道它在哪兒。

關於古玉材料來源的探究，有一個例子極具代表性。20 世紀 80 年代以前，所有人都認為遼寧岫岩只出產蛇紋石玉，因此，紅山玉器的透閃石材料來源一直是個謎。直到一聲開礦的爆破聲響過後，人們在岫岩開採出了透閃石玉，才確定了紅山玉器的材料來源。岫岩的透閃石玉被稱為老岫玉，意即古人曾經開採和使用過的玉。

青玉鹿

一頭雄鹿，青玉碾琢。鹿角分杈，脖頸上揚；身軀健壯，四足修長。玉鹿好像正漫步林間，看着它，如聞呦呦鹿鳴，空山回蕩；恍見泉流漱玉，瑤草偃仰。作品玉質細膩溫潤，寶光內蘊。器身局部少沁，把青綠的玉色襯托得愈發晶瑩。

鹿性情溫順，形態俊美秀逸，是人們喜愛的動物。西周時，美麗馴順的鹿被認為是「信而應禮」的仁獸，被當作德行和吉祥的象徵。從西周片狀玉鹿大量出土的情況來看，周人對鹿可謂情有獨鍾。從那時起，歷代皇帝都會在都城附近找一塊低窪多水的地方，圈起來放養鹿群，稱為鹿苑。

自然界裡有一些白化的動物，數量極少，不易碰到。春秋時期，人們把白色的鹿稱為麒麟，如果有人看到白鹿，就意味着有仁德的君王在世。公元前 122 年，漢武帝劉徹在狩獵時捕獲了一頭白鹿，認為是上上大吉之事，遂改年號為元狩。

「鹿」與「祿」諧音，漢代貴族的日常器物有很多是鹿形，取「福祿常在」之意。常見的有青銅鹿席鎮、鹿燈座、鹿編鍾架座，等等，有些還錯金嵌銀，五色炫耀，富麗堂皇。西漢海昏侯劉賀的珍寶中，就包括一套鎏金青銅臥鹿席鎮。

漢人盛行修道升仙，都盼着能長壽永生，於是，鹿又成為人

青玉鹿（高 13.3cm）

們御乘升仙的腳力。湖南長沙馬王堆漢墓出土的漆器上，就有騎鹿升仙的描繪。作為把玩觀賞的物件，玉鹿更是貴族的心頭好，倍受珍愛。

除了仁德、福祿，鹿還有其他象徵意義，比如皇權。

漢初，呂后除掉韓信之後，劉邦命人把韓信當年的朋友蒯通抓了起來，因為他獲悉，早在秦末戰亂時，蒯通就曾鼓動韓信自立為王。對於慫恿韓信覬覦皇權的人，劉邦當然不想養虎遺患，必欲除之而後心安。面對皇帝，蒯通申辯道：「秦失其鹿，天下共逐之……」他說：「當年秦人把皇權丟了，天下有那麼多的人和你一樣，都搶着當皇帝，誰能耐大誰當嘛！現如今你當了皇帝，難道要把這些人都給殺了？」劉邦一琢磨，覺得蒯通說的在理，便把他給放了。蒯通所說的「鹿」就是天下最大的俸祿：皇權。自此，後人以「逐鹿中原」代指對皇權的爭奪。

當然了，並不是誰都有當皇帝的雄心壯志。在「學而優則仕」的理念激勵下，普通人心中的「鹿」不過是官員的俸祿而已。魯迅小時候念私塾的三味書屋裡，掛着一幅松鹿圖。這幅畫的寓意再明白不過了：勉勵小孩子一心向學，日後考取功名去做官，領一份朝廷的俸祿。

除了私塾，還有些特別的地方會張掛以鹿為題材的畫，那便是郎中的醫館和街上的藥鋪了，因為鹿還是健康長壽的象徵。

仙人騎白鹿，髮短耳何長。
導我上太華，攬芝獲赤幢。
來到主人門，奉藥一玉箱。

主人服此藥，身體日康強。
髮白複還黑，延年壽命長。

《樂府》

在古畫上，常見道家人騎着鹿行走山野間。他們不是閑逛觀景，而是進山採藥去了。可是，為什麼要騎着一頭鹿呢？道家認為，服食仙草靈芝能延年益壽，而只有鹿這種動物能找到藏在深山老林裡的靈芝。於是，無論是南極的仙翁還是獻壽的麻姑，身邊總是有鹿相伴。

呦呦鹿鳴，食野之蒿。
我有嘉賓，德音孔昭。

東周時期，貴族圈裡流行一種宴客形式，《詩經》中這幾句，就描寫了這樣的情形。貴族宴請賓客時，把鹿群散放在廊外的草地上，讓它們啃食青蒿。賓主在筵席上把酒歡宴，還可觀賞群鹿在近旁悠閑走動。鹿兒吃着青蒿，不時「呦呦」叫喚，大概跟我們端起酒杯說「祝你健康長壽」是一個意思吧。

2015 年 10 月 5 日，卡羅琳醫學院，斯德哥爾摩。醫學院的發言人莊重宣布，決定把當年的諾貝爾生理學或醫學獎頒發給中國的藥學家屠呦呦。

她篩選了大量中草藥，最終選定了青蒿這種植物，從中成功提取了有效物質，將其命名為青蒿素。她是第一個發現

青蒿素對殺死瘧疾寄生蟲有顯著效果的科學家。當她的青蒿素被用於綜合治療時，僅在非洲，每年就有超過十萬人獲救。

這一年，屠呦呦八十五歲，距她研發的青蒿素大規模用於瘧疾治療，已經過去四十多年了。

1969年，屠呦呦從收集整理歷代醫藥典籍、本草、民間方子入手，開始了抗瘧疾藥物的研發。歷經數百次失敗的實驗，1972年，青蒿素的研發終於獲得了成功。

世上有些事就像上天安排好了一樣。很多年以前，浙江寧波的一對年輕夫婦斟酌着給女兒起名時，想到了《詩經》中的幾句。於是，象徵健康長壽的鹿和解除病痛、拯救生命的青蒿，就這樣與一位偉大女性以及她的事業發生了神奇的聯繫。

在人類的醫藥史上，為一項發現舉行如此隆重的慶祝，這樣的情況並不多。這項發現能緩解數億人的疼痛和壓力並拯救上百個國家數百萬人的生命。

與正式的頒獎辭相比，一位諾貝爾獎評委在頒獎典禮後所做的評論顯然更富於情感。這讓世人更確切地了解到屠呦呦對人類健康和生命的意義：

呦呦鹿鳴，食野之蒿……

白玉蟠龍璧佩

一位朋友在拍賣會上拿到一件乾隆玉牌，帶來和我一起欣賞。中規中矩的素面牌身，頂部琢祥雲，穿孔繫掛，工料俱佳的一件白玉牌。我轉身找出一個錦匣，撿出一件玉器，擱在他的玉牌旁。朋友拿起來一看：「漢玉呀！呃，這是……漢代的玉牌？」

明清玉牌多，漢代玉佩多。明清玉牌形制較固定，長方形，繫掛在胸前、腰邊。漢代玉佩概念較寬泛，器形多樣，不拘一格，多為把玩件。今天的一些玉器，其器形都有久遠的淵源。比如，山子源自宋遼金時期，玉牌源自明代。那麼，明代玉牌又從何而來呢？

商周時期大量穿孔繫掛的動物玉雕都屬於玉佩，比如王后婦好的玉馬、玉鳥，西周的玉龍、玉鹿、獸面，等等，都用於穿繩繫掛，都算是玉牌的淵源。戰國時期，出現了一種長方形玉牌飾，裝飾瑞獸紋，尺寸較大，四角打孔，綴於織物上。到了漢代，有一種玉佩的外形和尺寸都接近「牌」，講規矩，講對稱，穿繩繫掛。這類漢代玉佩就是玉牌的祖形，因為數量較少，所以彌足珍貴。

這件白玉蟠龍璧佩呈長方形，具備了牌的基本外形元素，可作為一個標準器。玉佩中間是一件如意雲紋璧，螭龍穿璧纏繞，也算是一種形式的出廓。上下螭龍頭，一頭雙身，上下龍身相接。

白玉蟠龍璧佩（長 6cm）

螭龍的身軀構成了一個基本是矩形的外廓，上部稍寬，下部略窄，接近明清玉牌的形制，尺寸也相當。螭龍頸部相交處琢一環，用於穿繩繫掛。

作為明清玉牌的祖形，這件玉佩的設計感很強，嚴格對稱，有典雅端莊之美。由於螭龍軀體、腿爪以及裝飾性部件曲線靈動，作品又極具動感，顯得浪漫飄逸。作品用料上乘，玉體緻密晶瑩，光澤柔雅；局部有沁，嫣紅，栗黃，溫煦怡人。如此典雅精美的玉佩，應曾是某位漢代貴族十分珍愛的飾品。

白玉方匜

漢語中有兩個詞很有意思，一個是「琢磨」，一個是「斟酌」。按其本意，前者指的是製作玉器，後者指的是把酒倒進杯子裡。這兩個毫不相干的詞，都被借來表達同一個意思：認真、仔細地考慮。比如我們常說：「這事別急，我得琢磨琢磨。」又比如：「這樣行不行，你斟酌一下。」另外，「斟酌」又常被簡化，用於書面語，比如「酌情處理」。至於「此議當否，請酌」，初學漢語的外國人沒準會這樣翻譯：「這個提議妥當嗎？您先倒杯酒喝吧。」

治玉需要細緻耐心，「琢磨」一詞被借用比較好理解。原意為倒酒入杯的「斟酌」被借用，又有何緣由呢？這與商周貴族飲酒的禮儀有關。

在施行周禮的西周時期，貴族飲酒不是一件簡單的事，有一套十分繁縟的禮儀。主人和賓客見禮，洗手，再見禮，坐下，斟酒，行禮，端起爵，行禮，飲酒，放下爵，再行禮……每個動作都有講究，並輔以相應的言辭。如果對這些繁文縟節拿捏不準，做錯或者說錯，便是失禮，輕則有損個人聲譽，重則危及政治前途，所以大夥都很用心、很認真地尊禮而為。於是，「斟酌」這個往杯子裡倒酒的動作，就被借來表示「認真、仔細地考慮」了。是誰最早這樣用的呢？是左丘明。《國語》寫道：「……而後王斟酌焉，是以事行而不悖。」意思是說，皇帝認真思考着，希望用正確的方法把這事給辦了。

用於斟酒的青銅器有三種：觥、匜、觚。匜有四足，有方便傾倒液體的流和方便手持的握把，有的還配蓋。另外，一種用於宴飲前注水洗手的盥洗器也叫匜，體量較大，圈足或三足、四足，有流，無蓋。

參考商周青銅酒器碾琢的玉酒器，是圓雕漢玉的一個重要品類。這件匜用白玉琢製，有四足，匜體矩形。在匜池外壁的上部，碾琢浮雕束麥紋，排列規整，模仿穀物稭稈編織的樣式，提示美酒的來源，寓意物產豐饒，生活富足。匜腹光素明潔，如繪畫之留白，與碾琢精細的束麥紋和方形流口上繁密的紋飾形成對比，可見玉工收放自如的匠心。匜流包口，方形，上面琢兩條小龍。

匜的握把被琢成一條大龍，形成僅容一指的圓弧。大龍把頭擱在口沿上，闊嘴微張，長舌上卷，齜牙露齒，雙目圓睜，隔着匜池嗔視包口流上的兩條小龍。這兩條小龍身軀融合，像在嬉鬧中扭成一團；頭臉相向，口鼻相觸，又像發生了爭吵，互不相讓。大龍神情嚴肅，小龍稚拙頑皮，二者相映成趣。經玉工的巧妙安排，大龍和小龍如同出演情景喜劇小品。

在流的根部，方正的匜身與方正的包口流之間，用優美的弧線連接，過渡自然流暢，寓方於圓，方圓交融。腹底圓轉成倭角，手感舒適。匜的四足渾圓挺拔，壯實沉穩，寓意基業堅固。方匜雖小，但儼然有青銅大鼎的氣勢。

鑒賞古玉時，美妙的沁色總是讓資深藏家津津樂道。玉石非常堅硬，卻是活的石頭。一塊花崗石或石灰石埋在土裡多少年，

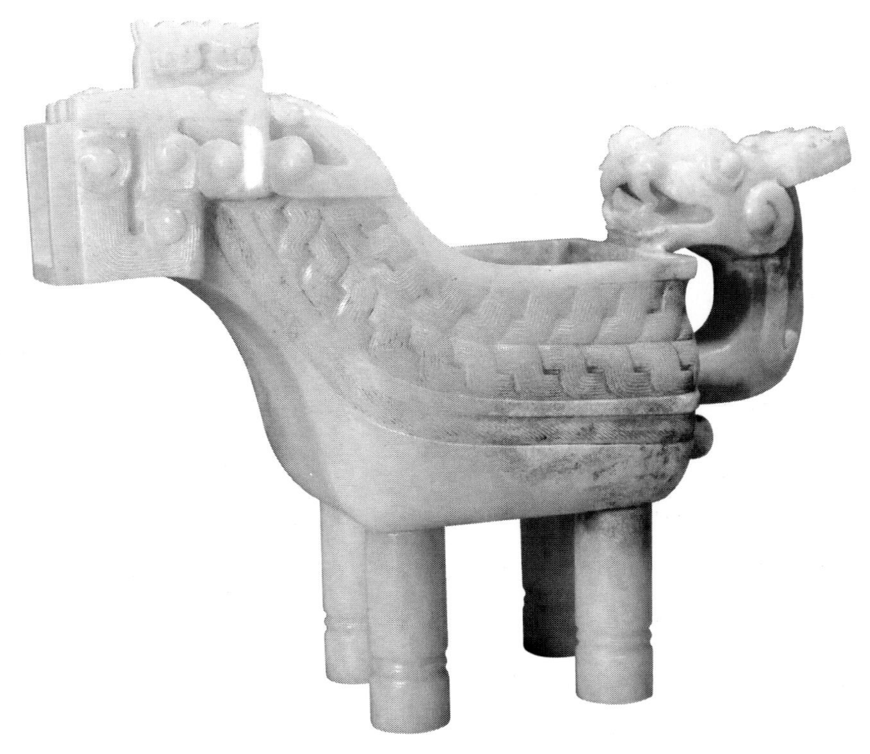

白玉方匜（高 13cm）

刨出來依然如故。玉器入土百年以上，就會發生物理和化學變化，就會帶有沁色。沁痕或條狀或塊狀，或淺或深，或濃或淡，色澤更是千變萬化，不可方物。此方匜玉體熟舊，局部有漂亮的沁色，嫣紅，淺褐，栗黃，乳白，層次豐富，韻緻美妙，若雲蒸霞蔚，明滅變化，呈現兩千年歲月的醇厚。

黃玉龍鳳卮

秦朝末年，群雄蜂起，扯旗舉兵，帝國滅亡。楚霸王項羽和漢王劉邦都想當皇帝，於是楚漢相爭，勢不兩立。項羽本可以在鴻門宴上擒殺劉邦，卻因一念之差放過了他。最後，江山姓了劉。

當初，項伯得知項羽欲對劉邦不利，便偷偷跑去通風報信。「沛公奉卮酒為壽，約為婚姻。」劉邦對項伯很是感激，又是捧卮敬酒祝他長壽，又是稱兄道弟約結親家。

鴻門宴上，項羽下不了決心對劉邦動手，全因劉邦麾下一員武將的慷慨陳言——樊噲歷數劉邦遵守約定、攻入咸陽後善加守護的功勞，責備項羽聽信讒言、欲加害盟友，奉勸其恪守協約。

當時，項莊舞劍，意在沛公；樊噲闖入，與之對舞，護衛主公。項羽見其勇武，命人賞酒，樊噲一飲而盡。

項羽很是欣賞：「壯士！能複飲乎？」

樊噲朗聲答道：「臣死且不避，卮酒安足辭！」

「卮酒」就是一卮酒。東漢學者應劭描述：「卮，飲酒器也。古以角作，受四升。」由此得知，卮比爵的容量大多了。秦漢之際，在一般情況下，貴族用爵飲酒。用容量更大的卮來敬酒，是對地位尊貴的人或自己敬重的人表達最大的敬意。所以，卮是禮儀地位最高的飲酒器。

卮的器身為圓筒形，有蓋，三足，有握把，足依器身之圓形琢出。雖然玉卮參考了青銅卮的形制，其裝飾卻獨出心裁，活潑生動，充分體現了漢玉奇譎浪漫的風格。

這件黃玉龍鳳卮的筒身和蓋子上，螭龍和螭鳳蟠曲躍動，出入器身，如在雲水中穿行，其翻騰之勢雄健激越，恣肆汪洋。龍尾琢紐絲紋，有花蔓式分叉，東漢特徵明確。龍、鳳足爪相同，均粗壯勁健，爪的刻畫厚實飽滿。

握把由一個圓環、一只螭鳳和一條螭龍構成。螭鳳垂首，螭龍仰頭，兩相觸接，互動交流，既增加了握把的強度，又給作品平添了生動的機趣。

卮蓋琢翔鳳蟠龍，蓋鈕琢綻放的喇叭形花朵。一只鳳鳥站立花瓣中央，勾喙立耳，胸翎翻卷，冠羽飄垂，雙翼高舉，足爪健壯。與身體相比，鳳鳥頭稍大，看上去是一只雛鳳，似有清越的啼聲繚繞九霄。龍鳳是吉祥文化的主角，它們地位等同，在玉器作品的裝飾中互為主次，手法靈活多樣。

在漢代，玉卮是極為珍貴的飲酒器，只在重大禮儀場合使用，以彰顯擁有者的身份地位。

> 未央宮成，高祖大朝諸侯群臣，置酒未央前殿。高祖奉玉卮，起為太上皇壽。（《史記》）

高祖九年（前 198 年）冬，未央宮落成。劉邦領着眾皇子和文武百官齊集宮中，設宴慶賀。歡宴開始時，劉邦捧着一只盛滿酒的玉卮，起身向父親敬酒，祝他長壽。卮酒下肚，劉邦對父親說：「您老過去常常責備我，說我疲懶荒嘻，將來的家產肯定比不過我二哥。現如今您看，我和二哥相比，誰的家產更大呀？」殿上百官哄堂大笑，一片高呼「萬歲」聲。

黃玉龍鳳卮（高 24cm）

劉邦在隆重的慶典上用最珍貴的玉卮向父親敬酒，代表了他的孝心和最高的禮儀。目前見於著錄的玉卮，包括傳世件和出土件，總數不到十件，其珍稀程度可想而知。那麼，玉卮到底有多珍貴呢？戰國時韓非說，貴者價值千金。

> 夫瓦器，至賤也，不漏，可以盛酒。雖有乎千金之玉卮，至貴而無當，漏不可盛水，則人孰注漿哉？

《韓非子》文中所稱「千金」，或許並非實數，卻也表明了玉卮高昂的經濟價值。他把漏底的玉卮與完整的陶器做比較，闡明了「無用」和「有用」的道理，其富於哲理的思辨本身就價值千金了。

劉邦用來向父親敬酒的玉卮是什麼樣子的？不得而知。1997年12月，從安徽巢湖北山頭的漢初列侯墓中，出土了兩件青白玉卮，其中的朱雀踏虎銜環玉卮，是迄今為止考古發掘所得最為精美的漢代玉卮了。

很多年前，在華盛頓的弗利爾美術館，我欣賞過一件西漢白玉卮。記得那件卮的筒身上裝飾着淺淺的浮雕，僅琢一個圓圈做握把。與之相比，這件以圓雕裝飾為主的東漢黃玉卮就精彩多了。作品用大塊珍貴的黃玉琢成，質地純淨晶瑩。器身上少許嫣紅沁色，將玉體襯托得愈加明潔細膩。這是一件十分動人的東漢玉器珍品。

白玉花蔓爵

文章西漢兩司馬，經濟南陽一臥龍。

晚清時，朝廷重臣、湘軍將領左宗棠遊南陽臥龍崗，一時感觸頗多，遂撰一聯，把三國時期經邦濟世的諸葛亮與西漢時期記述歷史和工於辭賦的兩個人物並列贊譽。聯句對仗工穩，寄意良深。「兩司馬」中，一位是《子虛賦》《上林賦》的作者司馬相如，一位是《史記》的作者司馬遷。

司馬相如是景帝、武帝時人，漢賦的代表作家，作品所述，場面宏大，華美壯麗，為後世辭賦典範。有一次，相如從長安回家鄉蜀郡，遊歷各地。臨邛縣的富商卓王孫邀請縣尉赴宴，縣尉約他同往。筵席上，相如應邀演奏綠綺古琴。他輕攏慢撚，疾挑重按，樂音繞梁，一座陶然。《鳳求凰》優美的樂音，打動了卓王孫寡居的女兒卓文君。她對司馬相如一見傾心，於是兩人相約私奔，到了成都。卓王孫聞訊，覺得女兒此舉有辱家門，又氣又急。

到了成都，文君看到相如家境並不殷實，便拉着他返回臨邛。兩人一張羅，開了家酒店謀生。每日裡，文君在櫃上賣酒，相如給客人上菜。日子過得平淡，他們卻甘之如飴。聞知此事，卓王孫面子上更掛不住了，愈加惱火。後來，架不住朋友們規勸，他終於首肯了女兒的選擇。

「文君當壚」是西漢最美麗的愛情故事。後人在贊美卓文君追求愛情的果敢潑辣時，大概不會去想，在她「當壚」的酒店裡，客人用什麼樣的器具飲酒？我猜想，以兩個人拮据的境況，大約只能開一家平民小酒店，飲酒所用，不外乎陶碗或陶杯了。

商周時期，貴族用青銅爵飲酒。到了漢代，漆器盛行，貴族和富商飲酒多用淺淺的耳杯，爵僅用於祭祀或其他重要的場合。至此，爵作為日常飲酒器的歷史終結，琢製玉爵便是漢人對青銅爵的緬念了。

這套玉酒器包括一只爵、兩只小杯、一個托盤，白玉碾琢，品相完美。玉質堅硬，晶體緻密，膩如膏脂；整體熟舊，淡淡微沁，醉人心目。

此白玉爵是一件匠心獨運的作品，其主體裝飾並非姿態昂揚的龍鳳或辟邪，而是柔美舒卷的花蔓。玉爵曲線流美，沁色淺淡溫煦，形如花朵新放，又似微醺貴婦。

爵身兩側，各有一叢鏤空花蔓從口沿垂下，突出了主體紋飾。爵身裝飾以淡雅為特點，淺琢一螭龍一鳳鳥。它們以杯身為雲水，翩然穿行其中。螭龍和鳳鳥周圍，蔓草婉轉飄逸，卷曲、伸展中盡顯輕盈、曼妙的姿韻，很好地烘托出龍鳳呈祥的寓意。爵有三足，弧線優美，與爵身連接處淺琢饕餮紋。

與前述黃玉龍鳳卮激越昂揚的氛圍不同，這件白玉爵着意表現的是柔美優雅。在這裡，聽不到黃鍾大呂的轟鳴，似可聞管弦悠揚、玉磬清越。

白玉花蔓爵（高 19cm）

作為爵的陪襯，兩只高足小杯置於托盤兩端。與爵的曲線紋飾相對應，兩只小杯各裝飾一圈線條筆直的陰線蕉葉紋。頗有趣味的是，兩只小杯的造型一直沿用至今。

視線下移，可見四只神態稚拙的熊。與爵和盤相比，熊的身體實在是太小了。它們各位於菱形托盤一角的下面，合力頂起托盤和上面的爵與杯。熊是動物中的大力士，漢人視之為力量的象徵，所以經常安排它們承托器皿。在這件作品中，給人印象最深的，是玉工在刻畫熊的形神時所表現出的幽默感。四個小可憐背托肩扛、雙手緊攥努着勁兒的模樣，着實令人忍俊不禁。

如果說，那些龍騰鳳翔的玉卮就像豪邁蒼涼的《大風歌》，這套花蔓爵與蕉葉小杯的組合，就是低吟淺唱的樂府詩了。與這樣的作品相對，浮躁的心緒會慢慢沉靜下來，人變得平和安詳，經由眼睛的審視和手指的觸摸，品味到生活的甘醇芬芳。

白玉童子乘鳳

西漢自文景時期開始，生產力得到快速發展，經濟繁榮，文化昌盛。貴族和富商留戀眼前富足的生活，普遍追求長生不老，神仙信仰彌漫朝野，修仙之風盛行海內。長沙帛畫、四川畫像磚和南陽畫像石等作品，都有許多表現了凡人乘龍、乘鳳、乘辟邪升仙的情景。這件精緻的白玉作品，就是這一浪漫主題的立體呈現。

雙鳳連體，頭朝兩邊，一個小男孩居中端坐。從男孩的形態和神情看，造型對稱的作品並沒有表現出應有的莊重端肅，相反，卻顯得活潑輕鬆。男孩上衣下裳，頭戴淺淺的小帽，雙臂旁伸，扶着一左一右兩只鳳鳥的頸項。鳳鳥飄飛的冠羽貼着男孩的雙頰，再翻卷回來，顯得情趣盎然。細細一品，男孩像是幼兒園裡初次溜滑梯的小朋友，懷着一絲忐忑、一絲對驚險刺激的期待，動作拘謹，神情憨拙可愛。

兩只鳳鳥張嘴吐出一道瑞氣，下端與身體相接，懸掛一枚活環，玲瓏輕盈。因為兩只活環，造型嚴格對稱的作品又不失靈動巧妙。人物和鳳鳥都沒有複雜的紋飾，很好地展示了白玉瑩潤明潔的質地。

古代先民對禽鳥具有飛翔能力感到很神奇，對它們在日出、日落和風雨前後的表現，也感覺很神秘，認定它們具有通天達地、呼風喚雨的能力，因此對它們充滿崇拜，繼而集各種禽鳥的特徵創造出鳳鳥，當作圖騰。這個做法，在世界的許多地方都是相似的。

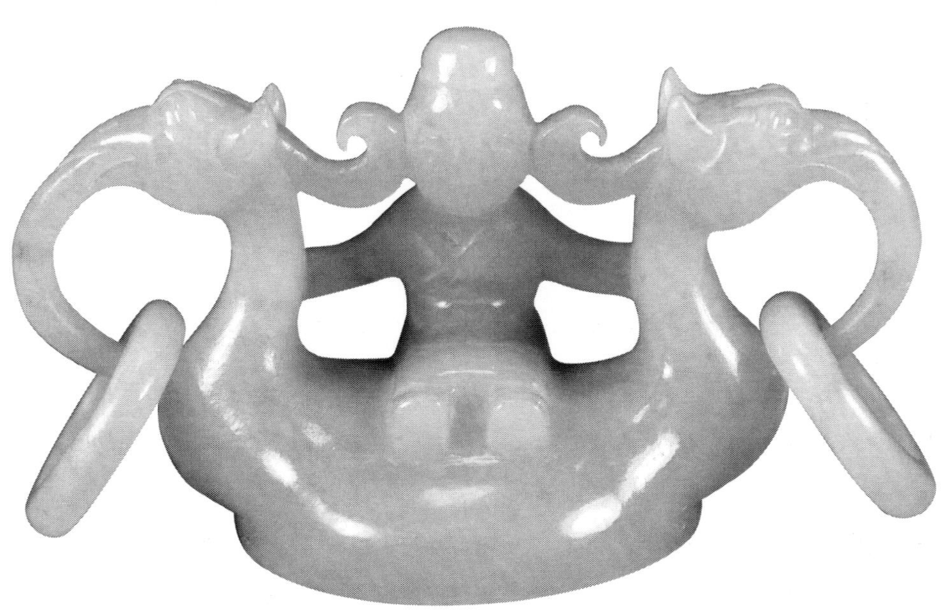

白玉童子乘鳳（長9cm）

漢人篤信神仙，認為通過營構當下的幸福生活便可以得道升仙。這樣的觀念，在春秋末期即已具備理論基礎。

人生始化曰魄。既生魄，陽曰魂。用物精多，則魂魄強。

《左傳》中子產所說的這句話，論述了魂魄的強弱與「用物」有密切關係。世上「精多」之物，莫過於玉石，因為玉石吸納了天地精華，乃是至精至剛之物。與玉器密切接觸，就能達到強魂魄的目的。魂魄強，可長生。

雖說「道可道，非常道」，漢人卻對長生不老、得道升仙懷着一份堅持不懈的追求。這件小品，讓人感受到了漢人的執着、漢人的浪漫，也感受到了漢人的天真。

大約從明末開始，長命鎖在民間很流行。有錢人家會給小孩打一把長命鎖佩戴於項下，期盼他富貴吉祥，長命百歲。長命鎖有銀質或銅質的，也有用玉琢製的。早在兩千年前，某位貴族讓玉工琢製了這件白玉童子乘鳳擺件，希望自己的小孩身體強健，長壽升仙，永享富貴。這算是長命鎖的雛形了。

從宋代開始，兒童題材的玉器很多，在漢代卻極其少見，所以這件作品非常重要。

白玉龍鳳呈祥帶鈎

春秋時期，齊國內亂，襄公遇難。身在國外的公子糾和公子小白聞訊，都急着回國爭奪國君之位。為確保自己的主人先回到齊國，公子糾的老師管仲帶上弓箭，埋伏在公子小白返國的路上。待小白的車駕行近，管仲搭箭張弓，瞄準小白射出。小白「啊」一聲，口噴血沫，倒於馬車內。眼見小白中箭倒下，管仲放心了，轉回頭去，不慌不忙地護送公子糾返回齊國。

回到臨淄城下，公子糾和管仲吃驚地發現，公子小白已經當上國君！原來，管仲射出的那支箭擊中了小白腰間的帶鈎，並未

白玉龍鳳呈祥帶鈎（長 16.5cm）

傷着身體。大駭之下，小白害怕再受攻擊，急中生智，咬舌吐血，倒伏車中。他用這招騙過了管仲，緊接着，便催促扈從快馬加鞭趕到臨淄，繼承了君位。

新君齊桓公不計一箭之仇，任命管仲為相，推行改革，終使齊國成為春秋五霸之首。

一只帶鈎改變了歷史。

大約從南宋開始，紐扣才出現在中國人的服裝上。所謂紐扣，就是以織物盤一個紐，圈一個扣，以紐入扣來固定衣襟。在那之前，國人服裝皆以腰帶結束。自春秋時期開始，貴族的腰帶都使用帶鈎，相當於今天的皮帶扣。帶鈎初以銅、鐵鑄造，後以玉和瑪瑙琢製。玉帶鈎在漢代尤為盛行，存世不少，但是，像這件白玉帶鈎一樣的精品卻極為罕見。

這件白玉帶鈎鈎身厚實，有弧度，以適應腰部的曲線；邊線圓融，手感舒適。鈎首碾琢一個龍頭，敦實，圓潤，扣掛時不容易損壞絲質腰帶。鈎身上琢圓雕螭龍和鳳鳥各一只。螭龍蟠曲，長尾絞絲，身軀扭動幅度很大，三只腿蹬着鈎身，一只前腿搭在飄起的雲朵上，有騰挪雲天之概。鳳鳥踊躍於雲朵上，寓意「鳳翔九天」。鳳鳥的頭部和頸部長翎飄飛，長尾分叉，曲線婉轉，優美動人。

帶鈎背面琢一鈕，用來繫牢腰帶的一端。鈎鈕渾圓厚實，鈕面裝飾旋轉的浮雕卷雲，呼應了鈎身的浮雕雲朵和陰線雲紋，點明了龍鳳活動的環境。

作品所用白玉緻密堅韌，如膏如脂，瑩潤悅人，雖緻密堅硬，看上去卻如嬰兒肌膚般柔嫩，是一塊上乘的玉料。除了精良的玉質和精湛的琢工，這件帶鉤的另一個特點是美麗的沁色。玉體熟舊，部分受沁，沁色栗黃，由淡薄至渾厚，層次很豐富。在膩如截脂的玉料原色襯托下，栗黃的沁色如雲蒸霞蔚般絢爛，一些絲狀的嫣紅沁色蜿蜒其間，愈顯瑰麗美妙，給人如夢似幻的感覺。

自宋代以來，古玉收藏家就很欣賞玉器的沁色之美，還歸納出很多名稱，像土沁、水沁、鐵沁、青銅沁、朱砂沁、水銀沁、石灰沁、染料沁，等等，對沁色的描述更是五花八門，不一而足。古語雲：「玉有五色沁，價值十萬金。」說的是古玉沁色層次豐富，色澤斑斕，氣象萬千，最為藏家賞愛。

除了沁色，器表的光澤又是一妙。「玉漿外溢」一詞很文學化，用來描述這件帶鉤是再恰當不過了。無論是白玉顯露之處還是有水土沁的地方，都像覆蓋了一層如脂似漿的晶瑩薄膜，光澤亮麗，十分迷人。

與其他藝術品不同，玉器不僅是視覺的藝術，也是觸覺的藝術，這是由材質的特性決定的。以這件白玉帶鉤為例，經拋光後，器表光潔細膩，摩挲盤玩，手感順溜舒適，給人帶來愉悅的心理感受。如此手眼俱爽的體驗，在其他藝術品那裡是享受不到的。當年帶鉤新成，貴族上手，自會欣然盤玩的。可是，以其目前的狀況，如若盤玩，兩三日內，器表包漿盡失，玉體變得溫潤而不複亮麗，古貌既傷，誠可痛也。所以，對這樣有漂亮包漿的美器，好古之人是不忍盤玩的，鑒賞時都會戴着乾淨的棉布手套，輕拿輕捧。

白玉辟邪

辟邪意為避邪，是漢人創造的瑞獸。它出現在建築上、繪畫上、石刻上，被燒成陶器，被琢成玉器。辟邪模仿老虎，唯雙翼取自禽鳥。

在漢人的觀念裡，冥冥之中存在着某些邪惡勢力，隨時可能加害於人。為避免受到傷害，漢人需要幫手，於是以老虎為原型創造了辟邪。人們認為，玉石蘊含天地精華，純淨溫潤，緻密堅韌，至純，至陽，至剛，具有強大的能量和生命力。用玉石琢製的辟邪，不僅能戰勝邪惡勢力，還能添福增瑞。正因為漢人倚重並喜愛這種瑞獸，他們用四百年的時間組建了一個「玉辟邪軍團」，使其成為漢代的頭號瑞獸。

這對白玉辟邪體量較大。玉工強調了它們暴突的巨眼、闊張的大嘴、尖銳的獠牙、後掠的雙耳和卷曲的長鬚。對牙齒的琢磨特別用心，犬齒大幅度前伸外露，臼齒也是逐顆細磨，形如鋸齒，凸顯了貓科動物主要攻擊武器的威力。對細微部位的琢磨很費工，需要嫻熟的技藝和很大的耐心。漢代玉工使用人力砣具完成這樣的精細琢磨，讓今天使用電動砣具的治玉高手也自愧弗如。

運動、力量及由此產生的氣勢，是漢代藝術的美學風貌，也是漢玉的美學風貌。玉工對運動和力量的表現，體現在辟邪的姿態上。它們身體放低，利爪收斂，躡足潛行。這是貓科動物對獵

白玉辟邪（一對，單只長 22.5cm）

物發起攻擊前的典型動態，目的在於隱蔽自己，盡可能地接近獵物，以達成攻擊的突然性。辟邪的軀體刻畫十分生動，給人的感覺是肌腱極富張力，彈性十足，柔韌中積蓄着力量，有一觸即發之勢。

辟邪的犄角、鬚毛、雙翼和尾部被處理成繁而不亂的幾組裝飾體，刻畫十分精彩，楚文化風格顯著。犄角緊貼後腦，向背部延伸，最終誇張成蟠曲舞動的裝飾性枝杈，與層疊的雙翼、分枝的卷尾和腿肘的鬚毛一起，加強了動感，給辟邪增添了震懾邪祟、鎮宅護主的威勢。

這對白玉辟邪形體碩大，工藝精湛，刻畫細緻入微，是一組重要的東漢瑞獸精品。

白玉龍鳳呈祥出廓璧

龍袍鳳冠，龍車鳳輦，這樣的服飾和載具代表着皇帝和皇后的至尊身份。皇帝君臨天下，皇后母儀天下，詮釋了中國古代最高統治者「君權神授」的觀念。不過，這都是漢代以後形成的概念。在漢代，龍和鳳還沒有成為皇帝和皇后的專有象徵，是所有人的吉祥物。吉祥寓意是漢玉永恒的主題，因此，龍鳳呈祥紋飾被廣泛運用在玉器裝飾上。

這是一對白玉出廓璧。玉璧的「肉」和「好」，分別指玉璧的實體部分和中空處。所謂出廓璧，即在玉璧圓形的外廓或中空處碾琢裝飾。

白玉龍鳳呈祥出廓璧（一對．單只通長 13cm）

這對白玉璧的「肉」上滿琢浮雕卷雲紋，飽滿綿密，呈現出繁茂、充盈的意象。在規範的卷雲紋當中，分布着一些琢平行陰線的雲氣紋，顯得靈動飄逸，這是繼承自戰國的紋樣。璧的「好」內，鏤空碾琢一條螭龍。龍的上下顎像斧鉞，也是沿襲戰國時期的造型，其肩部、胯部與腿部連接處，分別以淺浮雕琢磨出凸紋，刻畫出肌腱，愈顯螭龍的強勁有力；肩部一束卷毛飄飛，與龍首的下顎相觸；尾琢絞絲，翻卷至腹下。螭龍面向出廓的鳳鳥，形成交流，凸顯「呈祥」的意態。

出廓裝飾有位於上方的，也有位於側面的。這對玉璧，出廓的鳳鳥位於玉璧一側，雙璧左右對稱。鳳鳥的冠羽、翅膀和尾翎被抽象化，像迎風飄舞的綢帶，又似攀緣生長的花蔓枝條，柔美優雅。

玉璧取材白玉，玉質晶體緻密，細膩溫潤。局部有沁，紅、褐、柑黃各呈美妙。器身包漿亮麗，熠熠生輝。玉璧成對設計，裝飾精美，是難得的西漢玉器珍品。

白玉舞人

十多年前的一天，我妹妹來電話告訴我，她組建了一個音樂舞蹈教學機構，讓我給取個名。我用短信回了三個字：新樂府。妹妹再來電話：「為什麼要個『新』字呢？這個『樂府』不會被注冊過吧？」我說，目前的工商注冊記錄裡，不太可能有名為樂府的公司。我猜的沒錯。

樂府最早成立於秦朝，專司宮中的演樂歌舞，後來漢朝沿襲設立。都知道大漢江山是打下來的，都知道漢人豪邁奔放、普遍尚武，若非熟悉歷史和考古，一般人較少注意到漢人在音樂、舞蹈方面的造詣和成就。有漢一代，從皇帝到臣民，無不熱衷歌舞，高祖劉邦吟唱《大風歌》只是起了個頭罷了。

都說藝術無價，可就在西漢，有一段舞蹈表演就獲得了實實在在的報酬，還間接地幫助漢朝延續了近兩百年。

景帝劉啟在位時，有一天輪到妃子程姬伺寢，偏巧她身體不適，於是就買通宦官，以一名侍女充代。沒承想，這位侍女懷上了皇帝的血脈。後來，侍女生下一個男嬰，景帝給小皇子取名劉發。因為生母出身卑微，朝中無勢，劉發的封國被劃在偏僻、蠻荒的長沙。於是，少年劉發當起了長沙國定王。

有一年，身為諸侯王的皇子們齊聚長安給景帝祝壽。筵席上，大夥紛紛使出看家本領，唱歌跳舞，討父皇歡心。輪到劉發時，他跳了一段四六不靠的舞蹈，大夥憋不住都樂了。劉啟

笑問：「發兒此舞，何促狹哉？」意思是，你跳舞怎麼縮手縮腳的啊？劉發答道：「稟父皇：封地促狹，兒臣之舞亦促狹焉。」景帝聞言，下旨多劃了三個郡給長沙國。就這樣，一段兩分鍾的舞蹈換來了三個郡的土地和人口。

一百多年後，劉發的玄孫劉秀起兵討伐篡漢的王莽，奪回劉氏江山，建立了東漢。光武帝劉秀生於楚地，不僅英武神勇，對歌舞也是十分在行的。

西漢初年，君臣忙於修補戰爭創傷，埋頭搞經濟，還顧不上太多娛樂，沒有設立文藝機構。武帝劉徹登基時，國勢已隆，文化藝術興盛，樂舞百戲流行，人們普遍喜愛音樂舞蹈。朝廷設置了官署樂府，負責採集民間歌謠和文人創作的詩篇，然後為其配樂編舞，在典禮上和宴會上表演。

樂府之「樂」，並非單指音樂，而是由詩、歌、曲、舞組成的綜合藝術，缺一不可。一段樂中，舞蹈表演是重要的部分，因為對漢人來說，聞歌起舞是再自然不過的事了。

說起漢代的舞蹈，就要提到三位著名的舞蹈家了。

高祖劉邦的寵妃戚夫人是一位歌舞名家，《漢書》說她「擅為翹袖折腰之舞」，還擅長鼓瑟而歌，音韻婉轉動人。《西京雜記》記述：「帝常擁夫人倚瑟而弦歌。」戚夫人的輕歌曼舞，代表了漢代樂舞的極致，所創翹袖折腰舞，融合了長袖舞、巾舞的精華，飄逸柔美，舒展流暢，成為中國舞蹈藝術的永恒經典。

武帝劉徹的皇后李夫人，就是樂府首席樂師李延年那位「一顧傾人城，再顧傾人國」的妹妹。她姿容妙麗，精通音律，長袖善舞，尤擅翹袖折腰舞，深得武帝寵愛。有一次，劉徹來到李夫人宮中。夫婦倆正坐着說話，劉徹忽覺頭癢，隨手從皇后頭上取下一只玉簪來搔頭。目睹夫妻倆溫馨的一幕，宮女們豔羨不已，遂將此事傳揚開去。於是，貴婦們競相效仿，玉簪更為流行，有插兩三支的，也有插四五支的，紋飾更是花樣翻新。一時間，長安城掀起了一陣玉簪之風。經此一事，玉簪便有了個風雅的別名——「玉搔頭」。

2016年初，南昌海昏侯墓的發掘告一段落，出土了大量精美的青銅樂器和一件白玉舞人，由此可見劉賀祖母李夫人的音樂舞蹈遺傳。

成帝劉驁的皇后趙飛燕，是漢代的另一位舞蹈名家。她原是阿陽公主家的婢女，自幼聰明伶俐，身材窈窕，習練歌舞非常刻苦，舞藝超群。劉驁把她召入宮中，先封為婕妤，幾年後冊封為皇后。飛燕並非她的本名，她原名宜主，因舞姿曼妙輕盈，如飛燕般輕巧靈動，故得名「飛燕」。時人譽其「能作掌上舞」，當然是誇張了。

玉舞人初見於戰國，盛行於漢代，是漢玉的一個標誌性主題，也是貴族最喜歡的佩飾之一。舞人有圓雕的，更多的是片狀。片狀舞人常做組玉佩上的飾件，可單件也可成對綴掛。

這件西漢白玉舞人玲瓏精緻，玉質細膩溫潤，表現的正是翹袖折腰舞。翹袖頂端琢有小孔，用於繫掛。舞人面龐圓潤，五官娟秀；束腰較高，越發顯得體形纖長；舞姿婀娜，擰腰向左，左臂內彎於胯側，右臂上舉過頭；長袖飄垂，裙裾隨舞步拂動。舞人的五官和衣裙各部的紋飾，均以簡潔的陰線琢出，線條似斷還續，婉轉流暢。

白玉舞人（高 6.8cm）

漢帝國的平民百姓也都喜歡歌舞。在豐收時節的田疇間，在歡聚暢飲的村宴上，人們都會情不自禁引吭高歌，手舞足蹈，傾瀉激情。其歌俚俗，其舞粗獷，就像唐人李白描寫的「踏歌」，屬即興而為，比較自由。相比起來，宮廷和貴族府邸中舞人的表演，其歌有所本，其舞程式化，經不斷排演而成，一招一式都有講究，情感表達更為細膩，舞蹈與歌詞和音樂的情緒、與弦樂的韻律、與鍾磬的節拍都有所契合，屬於精緻藝術。這件白玉舞人，就是漢代精緻藝術的代表作。

漢人的歌舞不僅表現在玉器上，很多的舞人陶俑也承載了他們對歌舞的熱愛。在畫像石上，還有不少表現歌舞的場面。這些遺存，都是我們了解漢人的生活情狀絕佳的參照物。

白玉神龜

神龜雖壽，猶有竟時；
騰蛇乘霧，終為土灰。
老驥伏櫪，志在千裡；
烈士暮年，壯心不已。
盈縮之期，不但在天；
養怡之福，可得永年。
幸甚至哉，歌以詠志。

曹操這首《龜雖壽》作於東漢建安十二年（207 年），是組詩《步出夏門行》的最後一首。這一年，曹操 52 歲。一年後，他率領漢軍終於平息了北方多年的戰亂。

在詩中，曹操分別以神龜、騰蛇、老驥做喻，抒發了對生命和人生志向的感懷。作品文辭平白，筆力遒勁，熔神奇的意象、哲理的思辨和昂揚的激情於一爐，其老當益壯、銳意進取的豪邁情懷感人至深，遂成千古名篇，被後人世代詠唱。

神仙信仰在漢代非常流行，人們對長壽升仙懷着熱切的追求，許多神異動物因此大行其道，出現在各種藝術作品中。作為自然界中以長壽著稱的動物，龜成為漢人羨慕的對象，其形象也隨之被神化。

白玉神龜（長 12.8cm）

這是一件東漢的白玉神龜，玉質上乘，晶體緻密，瑩潤華滋。玉體熟舊，詮釋了「千年白玉轉秋葵」的賞玉美談。局部有朱砂和水土沁，嫣紅，柑黃，乳白，豐富的沁色怡人心目。

這件白玉神龜是一套席鎮中的一件。漢代沒有椅子、凳子，人們都席地而坐。席子不管是竹篾編的還是稭稈織的，邊角都不太貼伏，通常用席鎮來鎮壓（這個詞的本義）。平民百姓從河裡撿拾幾塊卵石回來，即可做席鎮。貴族的席鎮就講究了，都是製作精美的藝術品。

《楚辭》唱道：「白玉兮為鎮。」戰國時，貴族就開始使用製作精美的席鎮，材質有青銅和美玉。漢代貴族使用的席鎮更為多姿多彩，造型多虎、豹、熊、辟邪等，含鎮宅驅邪、納福迎祥之義。以鹿和龜造型的席鎮較為少見，愈顯珍貴。貴族在席上跽坐，或把酒饗宴，或欣賞歌舞，身邊又有象徵健康長壽的瑞獸席鎮相伴，心情當然是很愉快的了。

說這只白玉龜是神龜，是因為它的身體部位和裝飾帶着神化的特徵。它的腦袋既像龍又像辟邪，就是不像龜的腦袋。漢人讓幾種瑞獸擁有相同的腦袋，意在凸顯它們共同的神性。神龜腦後長着末端分叉的獨角，伸展至背殼上。龜的尾巴也被神化了，末端有三綹長鬚。龜的腳爪寫實，而前腿碾琢鱗片，隨形排列規整，也是神化的表現。背殼的外緣寫實，其餘部分沒有按自然的外貌雕琢成六角形紋，而是淺琢一個饕餮紋和密集的如意雲紋，將龜進一步神化。

神龜的姿態表現得很生動。它頭頸前伸，彎向一側，後腿隱於身下，兩條前腿收縮着，雙爪捧着腮幫子，一副「養怡」的樣子，

萌態十足。這一姿態也顯示了龜含蓄內斂、守靜少動的特性，是玉工匠心獨運的妙造。作品琢工精湛，多種技法並用，紋飾疏密有緻，繁簡互映，極盡巧思。

吾聞楚有神龜，死已三千歲矣。

《莊子》所言，大約是有關龜齡的最早記述了。楚地廣大，包括了長江以南的大片地區，分布着很多河流湖泊，水生生物眾多，龜自然也很多，其中不乏百歲幾百歲高齡的龜。在古代普遍追求長壽升仙的社會氛圍中，人們把龜視為長壽的象徵，也就在情理之中了。

關於長壽，曹操是悟得了其中三昧的。無論是陸龜、河龜還是海龜，都有一個共同的特點，那就是行動緩慢。與那些每天奔跑跳躍的動物相比，龜的動作慢條斯理，新陳代謝速度較慢，因此壽命要長得多。曹操半輩子戎馬倥傯，四處征戰，率領漢軍剿滅造反的各路武裝，統一了北方，恢複經濟，使民安居，可謂功德圓滿。晚年的他雖如伏櫪的老驥，仍有千裡之志，卻深諳長壽之道，認為「養怡」可益壽延年，所以願意守靜少動。

220 年，曹操以 66 歲壽終，對比漢代 20 多歲的人均壽命，他算是長壽了。

白玉辟邪鳳鳥出廓璧

從戰國時期開始，玉禮器的功能發生了變化。被用來祀奉神靈和祖先的同時，玉禮器被賦予了世俗的含義，使其成為德行、地位和財富的象徵，成為納福迎祥的媒介。

所謂出廓，就是在玉禮器上添加龍鳳、辟邪等瑞獸祥禽作為裝飾，因超出玉禮器的輪廓，故名。這一做法始於戰國，盛行於漢代，打破了先前玉禮器的莊重，使之由整飭端嚴變得靈動活潑。

在漢代，祥瑞內容是玉器的主題，為此，人們藉台唱戲，製作了更多的出廓璧、出廓璜、出廓琮，等等，表達對祥瑞、羽化登仙的熱切期盼。與戰國時期相比，漢代玉禮器的出廓部分佔作品面積的比例更大，體現了漢人難以遏止的創新沖動和浪漫不羈的表現手法。

這是一件西漢辟邪鳳鳥出廓璧。玉璧滿琢谷紋，代表着人們向天上的神靈祈求風調雨順、五穀豐登。谷芽萌發，讓人聯想到春天，喻示着旺盛的生機。出廓部分鏤空碾琢一只辟邪和一只鳳鳥，姿態靈動，顧盼生姿，與玉璧上規整排列的谷紋形成對比。充滿動感的辟邪和鳳鳥將人們的視線引向上方，表達了漢人尋求與上天溝通，以獲得神靈眷顧，達成長壽升仙的願望。出廓部分面積很大，相當於玉璧面積的四分之三，凸顯了出廓玉禮器藉台唱戲以至「喧賓奪主」的特點。

白玉辟邪鳳鳥出廓璧（通長 12.7cm）

這件作品碾琢精緻，是西漢出廓玉璧的代表。經兩千年時光的浸染，玉體熟舊，如水煮蘿蔔一般。在受沁部分，淺淡的灰皮下，隱約可見紅褐沁色，燦若雲霞，漂緲氤氳，十分動人。這種沁色源自一種貴重的紅色礦物——朱砂。朱砂又稱丹砂，古人認為它能避邪驅祟。從商周到漢代，朱砂很受貴族珍視，是財富的象徵。

朱砂與中國歷史上第一位女富豪關係密切。太史公在《史記》中就專門介紹了這位「巴寡婦清」。「巴」指的是她的家鄉巴蜀之地，「清」是她的名。秦始皇曾隆重款待這位女士，因為她控制着當時最大的丹穴，即朱砂礦，也因為她曾捐資修築長城，更重要的是，她掌握着從朱砂中提煉水銀的秘技。聯繫到始皇陵內有大量水銀的傳說，清女士受到始皇帝的高規格禮遇就可以理解了。清去世後，始皇帝修築懷清台以表緬念。2007 年，因建設需要，位於重慶涪陵的懷清台被遷址重建。

白玉伉儷

玉人兩件，片狀，一個男人，一個女人。男人身材頎長，女人體態婀娜，相向對視，溫情脈脈，似互訴衷腸。男人的下巴上琢細密排列的短鬚，說明他正值青年。女人綰起的髮髻表明，她已經結婚。顯然，這是一對夫婦。

這組玉雕人物，反映了漢代貴族生活的一些細節，比如衣着服飾。但是，最精彩的還是人物頭部和面容的精微刻畫。

婦人的髮式很美，頭頂部分盤成螺旋向上的大小兩組，稱為螺髻。其餘的頭髮綰成一綹，依依垂於頸項後，盡顯溫婉韻緻。

> 楚天千裡清秋，水隨天去秋無際。遙岑遠目，獻愁供恨，玉簪螺髻。

南宋辛棄疾的《水龍吟》，最早使用了「螺髻」這一名稱。詞人把青山比作婦人的髮髻和玉簪，聯想極富情思。只可惜，因詞人郁結的心緒，美好的物象染上了一抹感傷的色彩。「江作青羅帶，山如碧玉簪。」以婦人服飾和首飾比擬山水，唐代的韓愈在詩中流露的情緒則是恬靜安詳的，還帶着一絲欣悅。

再看這位漢代婦人，她表現出的又是怎樣一種情緒呢？只見她唇角微微上彎，分明笑意盈盈。她的夫君也是嘴角上翹，欣悅之情表露無遺。我們不懂得他們姓甚名誰，也不了解其生平經歷，

白玉伉儷（高 10.2cm）

只知道他們是幸福的一對。兩千年時光流逝，多少宮宇傾覆成瓦礫，幾多功名湮滅隨衰草，連黃河都不知改道多少次了，從未改變的，是這對璧人的微笑。

玉人伉儷的微笑是甜蜜幸福的。他們經歷了怎樣的感情生活，我們無從知曉。或許，我們可以試着推想一下他們生活中的某個片段，某個他們任何時候回想起來都會怦然心動的時刻。

上邪！
我欲與君相知，
長命無絕衰。
山無陵，江水為竭，
冬雷震震，夏雨雪，
天地合，乃敢與君絕！

一首樂府詩，一位大膽追求愛情的少女，一段對上天的盟誓，兩顆緊緊相依的心。也許，那就是這對伉儷幸福生活的開始，一段值得他們永遠珍藏心底的甜蜜時光。

白玉四神四器舞人擺件

我曾兩次觀賞曾侯乙青銅尊盤，每次都看得很仔細。作品的繁複之美，給我留下的感受最深。尊盤四周大體積鏤空裝飾，密匝匝的夔龍蟠曲穿插，令人眼花繚亂。繁縟綿密的紋飾，瑰麗奇譎的氣象，凸顯了楚地藝術獨特的風格。

楚文化形成於春秋時期，是楚國物質文化和精神文化的總和。楚國所佔地域比較廣闊，包括今天的湖北大部、河南東南部以及湖南、江蘇、浙江、安徽、江西的局部。這一大片地區的人文風俗與黃河流域的人文風俗差別不小，因而生長出迥異的藝術風格。

從西周早期開始，黃河流域的姬周文化與長江以南的蠻夷文化逐漸融合，最終形成了楚文化。在藝術作品中，神秘詭譎的氣氛、繁複的物象組合是其主要特徵，所表現出的恣肆和浪漫，又成為漢代藝術的主流風格。曾侯乙青銅尊盤的繁複之美、浪漫奇譎之美，也體現在漢代玉器上。

此白玉擺件是一件集人物、瑞獸和禮器於一體的陳設器，玉體熟舊，局部沁色栗黃，留下了時光浸染的痕迹。作品宏大瑰麗的整體構圖、綿密纖麗的鏤空裝飾、恣肆汪洋的物象鋪陳，觀之如讀駢對疊出、辭藻豐麗的漢代大賦。人、禽、獸和禮器的組合複雜而有序，既強調對稱的莊重，又充滿了變化的靈動。

作品呈長方形，構圖分為上下兩部分，下面部分物象對稱。

白玉四神四器舞人擺件正面（高 29.9cm）

白玉四神四器舞人擺件背面（高 29.9cm）

一件裝飾臥蠶紋的璜上，站立一個留八字胡、頭戴平頂帽、身着對襟長袍的胡人。他雙手捧琮，神情恭肅，態度虔誠。在其左右，分別站立一只鳳鳥，身首朝外。鳳鳥是楚人的圖騰，是其「人心營構之象」。作品中，鳳鳥的造型源於戰國時期的楚國，冠羽、鈎喙所銜的瑞草、翻卷的雙翼、胸翎和尾羽形成了幾個弧旋，曲線交相呼應，構成回環的韻律。

捧琮胡人頭頂一個裝飾雲紋的平台，上踞玄武。神龜回首，與靈蛇對視交流。出於整體裝飾風格的考慮，玉工給靈蛇和神龜設計了翻卷的頭羽，靈蛇還長着一對有外耳郭的耳朵，愈顯神異。這種根據需要給瑞獸添加身體器官的做法，體現了漢人藝術的浪漫不羈。

玄武的兩側各有一位舞人翩翩起舞，翹袖折腰，舞姿輕盈，飄飄欲仙。玄武的上方是青龍和朱雀，再上去是白虎，然後是兩條螭龍。

對比作品下部的端莊和靜止，上部就像熱鬧的舞蹈大會，一個納福迎祥的熱舞場面。舞人、四神和螭龍都在激情的舞蹈中，依循着一股歡騰的旋律。構成這個旋律的，是由人、禽、獸的身體部位劃出的許多弧線。這些弧線統一在綿延不絕的轉環中，好像樂音、鼓點和舞蹈永遠不會停，呈現出激情四溢的瑰麗和浪漫。

作品上部的背面，是一件谷紋璧疊壓着一件器形放寬了的勾雲紋圭。其規整和靜止，與另一面的熱鬧喧騰形成了鮮明對比。這樣的對比，標誌着端肅莊重的西周禮制與浪漫奇譎的楚文化相遇、碰撞與融合。這種融合很自然，不突兀，是族群文化的相互浸潤。森然莊穆與熱情如火，一經漢代玉工的妙手營構，達至完

美的和諧，統一在對長生富貴、幸福祥瑞的追求中。

針對人、鳳鳥、四神和四器，玉工運用了圓雕、浮雕、鏤空等多種治玉工藝，手段豐富，將一個納福迎祥的場面演繹得繁而不亂，條理分明，生動異常，顯示玉工對多種元素的駕馭得心應手。作品是漢代藝術家高度智慧、豐富想象、浪漫主義精神和高超技藝的結晶，展示了漢文化恢宏的氣度。

作品用料為一塊較大的白玉，玉質緻密純淨，晶瑩潤澤。原料難得，玉工的設計、碾琢和拋光自然非常用心，完成後的作品精美異常，代表了漢代玉器的最高藝術水準。這件極為珍罕的作品具有很高的歷史價值和藝術價值。

白玉老幼辟邪

這件作品白玉琢就，晶瑩潤澤；尺寸不大，僅兩寸許；辟邪一長一幼，長慈幼嬉。玉工沒有強調瑞獸的威猛，而是着力表現親子的溫情，像極了後世瓷器上礬紅描繪的太獅少獅。小辟邪攀爬嬉鬧，狀甚頑皮；老辟邪寬懷容忍，略顯無奈。在它們身上，驅邪祛祟的神勇暫時缺位，取而代之的是盡享天倫的祥和。

因材料的局限，老辟邪的雙翼僅琢了淺淺的浮雕。小辟邪頭角初露，肩部尚未長出翅膀，這都是未成年的特徵。它在老辟邪的背胯處攀爬，動作憨拙，似有無窮的精力，幾乎能聽到它奶聲

白玉老幼辟邪（長 10cm）

奶氣地撒嬌。老辟邪容忍着幼崽的嬉鬧，只是在它折騰得太過分時扭身轉頭，齜牙咧嘴表達不滿，發出低沉的咕嚕聲以示警告。老、幼辟邪之間的交流，被刻畫得極為傳神。看慣了那些動態一致、威武雄壯的成對辟邪，這樣溫馨的一幕讓人不由得眼前一亮，繼而莞爾。

很顯然，兩千年前的漢人與我們的情感需求是完全一樣的。他們深諳張弛之道，也會從緊張忙碌中抽身出來，享受片刻的平和安詳。於是，一位玉工用一塊來自七千裡之外的漂亮石頭，導演了這出凝固的小品來悅人心目。捧着它，我幾乎能看到玉工在作品完成後滿意的微笑。

中國人對玉石的偏愛，一如歐洲人對大理石的鍾情。有一次，在離開羅馬的航班上，透過舷窗看着「永恒之城」在棉絮般的白雲間漸漸遠去，我忽然想到了對兩種石頭的選擇而產生的不同藝術。

千百年來，從陽光明媚的愛琴海沿岸到森林密布的北歐湖泊邊上，歐洲的石匠不停地打鑿大塊的花崗石、石灰石和大理石，修建起巍峨的城堡和華麗的宮殿，還用大理石雕刻許多大型人物和動物造像。與此同時，中國的玉工則熱衷於對小塊的玉石精琢細磨，於方寸之間刻畫人物、神獸、動物和花鳥魚蟲。

在中國的皇朝時代，江山易手，新的統治者大都會將前朝皇宮付之一炬。中國的宮殿屋宇歷來都是木結構，燒起來很方便。沖天的烈焰伴着　　啪啪的聲響和翻卷升騰的熱浪，很快就將富麗堂皇的宮殿燒成一片白地。然後，新皇再大興土木修建自己的居所兼行政中心，以求新朝新氣象，滿足其「革故鼎新」「除舊布新」的偏執觀念。由於過去人們總是把政治和藝術攪在一起，焚毀宮殿的煙火秀便在兩千年裡循環上演。

所幸，玉器大部分留了下來，如今成為大夥珍視的寶貝疙瘩。可是，除了領略製作者超絕的藝術表現，我們很少能從中讀到歷史上那些大人物的故事；把它們歸攏到一起，也只能拼湊出某個時代思想和藝術潮流的大致輪廓。

只因被稀少的「石之美者」牢牢地迷住，中國人忽略了那些並不晶瑩溫潤但卻有更多實用價值的石頭，於是，我們的藝術和建築走上了與西方完全不同的道路。這一切，大致都是因為八千年前某位祖先偶然間發現了一塊漂亮的石頭並用它磨製了一把玉刀。

白玉蟠龍琮

二十多年前，我去過一趟陝北。初登黃土高原，放眼望去，最強烈的感受就是土的體量，被深溝大壑切割出來的體量。蒼穹無垠，黃土深厚；天地之間，人何渺小；太古恒一，人生何短！

下一道道溝來上一道道梁，
小妹妹還在對面的高坡上。
小親親的臉兒瞧不真，
怎不叫哥哥我急得慌！

站在塬上，耳邊似飄來一首信天遊，高亢、悠長。幾億年滄桑堆積的黃土，幾萬年時光沖刷出的溝梁，幾千載悠悠歲月孕育的情愫，全都濃縮進了從秦漢流傳至今的聲腔。一瞬間，我想到了「皇天后土」這個詞。天為皇，土為後，一陽一陰，是古人面對蒼穹和大地反複琢磨之後的領悟。

《禮記》雲：「地載萬物，天垂象，取財於地，取法於天。是以尊天而親地也，故教民美報焉。」大地孕育萬物，承載萬物，天道規範萬象，天地之間，人唯有虔誠恭順，尊天親地。古人祭祀地神后土，是為了報答其生養、負載的恩澤。玉是天地孕育的精華，「以黃琮禮地」就是對地神的「美報」。東漢許慎的《說文解字》說：「玉，石之美，有五德。」古人用玉禮器祀奉天地神靈，意在向神靈表明，自己具備上天所要求的美德，祈望上天眷顧，降下祥瑞。

《漢書》記載，武帝劉徹很崇拜太一、后土兩位神明。漢人在河東汾陽修建了后土寺，皇帝親臨祭祀，儀式隆重：「上親望拜，如上帝禮。」祭祀后土神，所用的主要玉禮器當然是琮了。

從新石器時代至商周，玉琮很多。到了漢代，玉琮明顯少了，幾乎成了稀罕之物，這又是何緣故呢？原來，漢人眼睛朝上，對天神、對羽化登仙花費了更多心思，製作了大量玉璧和玉璜。祭祀后土神所用的玉琮，大約多為商周遺物，漢人所製，少之又少。

這件白玉蟠龍琮尺寸不大，有玲瓏之緻。乍一看，玉琮與商周時期的作品基本結構一樣，外方內圓。仔細觀察，發現它很有特點。首先，許多商周玉琮的中孔口徑較大，「內圓」像一截薄壁的管。這件玉琮的中孔口徑較小，「內圓」像一截穿孔的柱。其次，多數良渚、商周玉琮的圓管被整個套在方形外廓中，僅在上下兩端露出一小截。這件玉琮的「外方」在四個面上中斷了一大截，大面積露出圓柱。這樣一來，「外方」就變成了四個相互獨立的方角體，似在強調大地的「四維」。

玉琮的方角體上碾琢一組弦紋，極富韻律。方角體的角，則是弧度很大的倭角。器形「寓方於圓」，顯得很柔和。跟商周玉琮相比，因為大量使用了圓弧線條和圓弧塊面，這件玉琮少了些禮器的端肅沉穩，多了份靈動活潑，很符合漢代玉工的信條——哪怕是簡單的幾何體，也要讓它動起來。

作品所蘊含的動勢，主要來自盤踞玉琮頂端的螭龍。它頭角崢嶸，雙目圓突，長耳前彎，張嘴齜牙，長鬚飄垂，頸肩起棱，

白玉蟠龍琮（寬 7.3cm）

肌腱暴突，勁力十足。螭龍身上的圓弧線條和塊面，呼應了琮的線條和塊面，使整器渾然一體。

以玉禮器為平台展示祥瑞動物，是漢人藉台唱戲的一貫手法，表現了漢人的志趣，抒發了漢人的情感。在玉琮上裝飾螭龍，和在玉璧、玉璜上裝飾龍鳳一樣，其「出廓」的手法，將漢人奔放不羈、天馬行空般的性格表露無遺，像極了信天遊的曲調，自由，浪漫，遼遠。

器身局部受沁，沁色栗黃，以特殊的方式演繹着人和土地的關係，呈現出時光的悠遠、歲月的滄桑。溫煦的沁色與熟舊似果凍的玉體相得益彰，美感獨特。漢代玉琮少，這樣漂亮的玉琮更少，因而彌足珍貴。

白玉龍鳳鉞

刀槍劍戟，斧鉞鉤叉，鎲棍槊棒，鞭鐧錘抓……

愛聽書的人，對這一段貫口都耳熟能詳。說書人以伶俐的口齒，在不足十秒鍾的時間內，把中國幾千年的冷兵器細數了一遍，堪稱古代軍事教育速成版的經典。

在新石器時代，部族首領的石斧既是實用工具，也是權力的象徵。這一象徵被傳承下來，演變成體量更大、更有設計美感的青銅鉞。在商代，作為一種禮儀性兵器，青銅鉞象徵軍事統帥權，是為百兵之首。

1976 年，在河南安陽殷墟，考古隊發掘了商王武丁的王后婦好的陵墓。出土的珍貴器物中，有兩件鑄有「婦好」字樣的青銅鉞，印證了甲骨卜辭的記載：王后（婦好）還是王國軍隊的統帥。除了實用的青銅兵器，商人還碾琢了許多玉戈、玉刀等禮儀性兵器。

漢人沿襲了商人和周人製作玉兵器的傳統，且體量更大，紋飾越發精美，工藝愈加精湛。漢人治玉，禮器出廓，兵器也出廓。這件漢代玉鉞的裝飾華美異常，鉞柄的周圍裝飾結構複雜的龍鳳。因為大面積出廓，導致鉞柄無法舒適地持握，只能捧着觀賞。漢玉藉台唱戲以至「喧賓奪主」者，莫過於此。

白玉龍鳳鉞（長 42.5cm）

鉞柄前端琢一矛頭，短小尖銳，對比着鉞身的大塊平面。鉞面琢浮雕饕餮紋，威嚴獰厲。鉞刃半圓形，兩端卷曲成圓，使整個鉞面的形狀宛如陽光下盛開的花朵，把兵刃的冷峻森然消弭於藝術的溫婉和煦之中。

鉞柄平直的線條，與鉞刃的圓弧線條形成強烈對比。柄身一側琢一溜規整的打窪卷雲，另一側鏤空琢螭龍、鳳鳥，成為裝飾的主體。螭龍騰挪，面向鉞刃，依勢伸展出卷曲有致的角和鬚毛，動感強烈。鳳鳥冠羽飄逸，振翅欲翔，長尾三處分叉，似臨風舒卷，翩然若飛。龍鳳靈動張揚，扉牙整飭靜穆，兩相對比，形成繁與簡、動與靜的反差。

善用對比，巧妙調度，是玉工駕馭不同元素、獲得最佳視覺效果的嫻熟功夫。龍鳳的吉祥寓意，與鉞的鎮宅驅邪功能有機結合，向我們展示了玉工的創作天才：豐富的形象思維和浪漫的藝術表達。

玉鉞取白玉製作，玉質純淨緻密，歷兩千年仍品相完好。玉體熟舊，如水煮蘿蔔一般呈半透明狀，瑩潤可喜；局部受沁，色呈美妙的栗黃。作為皇家或貴族的一件鎮宅寶物，這件玉鉞代表了漢玉的最高藝術水準。

白玉龍鳳角杯

一只漢代白玉角杯，裝飾龍鳳，正堪手握。顧名思義，角杯就是仿照獸角製作的杯子。遠古先民靠採集、漁獵為生，獵獲野羊、野牛後，食肉飽腹，裹皮暖身。犄角何用？先是舀水喝，後來盛酒喝。

迄今所見最早的角杯，是一只西周雲雷紋青銅角杯，器形直接模仿牛角，現為柳州博物館的鎮館之寶。這件青銅角杯長 21 公分，能盛半斤酒，用它喝酒的貴族，還真得有點酒量。

「酒是糧食精，八兩費二斤。」釀酒要消耗大量的穀物，在農業不發達的商周時期，只有王公貴族才能享用美酒。到了漢代，穀物產量大增，酒也成了平民的飲料，於是，朝野飲酒風氣大盛。

中國最著名的古老地名中，和玉有關的是玉門關，和酒有關的就是酒泉了。兩個地方都在甘肅，相距還不遠，都在西漢得名，武帝時修築了長城相連。

今天，酒泉名聞遐邇，因為中國的第一個太空發射基地就建在附近的戈壁灘上。1970 年，中國首顆人造地球衛星從這裡成功發射，進入太空軌道。2003 年，中國首艘載人飛船神舟五號成功發射後，我曾應邀來到酒泉基地，探訪戈壁深處的太空城。坐在太空人出發前坐過的椅子上，我想象着他即將進入太空時的心情；

站在因火箭尾焰燒灼而鏽迹斑斑的發射塔下，我仰望湛藍深邃的蒼穹，神遊阿西莫夫描繪的星際空間。

傳說，酒泉這個地名，得自兩千多年前一場戰爭的勝利。

公元前 121 年，驃騎將軍霍去病領軍遠征，在祁連山下大敗匈奴主力，控制了河西走廊。武帝大喜，遣使運送美酒牛羊前來勞軍。牛羊肉倒是管夠，只是將士善飲，酒便嫌少了，眾人大呼不過癮。霍去病命人將那些酒壇抬到半山腰，把美酒傾入泉流之中，泉水頓時滿溢酒香。將士們紛紛舀泉水暢飲，直呼痛快。自此，祁連山下這塊地方便以酒泉命名，並設郡治。

當年，霍去病的士兵用什麼來舀酒泉喝呢？主要是羊角。軍隊要行軍打仗，羊角不怕磕碰，許多士兵隨身攜帶，用來喝水。軍中也有牛角，不多，卻很重要，吹響它們可以傳送號令，故稱為號角。漢人熱衷於製作玉角杯，顯然是受了軍旅生活的影響。

這件角杯用白玉琢成，玉質細膩溫潤，整體熟舊。玉工量材取形，掏膛作杯。角尖在杯底分叉回旋，形如花枝，充當支撐，使杯能穩穩站立。杯身粗短，裝飾淺浮雕雲中鳳鳥，寓意祥瑞。三條圓雕螭龍蜿蜒攀附於杯身前後，動感十足。杯身前面琢一條大龍，背倚杯身，昂首挺胸，姿態雄強。龍角紐絲卷曲，角尖貼着杯沿，長翼舒展，貼在杯身兩側。作品線條優美，器形堂皇大氣。

雖說是陳設觀賞器，玉角杯碾琢完成時，貴族主人一定會滿心歡喜地用它盛酒暢飲一番。白玉角杯盛着琥珀色的美酒，那光景，想想都讓人陶醉。

白玉龍鳳角杯（高 10cm）

白玉龍鳳壺帶鉤

今天的人們，常把「時尚」一詞掛在嘴邊。所謂時尚，指的是一段時間內人們的集體喜好，有物質方面的，有思想方面的，也有行為方面的。

漢代貴族當然也有很多時尚，比如，筵席上唱什麼樂府詩，耳杯漆繪什麼圖案，青銅鹿席鎮是錯金銀還是嵌貝殼，等等。當然，在穿着打扮方面，他們也有很多時尚追求。有一樣東西引發的時尚風潮，就曾在貴族圈長盛不衰，以至西漢的一位諸侯王在政務之餘，也要抽出時間給它記上一筆。這個東西就是帶鉤。

漢代貴族都有玉帶鉤，每人還不止一件，換着使用。西漢淮南王劉安是個極有生活情趣的人，也是個喜歡做學問的人，除了磨黃豆做豆腐，還主持學術創作和時尚研討。他主編的《淮南子》描述道：「滿堂之坐，視鉤各異，於環帶一也。」貴族聚會宴飲，寒暄客套之時，相互打量着腰間的帶鉤，說說這件的材質，評評那件的紋飾，各自誇耀，相互攀比，樂此不疲。正是由於貴族對帶鉤的時尚追求，使玉帶鉤的造型日益多樣。玉工們充分發揮想象力和創造力，各逞技藝，紋飾愈加精美，尺寸逐漸增大，一發不可收拾。結果，有些玉帶鉤實在太大了，根本沒法使用，僅供把玩觀賞。

供賞玩的玉帶鉤大者逾尺，重可數斤。它們不僅體量大，造

白玉龍鳳壺帶鈎（長 22cm）

型多變，裝飾更是極盡巧思。除了碾琢祥禽瑞獸，有的玉工還別出心裁，在帶鈎上添加各類器皿，林林總總不一而足，形成了一個獨特的品類。

這件作品的帶鈎部分，鈎首、鈎尾各碾琢一個龍頭。首龍上仰，勢欲騰霄；尾龍平視，如正潛淵；首尾呼應，別饒情趣。鈎身中段琢兩條螭龍，均後足蹲踞，前身上仰，以爪扶持一只壺。壺身上，螭龍、螭鳳蟠曲。壺雙耳琢龍，一龍團身欲躍，一龍長髯拂杯，懸掛活環。蓋頂又踞一龍，仰視蒼穹，器宇軒昂。

作品取材白玉，緻密溫潤；器表局部有沁，柑黃嫣紅，賞心悅目；裝飾風格熱烈張揚，碾琢技藝精湛絕倫。這是一件不可多得的漢玉精品，是漢代貴族奢華時尚的一件代表作。

白玉龍鳳杯帶鈎

與公子小白那只創造了歷史的帶鈎相比，其他帶鈎不過是貴族的奢侈品而已，尤其是那些供陳設玩賞的玉帶鈎。

這件白玉龍鳳杯帶鈎與前述龍鳳壺帶鈎是一組作品，儲酒器加上飲酒器，齊了。白玉溫潤緻密，整體熟舊，瑩潤可喜；局部受沁，淺淺的栗黃鋪陳出兩千年歲月的旖旎，柔和溫潤的韻緻撩人情思。

鈎首琢大龍頭，回望鈎身上放置的蓋杯。它雙目瞪，口微張，門牙露，頜鬚揚，獨角伸向腦後方，神態生動異常。鈎身上碾琢螭龍和螭鳳，蜿蜒盤旋，增福瑞，添吉祥。

鈎身中間置一蓋杯，杯身、環柄和杯蓋上均有螭龍攀附，將觀者視線引向杯蓋頂上圓潤如珠的蓋鈕。鈕珠雖小，玉工仍在上面施展技藝，淺琢雲紋，以示雲天高遠，蒼穹無垠，烘托出仙界的氛圍。

環柄上攀附的螭龍很有特點，它不僅具有裝飾作用，由於首尾均與杯身相連，又成為握把的一部分，增加了持握的舒適度，可見玉工措置精妙。玉工浪漫的構思和嫻熟的施藝，表達了細膩的情感，成就了一件非凡的作品，有很強的藝術感染力。

對於一位醉心時尚、誇耀豪富的貴族來說，一件精美的玉帶鈎絕對是其心愛之物，如果被人偷走了，他肯定會對偷竊者恨得牙癢癢，這也算人之常情。然而，《莊子》由此引出的一段話，

就屬借題發揮了。

> 彼竊鉤者誅，竊國者為諸侯。諸侯之門而仁義存焉。

莊子的意思是說，偷竊帶鉤的人一旦被逮住，按律可被判處死刑。竊國者就不一樣了，他們會成為諸侯雄霸一方，受到世人頌揚。竊國者，非竊山川土地，乃竊民心之欺世盜名者也。民智不開，遂使竊國者得享仁義之名。先賢論事而以帶鉤做喻，可見其受時人重視的程度。

白玉龍鳳杯帶鉤（長 19.5cm）

白玉馬踏飛燕

甘肅武威地處河西走廊，漢初名為涼州。霍去病率漢軍在這裡擊敗匈奴後，朝廷將此地改為現名，以表彰其武功軍威，並設郡治，與敦煌、酒泉、張掖並稱「河西四郡」。

武威城北有一個大土包，名叫雷台，上面有一座明代的道觀，名叫雷祖觀，是人們祭祀雷神求雨的地方。

1969 年，出於當時備戰的需要，各地都忙着挖防空洞。9 月 10 日，武威雷台的防空洞挖到 10 公尺深時，地洞右壁赫然露出了一堵磚牆，人們大為驚訝。有人小聲嘀咕：該不是挖到傳說中的雷神祭台了吧？一個愣小夥掄起鎬頭，朝磚牆來了那麼兩下，就聽得轟隆！嘩啦！磚牆上坍塌出一個黑洞來。藉着手電筒的光亮，人們發現，磚牆的另一邊竟然是一個幽深的洞室，地面上隱約排列着密匝匝的物件。待看清那些物件的輪廓時，大夥不禁目瞪口呆。

那是一個由數十名騎兵組成的陣列，中間是騎在馬上的指揮官，隨後是其車駕、護衛車駕和輜重車，高度均在 30 公分上下，遍體銅鏽翠綠。青銅騎兵們披堅執銳，氣象森嚴，儼然一支地下勁旅。

一通混亂之後，考古隊介入。最終，人們從地下磚室內清理出了九十九件各類器物，包括青銅騎兵和青銅車馬。從發現的三枚銀質印章的印文和青銅器物上的銘文得知，這個磚室是東漢武威郡守張江將軍的墓。將軍的遺骸早已消解無形，隨他一起入土的青銅軍陣卻森嚴如初，並在一千九百多年後帶着漢軍的威勢重返地面。

晉《華陽國志》在介紹一位蜀地人物時稱：「其先張江，為武威太守，封南陽折侯。」公元60年，因為抗擊羌人大規模入侵有功，張江官拜破羌將軍，封南陽折侯。昔年，伏波將軍馬援南征交趾大勝，獲光武帝劉秀封新息侯。馬援把繳獲的駱越銅鼓熔化，鑄造馬式進貢。所謂馬式就是駿馬的造像。張江為了表達對皇帝的感激和忠心，也鑄造了銅馬式進貢皇帝。收到張江的馬式後，明帝劉莊很是歡喜，將其置於洛陽平樂觀內，供大夥觀賞。這件事史稱「涼州貢馬」。

張江的青銅軍陣前，一匹騰空飛馳的青銅駿馬最為引人注目。它三足淩空，一足蹄下有飛燕一只。當時，學界有稱其為天馬的，沿用了漢武帝對西域駿馬的贊譽；也有稱銅奔馬的，關注的是材質和馬的姿態。考古學家郭沫若先生沒有忽略那只燕子，將作品命名為「馬踏飛燕」，使其享譽至今。

我覺得，郭先生這一「踏」未免過猛。馬踏匈奴還行，馬踏燕子所為何來？再說了，以馬的重量、馬的力量，誰家的燕子經得起一踏？事實上，作者如此設計，只是想把馬和燕子聯繫在一起，是鑄造工藝的需要，並非真踏。用「超」字更能準確表達作者的原意，即駿馬飛馳的速度超過了飛燕。不過，既然已經「踏」了那麼多年，權且從俗吧。

與霍去病墓前的馬踏匈奴石雕一樣，張江的銅奔馬代表着帝國的威儀、軍隊的功勳和榮耀。將軍的後人將其隨葬，並置於青銅軍陣前，說明它是將軍生前的心愛之物，很可能與進貢明帝的馬式是一對。皇朝更疊，獻給明帝的馬式早已不知所蹤，而隨將軍入土的馬式卻得以留存。

2007 年 5 月 16 日，武威西郊。考古隊在一座魏晉墓葬中，清理出一件陶馬，造型與雷台銅奔馬一模一樣：三足淩空，一足蹄下有飛燕。這表明，藉助飛燕來襯托奔馬速度的藝術手法，從漢代至魏晉一直在流行。

馬式有青銅鑄造的，有陶泥燒製的，還有其他材質的嗎？有，這件白玉奔馬便是。

白玉奔馬淩空飛馳，昂首挺胸，霜蹄掠燕，迅疾如風；鼻孔大張，嘶鳴咴咴。腦門上一綹覆額鬃毛被繫紮成束，向後飛掠；馬尾分兩段繫紮，飄飛獵獵，彰顯駿馬奔馳的速度。與武威銅奔馬、陶奔馬相比，這件玉奔馬體量雖小，其威勢卻不遑多讓。玉工巧妙的構思，把駿馬飛馳的一瞬間固定下來，流傳千古。據此可以斷定，至少從東漢至魏晉，馬式有一個相對固定的造型，並且流傳甚廣。

> 文帝自代還，有良馬九匹，皆天下之駿馬也。一名浮雲，一名赤電，一名絕群，一名逸驃，一名紫燕騮，一名綠螭驄，一名龍子，一名麟駒，一名絕塵，號為九逸。

《西京雜記》的這段記載中，「代」指的是代地，即河西走廊一帶，素產良駒，馬援年輕時就在那裡牧馬。文帝劉恒所獲九駿之一名為紫燕騮，說明在西漢早期，人們就已經藉飛燕來襯托

白玉馬踏飛燕（長 6.3cm）

駿馬奔馳的速度了。

那麼，為什麼是燕子？為什麼不是雕、鷹、隼這類速度更快的猛禽？

有鄉間生活經歷的人，一定見過燕子掠地翻飛的景象。諺雲：「燕子低飛蛇過道，大雨很快就來到。」燕子這樣做，並非炫耀其超低空飛行特技，而是為了吃到陣雨前因氣壓低而貼近地面飛舞的昆蟲。駿馬奔跑時，蹄子離地不過數尺，在這個高度上，能襯托奔馬的鳥兒，恰好是夏日陣雨前低飛的燕子，於是就有了兩者在藝術上的聯繫。這樣的藝術構思表明，漢代藝術家對自然的觀察異常敏銳，表現出卓絕的智慧才情。藝術源於生活而高於生活，這算是一個絕佳的範例了。

這件白玉馬踏飛燕，馬的肩部和胯部都碾琢谷紋，象徵物阜民豐。到什麼時候，漢代玉工都沒忘了作品的吉祥寓意。

與武威銅奔馬相比，玉奔馬的造型構思有其獨到之處。銅奔馬蹄下的飛燕回首愕視，顯然注意到了正在迫近的駿馬。玉奔馬蹄下的飛燕則全然沒有察覺駿馬正在逼近，仍在往前疾飛，還沒等它回頭，就已被駿馬超越了。這一細節的處理，可見玉工匠心高妙，藝術表達更勝一籌。

作品所用白玉純淨緻密，一千九百多年的時光拂舊了玉體，局部留下了淺淡的沁色，如塵煙，似雲翳，喚起人們對歷史往事的回顧。

白玉粉盒

有一次在香港上環的荷裡活道，我剛走出一家古玩店，就遇到了一位相識的店主。這位先生經營雜項。前一年，我曾在他店裡買過一件舊石章送朋友。寒暄兩句後，他邀我到他店裡喝茶。

店主忙着燒水滌盞涮壺時，我發現牆上掛着一幀小畫，便走到近前觀賞。紙本寫意，兩尺多高，畫的是和合二仙，人物很生動，喜氣洋洋。晚清風格，品相八成，墨、彩保持得還好。

我知道店主平常並不經營字畫。「這畫您是打算自己留着了吧？」

正往紫砂壺裡擱茶葉的店主抬頭笑道：「還真讓您給猜着了！誰讓我名字裡有個『和』字呢！」

和合二仙是繪畫、雕刻的傳統題材，表現唐代詩僧寒山、拾得兩人的友誼。他們一人執並蒂荷花，一人捧着扁圓盒，藉荷與盒的諧音，寓意「和合美滿」。舊時人家操辦婚禮，常把和合二仙畫軸掛在喜堂上，表達對新人的祝福。

盒是有蓋的器皿，器身、器蓋一合，就叫盒。商代時，古越人就燒造了陶盒。到了戰國，越人又燒製出青瓷盒。這些盒都是扁圓形，器身與蓋的體積大致相當，「吻合」一詞由此得來。這些盒都不大，用來裝盛妝粉，稱為粉盒。後世文人用的印泥盒，模仿的就是粉盒。從商代中期直到今天，粉盒的模樣基本沒變，都是扁圓形。因為女人們愛美的天性，小小的粉盒便成為三千多

白玉粉盒（口徑 8.6cm）

年使用歷史從未間斷的唯一器皿。

漢人恨不能把每一樣他們喜歡的東西都用玉石琢磨出來，粉盒也不例外。漢玉的器皿類，多見尊、爵、觚、匜等物，都有商周青銅器做參考，唯獨玉盒例外——妝粉多含礦物，不宜用金屬器皿盛裝，否則會發生化學反應。

這件球形粉盒用料上乘，白玉緻密溫潤，膩如凝脂。將兩塊玉料琢成半球，然後掏膛，琢成一盒一蓋，盒與蓋同大，合起來成為一件球形玉盒。盒沿與蓋沿的子母口碾琢精細，嚴絲合縫，轉動順滑，非常吻合。盒身下琢精巧的圈足。

盒身的裝飾分為三層。上層口沿琢兩圈打窪邊條，再以打窪斜邊條等分區間，每個區間裝飾六個雲紋；中層琢勾連谷紋，規整、綿密；下層裝飾一圈柿蒂紋。上、下兩層紋飾疏朗，中層紋飾繁密，疏、密間隔。盒蓋的裝飾與盒身一樣，自口沿向上直到蓋頂，然後，在一圈柿蒂紋中間，琢一個倭角的方框鈕，掛一枚圓環，顯得玲瓏別緻。

粉盒部分受沁，色呈栗黃，濃淡層次豐富，如晨霧，似薄靄，非常漂亮。盒蓋少沁，盒身沁色稍重，尤其是盒的內底，顯示原先盛有妝粉，是貴族主人日常使用之物。

常見的漢代玉粉盒有扁圓盒、直筒矮圓盒、直筒高圓盒。至於球形圓盒，因半球掏膛工藝要求更高，耗料更多，所以數量極少，最為珍貴。

在漢代，並非只有婦女才化妝，貴族男士同樣喜歡用粉撲面美容。2009 年 1 月，在江蘇盱眙大雲山上發現了西漢早期江都王劉非的陵墓。在出土的眾多珍貴器物中就有兩只粉盒，裡面都殘存着妝粉。

劉非是景帝劉啟的兒子、武帝劉徹的同父異母哥哥。他 15 歲時就披堅執銳，領兵參加了平定「七王之亂」的戰爭，備受劉啟贊賞、喜愛，封為江都王。劉非少年狂傲、心高氣盛，景帝便指派大儒董仲舒到江都國為相輔佐他。劉非敬重這位大儒丞相，對其言聽計從，把封國治理得很好。從粉盒可知，這位少年時就在戰場上勇猛沖殺的武士，平時還很在意自己的儀容呢。

青白玉鼎胡延壽擺件

每次有好朋友從外地來北京，我都會向其推薦博物館遊覽。這裡頭當然包藏私心了，因為我自己時不時就想去博物館看藏品。在國家博物館，我看玉器、看字畫、看造像，看青銅器；看子龍鼎，看蓮鶴方壺，看虢季子白盤，看 1939 年 3 月出土於河南安陽的那尊大名鼎鼎的殷商大方鼎。

鼎是烹煮器。最初，人們燒製圓形的陶鼎，到了商代，人們鑄造了很多青銅鼎，形制有圓有方，有三足，有四足。最有名的圓鼎是西周的毛公鼎，銘文很多，現藏台北「故宮博物院」。圓鼎後來演變成了鑄鐵鍋，三足、四足或鑄耳懸吊。我小的時候，家裡就用鑄鐵鍋做飯，都叫它「鼎鍋」，那是鼎的孑遺了。至於方鼎，最有名的就是安陽人吳培文發現的商代大方鼎了。與其宏偉的造型和精美的紋飾一樣，發生在大方鼎身上的傳奇故事總是讓人着迷。

從一開始，鼎就具有至高無上的地位。在生產力低下的時代，吃飽肚子是最最重要的事。所以，作為「吃飯的家夥」，鼎是君主和貴族最重要的財產，後來成為最高統治者權力的象徵。

鼎是人們用來裝盛食物，在祭祀時對神靈和祖先表達虔敬的主要禮器。到了神仙信仰流行的漢代，鼎又被賦予另一項功能：溝通人間與仙界。

剛看到這個青白玉擺件時，我先是注意到了合體龍鳳的造型，緊接着，目光就被作品上部一座方鼎和兩個羽人吸引住了。

方鼎四足雙耳，是商鼎的經典造型。羽人留着大胡子，一副西域胡人相貌。觀察了好一陣，我總感覺胡人和鼎的搭配似曾相識，可一時又想不起在哪兒見過這樣的形象，這個念頭就一直懸着。

突然有一天，我依稀覺得，印象中的胡人與鼎，其組合不是形象而是文字。意識到此，猛然就想起了出處。匆匆翻檢一本《秦漢瓦當選粹》，終於找到了一枚文字瓦當：《鼎胡延壽宮》。書中著錄的相關文字瓦當還有《長生無極》《延壽萬歲》《益壽延年》《飛鶴延年》等，銘文都是祝禱長壽的吉語。

記得當初品讀瓦當時，我就對「鼎胡延壽」這句吉語大感茫然：「鼎胡是誰？或者，是什麼東西？為什麼能延壽？」那天把瓦當跟玉器一比對，我才恍然大悟：原來「鼎胡」二字應該分開講，「鼎」就是方鼎，「胡」就是胡人！

那枚 1988 年在西安出土的瓦當，篆書「鼎胡延壽」四字圍着正中間一個「宮」字。顯然，在西漢時期的長安城裡，建有一座以「鼎胡延壽」命名的皇家宮殿，而且可以肯定，宮殿的名稱取自兩個關鍵元素：鼎和胡人。也就是說，這兩個形象合在一起表達的吉祥寓意，已成為漢帝國最高意識形態的一部分。

這件青白玉擺件，就是一件包含了鼎和胡人形象的作品，其組合構成了作品的主題：鼎胡延壽。

雖屬案上陳設器，這件作品卻具有紀念碑式的恢宏氣勢。龍鳳合體的拱形身軀整體對稱，形成了穩固的下部結構。合體與鼓、鼎三者，形成了「方—圓—方」的幾何節奏，將人的視線逐步引向高處，引向穹宇，引向瑰麗的仙界。作品構思精巧，意趣橫生，卻又雄渾大氣。

青白玉鼎胡延壽擺件（長 19cm）

作品下半部分碾琢合體的龍鳳，龍和鳳的頭部分處兩端，均挺胸昂首，氣勢開張。合體中部向上弓起，穹窿處琢一只神采飛揚的鳳鳥。合體弓起的身軀托着一面鼓，鼓面琢饕餮紋。兩個胡人樣貌的羽人背靠鼓的兩側站立，面部上仰，雙手捧持玉琮於胸前，似在祝禱。兩個羽人雙翼上揚，托起一尊饕餮紋方鼎。

作品用料上乘，碾琢精細，拋光極佳；時光拂過，玉體熟舊，看似果凍，局部沁成漂亮的栗黃；玉漿外溢，熠熠生輝，亮麗迷人，實乃天人合一的絕美之作。

藝術作品中的人物總是最引人矚目的。在這件作品中，羽人就是受到關注的焦點。所謂羽人就是有翅膀的仙人，即引導凡人升仙的使者，類似佛教中的飛天和西方神話中的天使。

> 圖仙人之形，體生毛，臂變為翼，行於雲，則年增矣。

關於羽人，東漢學者王充做了上述介紹。在漢人的觀念中，要得道升仙、長壽永生，唯一的途徑就是羽化，即生出羽毛，長出翅膀，飛升雲端。這件作品中，作為凡人升仙的引導者。兩個羽人用雙翼托起方鼎，表現向上天祀奉食物，祈求神靈讓玉器的主人升入仙界，長生不老。

那麼，漢人為什麼要以胡人的樣貌刻畫羽人呢？這要從絲綢之路說起。從長安到中亞和西亞的萬裡途程，其間必經茫茫草原、浩瀚沙漠，風餐露宿，沖霜冒雪，十分艱辛。販運絲綢和玉石的胡人，歷經千難萬險仍能東成西就，讓漢人欽佩不已。漢人認定，這些胡人具有超強的生命力，於是便將其當作羽人的模特。另外，

這一選擇還包含着一份濃重的幽默：按王充「體生毛」的標準，體毛多、胡鬚濃密的胡人，還真符合羽人的特徵呢！

「鼎」和「胡」，代表了兩種截然不同的文明。把胡人和代表中華文明的神聖器物捏合在一起，將「華夷之防」消解於無形，這就叫奇思妙想，這就叫胸襟寬闊，這就叫文化包容，這就叫文化自信。如此跨越族群、跨越文明的美事，在那時只有漢人才幹得出來吧。「四海之內皆兄弟」，在文化包容的漢代，人們至少在藝術上是做到了。

歷史上，族群沖突和交流不斷，今天稱為漢族的人們，其血緣早在一千多年前就已經稀釋了，漢帝國時期中原漢人的基因微乎其微。也許，是因為漢字、漢文化的緣故，「漢」作為一個民族才得以延續至今。

作為象形文字，漢字一開始很難學，但由於它極富畫面感*（試看「鼎」字）*，學會幾百個漢字之後，再難遺忘。那些橫、豎、勾、撇、捺、點以及它們組合起來表述的思想文化一旦融入血液，就會像生成紅細胞和白細胞一樣，不斷改變着非中原族群的文化基因。「修文德以來之，既來之，則安之」，於是，「一半胡風似漢家」的情形，歷史上曾多次出現。南匈奴人和部分東突厥人內附，鮮卑人、滿人漢化，等等，都是例子。

周邊族群之「修文德」，修的首先是漢語、漢字。漢語有各種方言，不免南腔北調，易生歧義。漢字則是統一的，固定的，交流起來明白曉暢。在中華文明的精神族譜中，漢字就是基因，就是血脈，漢文化就是衣冠。鮮卑人血統的唐朝皇帝和滿人血統的清朝皇帝，莫不傾慕漢學，漢字書法嫻熟。從這個角度看這件「鼎胡延壽」玉器，就會有別樣的領悟了。

一枚文字瓦當，一座方鼎加上兩個胡人，兩者互為印證，詮釋了追求長壽升仙的主題，更讓我們窺見了作品背後的社會文化生態，領略了鮮活的思想觀念。所以，這件玉器的歷史價值和文化價值，無論給予多高的評價都不為過。

回過頭，再說說國家博物館藏安陽大方鼎的事。2011 年 3 月，國家博物館新館竣工。當這件名聞遐邇的殷商重器再次出現在人們面前時，原先的名稱「司母戊鼎」赫然已被更改為「後母戊鼎」。主張更名者說，原先認定的「司」字應該是「後」字，作「頌揚」「贊頌」解。這事頓時在民間和學界引發熱議，幾年來筆墨官司不斷。那麼，兩個名稱孰是孰非？

其實，給這場官司做個裁斷並不太難。東漢的許慎在《說文解字》中指出：「司，從反後。」意思是說，「司」字的字形就像把「後」字反着寫。在這部考察字源、字形、字音、字義的字典裡，這兩個字分屬不同的部首，意義不同，讀音不同，不可互換，不可假借。所以，「司」字並非「後」字的假借，當初將其釋為「祭祀」是正確的，如「祭司」的「司」字與「祭祀」的「祀」字，字義相同，只是字形和聲調不同。另一個很有說服力的證據是：皇后、母後和皇天后土的「後」字，其字形直到春秋戰國時期才出現，此時殷商滅亡已將近一千年了。

綜上所述，原先對大方鼎銘文的釋讀是正確的，即「祭祀母親戊」，所以，方鼎的名稱應恢複為「司母戊鼎」。

白玉母子獅

這是一件非同尋常的作品。作者沒有去表現獅子的兇猛和威風，而是精心營造了一個怡然安適的情境。從中可以看出，玉工對貓科動物的生活習性有着細緻的觀察和深刻的了解。

一只母獅，四只幼獅，構成了一幅其樂融融的天倫圖，場面熱鬧、溫馨。母獅伏臥，像是剛剛捕獵歸來，正在歇息。喝飽奶的幼獅們卻不讓母獅有片刻安寧，有湊到母獅跟前撒嬌起膩的，有拽着母獅的尾巴當玩具撲騰的，更有踩着同伴的腦袋蹬鼻子上

白玉母子獅（長 17cm）

臉的。幼獅們玩鬧程度之激烈，使一向有耐性的母獅也不勝其煩。它不時皺眉齜牙，低吼呵斥，卻無法遏止精力過剩的幼獅們。母獅的寬厚溺愛，幼獅的活潑頑皮，都表現得十分傳神。

作品取材上等白玉，堅韌細膩，晶瑩溫潤。獅子身上僅稀疏地琢有卷毛紋，玉體的明潔瑩澈得到了很好的展現。作品的視覺和觸覺美感讓人愛不釋手。

在海內外重要的博物館，我見過不少漢、唐、宋的精美動物雕塑，像這樣充滿生活情味的漢代玉獅子卻從未得見。這件高度寫實的作品，不僅動態生動，神情刻畫更是惟妙惟肖，真切傳神，就像動物紀錄片的一個定格。然而，這不是數碼攝影瞬間的成像，而是一位漢代玉工可能耗費了一年時間精琢細磨的成果。

白玉鳳首執壺

漢代貴族的吃、穿、用、行都極其奢靡，而且其豪奢生活是有經濟理論支撐的。理論來自管仲——春秋時期齊國的政治家和了不起的經濟學家。

齊桓公與管仲有一箭之仇，卻不計前嫌重用了他。有一次，在接受桓公的國策諮詢時，管仲就大力鼓吹消費。

> 飲食者也，侈樂者也，民之所願也……雕卵然後瀹（ㄩㄝ丶，煮食物）之，雕橑然後爨（ㄘㄨㄢ丶，燒火做飯）之。丹砂之穴不塞，則商賈不處。富者靡之，貧者為之……（《管子》）

管仲這是說：吃好喝好，縱情享樂，乃人性使然。煮蛋之前，不妨先雕飾蛋殼。燒火做飯之前，可以先在柴禾上雕花。只要朱砂礦還在開採，商人們就會為了利潤往來販運。富人享受奢靡生活的同時，貧困者也有了就業機會。

雕蛋殼、雕柴禾這樣的事，當然是很極端的了，管仲卻藉此闡明了一個符合人性的消費規律：同樣是吃飯，有些人吃的是奢華。西漢中期至東漢末年的情況，印證了他「拉動需求、刺激消費可以推動經濟發展」的理論。就玉器行業而言，貴族對頂級藝術品、對奢侈品的需求，讓許多玉工得到了實惠，也推動玉器藝術發展至巔峰。這一組四件的白玉執壺，正是漢代貴族「侈樂」

生活的物證。

這四只東漢玉執壺有流，方便斟酒；有握把，故稱為執壺。它們參考西亞的金屬執壺製作，是絲綢之路東西方文化交流的結晶。一千年後，絲路順暢的盛唐時期，曾流行一種雙握把鳳首陶壺，器型也源自西亞。壺的握把是一條躬身欲躍的龍，軀體裝飾極簡，弧線優美，看上去仿佛有彈性。

玉執壺的頸部琢一圈鼓釘紋。壺身的裝飾分兩層，均琢浮雕，上層飾雲紋，下層四個開光內裝飾對稱的雙龍。浮雕紋飾深深淺淺，隨形變化，很規整。但是，由於曲線和倭角的方折線交替使用，物象很活，很生動。

鳳首的設計巧妙周詳，是作品最吸引人的地方。鳳首上仰，冠羽挺立；鳳眼前瞻，似正朝陽，有欣欣向榮之意。鳳首的上半部分和上喙為蓋，下喙與壺口連接，恰好充當壺的流。尖俏的舌頭與上喙連接，也碾琢得惟妙惟肖。

鳳首執壺取材白玉，緻密溫潤，膩如膏脂；紋飾精美，碾琢細緻；玉體熟舊，頗類果凍；沁色栗黃，層次豐富。這組作品氣度不凡，玉潤華光，盡顯尊貴，呈現中國古典藝術之美，是漢代

白玉鳳首執壺（四件．高 18cm）

白玉鳳首執壺（高 18cm）

高等級貴族豪奢生活的絕佳物證。如此玉質精良、品相完美的成套酒器極為罕見，彌足珍貴。

漢代玉器皿多酒器，與漢人嗜飲有關。中國的傳統節日大多形成於漢代，而飲酒是漢人最普遍的節日慶祝方式。

元旦這天，漢人必飲椒柏酒。東漢人寫的《四民月令· 正月》描述：「子婦曾孫，各上椒酒於家長。」這一天，小輩們都向家中的長輩敬奉浸泡過胡椒葉和柏樹葉的米酒。漢人相信，喝這種酒能延年益壽。同日，皇帝也會擺酒大宴群臣，共慶新春。

漢人把正月十五、七月十五和十月十五分別定為上元節、中元節和下元節，其中以正月十五的慶祝最為隆重。正月十五，人們都會通宵宴飲，故上元節又稱元宵節。

重陽節也起源於西漢。晉代的葛洪在《西京雜記》中記載：高祖劉邦在位時，宮中人「九月九日佩茱萸，食蓬餌，飲菊花酒」。此外，臘日飲酒，社日飲酒，伏日飲酒，上巳日也飲酒。上巳日指三月的第一個巳日，這一天，官民人等紛紛出城踏青遊春，玩樂宴飲。

婚宴上，漢人飲酒更多。趕上皇家有喜事，如太子冊封、公主出嫁等，皇帝還會鼓勵民眾飲酒。據《漢書》等文獻記載，文帝劉恒曾專門下詔，表示與天下萬民同樂：「使民得酤酒，五日之內，可群飲也。」宣帝劉詢在位時，政治清明，經濟繁榮，民間富庶，帝國國力達至頂峰，史稱「宣帝中興」。劉詢曾下詔：「夫婚姻之禮，人倫之大者也，酒食之會，所以行禮樂也。」從古至今，皇帝下詔鼓勵民眾飲酒的，止漢皇耳。

就財富和社交頻度而言，貴族飲酒肯定比平民多。通過這組精美的白玉鳳首執壺，我們能一窺漢代貴族演樂宴饗時觥籌交錯、流光溢彩的奢華，感受漢代經濟文化的繁榮。

白玉酒斗

歷史上，稱為斗的容器有兩種，一種用來盛量穀物，一種用來盛舀或盛量液體。盛量穀物的斗為木製，梯形方口，有握把橫跨斗口，人們使用了兩千多年，直到幾十年前才徹底成為歷史。盛舀或盛量液體的斗為圓筒形，長柄，至今還在使用。

用於盛量液體的斗，如今在城市裡已難得一見，但在一些鄉村食品雜貨鋪裡還能見到，用於售賣散裝液體商品，金屬製的和竹製的都有。早先，這些斗大都是竹製的。竹工按容量要求截取竹筒，順着筒壁外側用榫卯法嵌上一根竹條作為柄，一個斗就做成了，簡單實用，價廉物美。店家用這些斗舀酒、舀醬油、舀米醋，等等。人們為各種液體商品分別準備幾只不同容量的斗，一斤的，半斤的，二兩的，一兩的，用起來很方便。

在古代，用斗盛舀的液體只有一種：酒。西周時有不少青銅酒斗，長柄與斗身成直角。

漢初，朝廷鼓勵農桑，穀物產量大增。有了富餘的糧食，釀酒業便發達起來，飲酒之風日熾。一首樂府古歌，寫盡了貴族宴飲的種種情態：「東廚具肴膳，椎牛烹豬羊。主人前進酒，琴瑟為清商。投壺對彈棋，博弈並複行。朱火颺煙霧，博山吐微香。青樽發朱顏，四座樂且康。」

漢代的平民百姓也都喜好飲酒。東漢的蔡邕描述：「臘日，歲終大祭，縱民宴飲。」楊惲也說：「田家作苦，歲時伏臘，烹羊炮羔，斗酒自勞……酒後耳熱，仰天拊缶，而呼嗚嗚。」一年辛苦勞作後，農人自我犒勞，慶祝豐收。酒醉陶然，拍打酒甕，仰天歌嘯，民風淳樸奔放如此。

有很多古人以善飲留名，但是，像李白和李逵那樣抱起酒罈子就往碗裡倒的做法，漢代貴族是不屑為之的。他們先用酒斗從銅壺、銅罍、銅尊等儲酒器裡舀出酒來，倒進銅匜或銅觚等斟酒器中，再把酒從匜或觚裡倒進耳杯，然後雙手端起來啜飲，一招一式，動作優雅。也就是說，漢代貴族飲酒，酒斗是不可或缺的。

喜歡喝酒的人都有這樣的體驗，但凡喝到一定程度，就不太容易管住自己。管不住嘴和手，管不住腳和身子，是因為管不住腦子。在酒精刺激的興奮狀態下，人的思維節奏、思維方式就與平時不太一樣了，更容易突破常規，冒出一些平時根本想不到的主意來。

一天傍晚，一位東漢玉工喝醉了。酒是黍米釀造的，入口香醇，度數不高，可喝多了照樣醉人。玉工歪在床頭閉上眼，一時還睡不着，腦細胞異常活躍，各種圖像紛紛湧入腦海。晃悠的砣頭，晃悠的滴沙皮囊，晃悠的辟邪龍鳳，晃悠的尊匜璧璜……接着晃悠進來的還有酒斗，陶碗，烤肉，麵饢，幾個夥伴的臉，幾個夥伴的眼，幾個夥伴東倒西歪在酒甕邊。圖像交錯疊加，最後一個個飄然而去……玉工睡着了。

第二天醒來，玉工宿醉未消。他喝了一大勺涼水，腦袋略清醒了些，但仍處於宿醉狀態。吃了塊烙餅，就開始幹活了。他拿起一塊長條狀的白玉料，一會兒瞪着眼，一會兒眯着眼，翻來覆

去端詳，絞盡腦汁思量。這塊白玉緻密溫潤，質地上乘，只因為其長條的形狀，擱了好些天，他還拿不定主意該做個什麼。相玉好一會兒，玉工又犯困了，眼皮耷拉下來。恍惚中，頭天夜裡那些影像又晃晃悠悠竄入腦海，然後相繼飄忽離去。一只青銅酒斗剛要飄走，被他一伸手給拽了回來。他很高興，無聲地笑着，又拽住了一位酒友、一只辟邪。

玉工再次睜開眼時，已是日上三竿。他抹了抹嘴角，晃了晃腦袋，看着攥在手裡的玉料，咧開嘴樂出了聲。他宿醉全消，用墨筆在玉料上精心勾畫了一個圖稿。接着，他神清氣爽地坐在水凳前，在砣頭上方掛好了滴沙皮囊，踩動踏板，皮帶牽動桯桿轉了起來。他雙手握緊玉料，湊嚮往複轉動的鐵質砣頭。

白玉酒斗（長 14.5cm）

數月之後，一件天才的作品誕生了。一只巨大的酒斗，鼓形斗身淺琢勾連雲紋。斗柄三彎，琢陰線束絲紋。一位微醺的貴族跪趴着，雙手抱定斗身，下巴擱在酒斗的口沿上，鼻子前伸，鼻翼抽動，聞着斗裡散發的酒香。斗柄上琢一只辟邪幼崽，兩只前爪搭在酒斗上，隔着酒斗與一臉陶然的貴族面面相覷。它腦袋大，腰身短，還沒長出翅膀；四肢、尾巴也都很粗短，憨萌之態，宛如幼虎。斗柄端首碾琢龍頭，紐絲雙角像羊角一樣，先向兩邊垂下，再向上盤卷。

貴族衣着華麗，上衣下裳淺琢勾連雲紋，腰繫寬綢帶。他顯然處於醉酒狀態，一臉憨笑，眼睛瞪得奇大，卻蒙矓若不視物。「什麼都可以想，什麼都可以不想。」人在微醺時，大約也會進入這種狀態的。

感謝那位東漢玉工，感謝那天晚上的黍米酒，感謝那天晚上的酒友，感謝……

黃玉騎辟邪武士

有一次，一位朋友問我：「您能不能用一句話概括漢代玉器的特點？」我說：「一句話太長，一個字就夠了——動。」

人們永遠不會看到一件安安靜靜的漢玉。蟠曲騰躍的龍鳳，姿態昂揚的四神，端嚴獰厲的饕餮，威武雄壯的辟邪，瞠目齜牙的獅虎，雙肩生翼的仙人，哪一個不是動感十足？即便是沒有出廓裝飾的玉璜、玉璧，那些顆粒飽滿的谷紋，也都勃郁着萌芽的律動。總之，一切都在運動中，展現着動態、動感、動勢。相比之下，乾隆年間那些表現隱士騷人生活的玉山子，實在是恬靜得太過分了。

如果說，讓清人心醉的是松間崖畔的薄霧輕靄，那麼，漢人的周遭永遠是一個風雷激蕩的世界。在這個世界裡，人們張揚着生命，表現着強悍，宣洩着激情，揮灑着浪漫。在漢人的藝術創作中，玉石成為其激情的特殊載體。

東漢學者王逸在其所著《玉論》中指出，玉可分為四個主色：「赤如雞冠，黃如蒸栗，白如截脂，黑如純漆。」自古以來，因其稀少，黃玉與羊脂白玉同為世人寶重，而質優的黃玉，其價值甚至高於羊脂白玉。

這件作品用一大塊珍貴的黃玉琢成，玉質純淨緻密，色如蒸栗，是一件料工俱佳的藝術品。騎乘辟邪的並非常見的羽人，而是一個凡人，一名武士。辟邪昂奮，騰驤馳奔；武士果敢，執矛陷陣。

辟邪胸前琢有盾牌，裝飾浮雕饕餮紋，獰厲的形象給辟邪增添了威猛無敵的氣勢。

作品表現的是戰爭——人類動作幅度最大、動感最劇烈、動勢最強勁的活動。漢人對戰爭並不陌生，在《漢書》和《後漢書》裡都有詳細記錄，許多戰爭故事膾炙人口，西、東兩漢，戰爭都是藝術表現的重要題材，在壁畫、畫像石和畫像磚上，常見將士征戰、弓馬騎射的場景，而用玉器來表現這一題材，卻是極為罕見的。

既然表現的是戰爭，武士的坐騎為什麼不是駿馬而是辟邪呢？我認為，作品表現的不是沙場征伐，而是信息輿論戰，相當於現代的戰爭宣傳畫。從古至今，這樣的信息戰對於贏得戰爭都至關重要。古語雲「得道多助」，而「得神助」更是當時人們期盼的奇迹，因為在生死攸關的搏殺中，誰都希望神靈站在自己一邊。作品中的辟邪及其胸前的饕餮紋盾牌，正是「神助」的體現，是對戰爭正當性的宣示。

仔細品味這件作品，讓人想起商王武丁為戰爭勝利而頻繁舉行的祭祀。武丁求助的是冥冥之中的神靈，漢人藉助的則是自己創造出來的瑞獸。顯然，漢人比商朝人多了一份自信，多了一份積極進取。作品中，武士一手挽韁御獸，一手執矛沖鋒，表現了帝國軍隊的英武神勇，向世人宣揚了大漢的赫赫天威。這種雄強心理的展示，表達的是一種國家態度，打的是一場信息戰。

作品中武士所執長矛，矛頭是個四棱八面的尖銳體，以真實兵器為範本。漢人掌握了「百煉鋼」技術，打造的兵器十分精良，硬度和韌度都很好。騎兵執矛沖鋒，具有更大的沖擊力，矛頭能

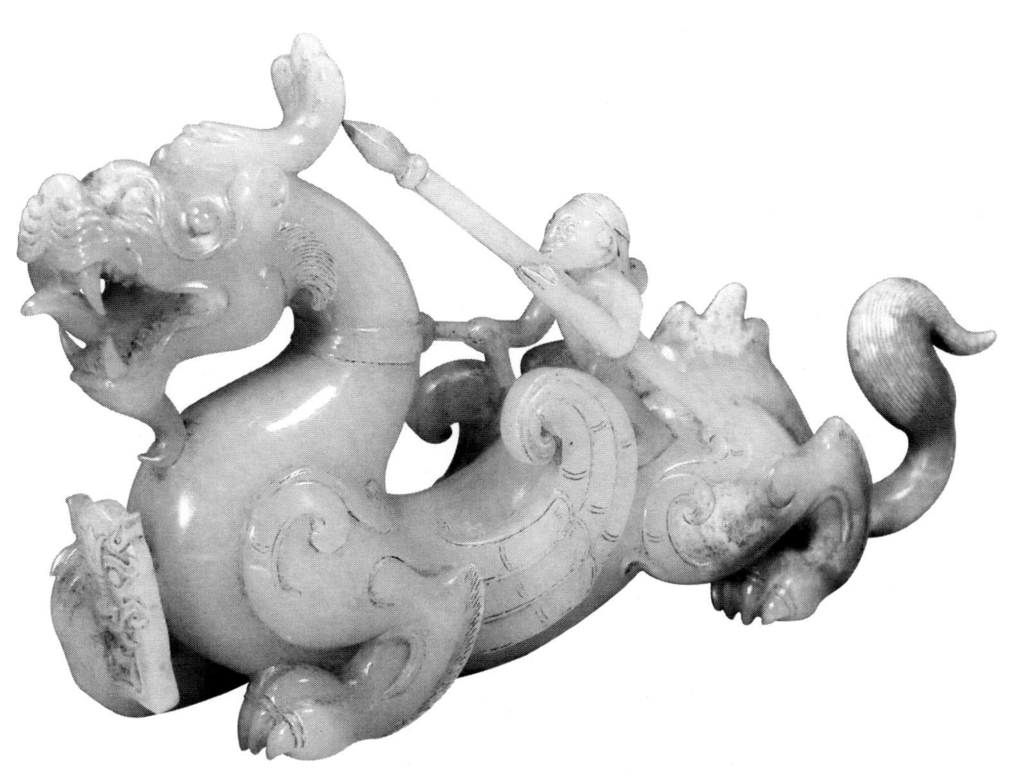

黃玉騎辟邪武士（長 21.2cm）

刺穿敵人的金屬或皮木合成的鎧甲。古語雲「一寸長，一寸強」，在漠北、西域的征戰中，漢軍騎兵的長矛發揮了重要的作用。與匈奴人遭遇時，漢軍先發射密集的弩矢，進行遠距離殺傷，然後騎兵發起沖鋒，以長矛刺擊，用環首刀劈砍，結束戰鬥。

然而，漢人制勝，絕非僅憑一味霸悍。深遠的戰略眼光，廣泛細緻的情報搜集，加上靈活的信息戰，往往能收到巨大的功效。

漢明帝時，歷史學家班彪有二子一女——班固、班超和班昭，其中班固和妹妹班昭也是歷史學家。老二班超三十多歲時，厭倦了刀筆吏的生活，遂投身軍中，北擊匈奴。

對匈戰爭勝利後，班超奉旨領着很少的人馬出使西域南路。當時，西域有幾十個小國，局勢十分複雜。班超搜集情報，衡量形勢，計較短長，善加利用。他先憑謀略收服了鄯善、于闐，接着，扶疏勒，破莎車，拒貴霜，降龜茲，收姑墨，一時威震西域。朝廷對班超進行了嘉獎，任命他為西域都護，駐守龜茲。數年後，班超率龜茲、鄯善諸國聯軍討伐焉耆，大獲全勝。至此，西域五十國全都歸順漢帝國。班超因此大功，獲封定遠侯，成就了「投筆從戎，萬裡封侯」的千古佳話。

班超駐守西域三十一年，率軍征戰的時候並不多，更多的時間被用來搜集和分析各國情報，開展信息輿論戰。他挾帝國的聲威，招來諸國國王，運用智慧，對他們曉以利害，將其分化，又打又拉，逐一爭取，讓其聽命於己，最終成就了輝煌的功業。

挽弓當挽強，用箭當用長。
射人先射馬，擒賊先擒王。
殺人亦有限，列國自有疆。
苟能制侵陵，豈在多殺傷。

用七百多年後杜甫的詩句來詮釋班超在西域的作為，詮釋這件東漢玉器，是再恰當不過了。

黃玉雙馬

每一個中國人從降生那天起，就與某種動物建立起一輩子的聯繫，這就是中國人獨有的十二屬相，又稱十二生肖。

過去一些年，清代乾隆年間用黃銅鑄造的虎、猴、馬、牛等獸首不時攪動國人的心海，以至大小媒體聲浪不絕。幾場涉及黃銅獸首的境外拍賣，讓人們再次想起了圓明園，想起海晏堂的瑰麗廊柱、大水法的獸首噴泉，想起 1860 年 10 月那場中國皇家珍寶浩劫。一百多年後的今天，火燒的痕迹早已被時光洗褪，那些雕飾精美的頹垣斷柱仍在藍天下默默矗立，訴說無法痊愈的創痛。

流失海外的中國文物數以百萬計，其中不乏極具歷史、藝術價值的瑰寶，而能讓國人一時間集體牽掛的，大概只有十二個黃銅鑄造的動物腦袋吧。除了永遠的圓明園情結，生肖文化也在背後起着推波助瀾的作用——這十二種動物是中國人最貼心的身份象徵。

遠古時代，先民把自己和一些動物聯繫在一起，認為相互間似有某種關係，這是生肖文化的緣起。十二生肖的形成，是一個漫長的淘汰和歸納過程。作為一個完整的體系，十二生肖成形於漢代，並且深深植入人們的思想意識，影響着人們的生活。漢人篤信萬物有靈且相互影響，在此基礎上，人們把十二地支與選中的十二種動物掛鈎，形成人類意念與自然生物的奇妙組合。

子鼠、醜牛、寅虎、卯兔、辰龍、巳蛇、午馬、未羊、申猴、酉雞、戌狗、亥豬，演繹着中國人對自身與自然之間關係的浪漫遐想。

馬是十二生肖之一，也是人類最早馴養的動物之一。歷史上，對馬的駕馭和騎乘極大地擴展了人的活動範圍。在蒸汽機發明之前的幾千年裡，生產、交通離不開馬，娛樂、運動離不開馬，人群之間不時發生的劇烈沖突，更是給馬提供了大顯其能的機會。

馬馱人行進，驅策隨心，是與人關係最為密切的動物。馬的強健體魄，馬的迅疾速度，馬的馴良秉性，讓人們對它傾注了遠多於其他動物的情感，馬成為受人贊譽最多的動物。

這是一件漢代黃玉雙馬擺件。歷史上，色澤純正的黃玉從來都是玉材中最名貴的品種。因為皇家以黃色為貴，所以黃玉的價值在羊脂白玉之上。玉器史上，有兩個使用黃玉較多的時期，近的是明清兩代，遠的在漢代，而漢代是黃玉使用較為集中的一個時期，動物作品尤其精彩。

在這件作品中，大馬在奔跑之中收住腳步，前腿高抬，後足蹬地，頭頸扭轉，目光下視，咴咴嘶鳴。小馬從後面趕上，昂首仰望大馬，像是在炫耀自己能跑得很快了。兩匹馬的形體、神情和動態都刻畫細膩，極為生動。作品所用大塊黃玉色澤栗黃，緻密溫潤，極為珍罕。玉器局部受沁，除了柑黃、乳白的沁色之外，一些地方還有狀似牛毛和水藻的褐色沁紋。

和陶馬一樣，多數漢代玉馬在寫實的基礎上，融入了玉工的主觀情感，五官和肢體都做了些誇張。這件作品卻像是在馬場上直接寫生得來，十分生動自然。看着它，人們不禁想起西漢初年大辦馬政的事，仿佛看到長安城郊成排的馬廄和關中草場上如雲的馬群，看到牧人催馬往來馳奔的景象。那一個個充滿活力的場景，象徵着帝國正走上生機勃勃的發展道路。如果要選出一種動物來表現漢人的氣質，沒有比馬更合適的了。

這件作品風格寫實，馬的各部位比例準確。在羅馬的博物館和倫敦的大英博物館裡，同時期的羅馬大理石雕像與之十分相似。在馬的肩部和後胯，玉工着意刻劃了肌肉條塊，其中積蓄的力量引人遐思。鬃毛與尾毛舒展飄拂，成綹成束。這兩處因為陰線碾琢密集，所以受沁較重，其色澤與質感，與基本保持玉石原色的光潔軀幹形成了對比。許多漢代玉馬的形象刻畫較為概括、寫意，有些還帶着神化的裝飾，像這件雙馬一樣高度寫實的作品十分少見，因此非常重要。

古人以駿馬象徵財富，藉良駒比喻人才，這些寓意至今仍被我們沿用。在古典小說和詩歌中，對駿馬的描述比比皆是：霸王的烏騅，關羽的赤兔，李隆基的玉花驄，唐玄奘的小白龍，等等，無不備極贊美之辭。唐太宗的坐騎不避箭矢沖鋒陷陣，周穆王的八駿一日千裡往來昆侖；《秦瓊賣馬》講述英雄逆境轉憂為喜，《伯樂相馬》比喻目光獨到慧眼識人。寶馬常與英雄伴，名駒終會遇賢良，這樣的傳奇和主題，歷來為人們津津樂道。一匹好馬不僅是主人財富的標誌，也是擁有者精神氣質的體現。「人中呂布，馬中赤兔」，是人們對建功立業者的敬佩和頌揚。

《易經》說，馬位在乾，午屬。午時是一天中光線最充足的時刻，物象明朗，可見萬物盛大、繁茂。所以，馬是陽氣最旺之物，象徵光明與富足。

吉祥文化凝聚着先人質樸的智慧，反映了人們對幸福的追求，幾千年流傳下來，成為中國人精神的伊甸園。「馬到成功」這句成語，折射出吉祥文化絢麗的華彩，也表明了馬在其中的突出地位。

黃玉雙馬（高 20.3cm）

青玉母子羊

五穀豐登，六畜興旺，是古人對美好生活的基本描述，也是中國農耕社會歷史悠長的表徵。如今，我們在描述理想的鄉村生活時，還會習慣性地想到這兩句。

「六畜」一詞，最早出現在《周禮》中：「庖人，掌共六畜、六獸、六禽，辨其名物。」那麼，六畜具體指的是哪些家畜呢？宋人王應麟在《三字經》裡說得很清楚：「馬牛羊，雞犬豕（家豬）。」

羊是北方的主要牲畜，分山羊和綿羊兩種。羊性溫順，耐粗放，繁殖力強。元代以前，羊給中國人提供了主要的肉食和毛皮，是人們珍視的財產。現代漢語的「羊」字與最初的象形寫法一樣，都突出了羊頭上的犄角。給「羊」字加上一個代表神祇的偏旁，就成了「祥」字。古漢語中，「祥」和「羊」通假，「吉祥」亦作「吉羊」。商周青銅器的銘文「大吉羊」即「大吉祥」。從古至今，羊都被視為吉祥的象徵。

從商代開始，人們就開始用玉石、用青銅來表現羊的形象，多為羊頭，例如婦好的玉羊頭、四羊方尊的羊頭，等等，這與古人祭祀時常常奉獻羊頭有關。

漢玉中的羊也不少，但漢人更喜歡表現整體的羊，更願意理性、客觀地再現生活。和其他動物玉雕一樣，玉羊反映了漢人現實主義的創作態度。

這件青玉母子羊風格寫實，一如尋常所見情景。母羊伏臥，

一只羔羊偎依在母羊身邊，一只羔羊調皮地攀爬在母羊後背。一家三口像是在一個晴朗的春日早晨，在草地上享受着和煦的陽光，場面溫情滿溢。

玉工對羊的體貌了然於胸，寫形傳神得心應手。母羊目光柔和，飽含母愛；大耳輕擺，狀甚閑適；高峻的鼻骨上延至額，長長的犄角自頭頂向下彎至腮幫。玉工對羔羊的處理很有意思。按理說，羔羊還沒長出犄角呢，可是，他卻讓兩只羔羊都生出了長長的犄角。我認為，玉工此舉並非一時糊塗，更大的可能是為了炫耀技藝，畢竟，如紐絲一般的犄角，本身就是很漂亮的裝飾。

偎依在母羊身前的羔羊一副乖巧的模樣，尤其討人喜歡。它頭頸上舉，彷彿在望着天上飄動的白雲，又像在聆聽樹上的鳥兒歌唱。

喜羊羊，美羊羊，懶羊羊……

青玉母子羊（長 6.6cm）

黃玉騎牛武士

魔幻現實主義是一個以魔幻手法反映現實的文學流派，最初流行於拉丁美洲的小說創作，也對繪畫藝術影響很大。小說家莫言一系列魔幻現實主義風格的作品，為他贏得了廣泛的聲譽。2012 年春，我曾與小說家隨團出訪倫敦。那年秋天，瑞典文學院把當年的諾貝爾文學獎頒發給了他。

中國人對魔幻手法太熟悉了，古典藝術處處可見其魅影，它滲透進了中國的神話、詩歌、小說、繪畫、雕塑、建築等藝術形式。時至今日，影視藝術成了魔幻的重鎮，吸引着無數年輕觀眾。

早在兩千年前，魔幻手法就被漢人玩得出神入化、登峰造極了，只不過「魔幻」一詞出自西語，在漢代中國，與之對應的是神仙、仙界、神異事物。神仙世界與現實生活的交織，極大地影響了漢代藝術家的創作。以玉器為例，即使一粒萌芽的谷紋、一朵卷曲的雲紋，也是漢人神仙世界的重要元素，更不用說眾多的祥禽瑞獸和羽人了。

漢人的現實世界與神仙世界密不可分，具體表現為彌漫朝野的神仙信仰和與之相關的視覺藝術。如今，漢代遺存的壁畫、畫像石、畫像磚、漆畫、陶塑、石刻和玉器，處處可見人與仙人、人與神異動物之間的互動。這種互動，構成了漢玉的主要美學元素，使作品呈現出如夢似幻的氛圍。

黃玉之珍貴，自古已有定論。以大塊純淨、細膩潤澤的黃玉進行創作，凸顯了這件作品的重要性。身姿雄壯的武士，淩厲尖銳的長矛，健壯溫馴的黃牛，威風凜凜的辟邪，構成了紀念雕塑式的整體造型，氣場強大，凝聚着一股不可遏止的力量。

騎乘黃牛的青年武士長着一張圓臉，雙目瞪睜，雙唇緊抿，神情堅毅，表情十分生動，仿佛是對真人的摹寫。他一身短打，腰束絛帶，足蹬長靴，雙手執矛，上身扭轉，如同戲劇武生登場時的亮相，透着一股英武之氣。

武士騎乘的牛是典型的中國黃牛。它軀體壯碩，犄角彎彎，前肢曲跪，後肢匍匐，回首望向武士，像是正要站立起來。東漢學者應劭在《風俗通義》中說：「牛乃耕農之本，百姓所仰，為用最大，國家之為強弱也。」平時，牛被用來耕地、拉車；戰時，牛車被用來載運糧草輜重，是最重要的財產和物力資源。因此，耕牛的數量直接影響國家的經濟，關乎軍力的強弱。

看了這件作品，一位朋友有些納悶：「樊先生，武士為什麼會騎着一頭牛，而不像另外一件作品那樣騎着辟邪呢？」我對他說：「這就要看作者的創作立意了。還記得過去常見的宣傳畫和雕塑吧？士兵一手持槍，一手抱着兒童，作品主題一目了然。」

漢人的表現手法，今天我們還在用。正如兒童是和平幸福生活的象徵，黃牛象徵着漢人的家園和財產，是武士不惜一戰要保衛的對象。在這件作品中，黃牛不僅是被保護的對象，由於馱負着武士，也成為作戰的協同力量，它那尖銳的犄角也是武器。在神怪觀念盛行的漢代，人和牛共同面對的敵人，當然是冥冥之中的邪惡勢力了。

黃玉騎牛武士（長 23cm）

武士騎牛已經夠魔幻的了，辟邪出現在作品中，魔幻的意味就更濃了。瑞獸的出現，意味着武士得到神靈相助，宣示了戰爭的正當性。辟邪軀體強健，四肢粗壯；張口吼嘯，頭頸上揚；尾巴翻卷，雙翼奮張。在這場與邪惡勢力的鬥爭中，人是主力，辟邪和黃牛則扮演盟軍的角色。

說了魔幻，再說現實。從現實的角度看，武士騎牛的造型描述了一個真實的歷史情節。

> 光武初騎牛，殺新野尉乃得馬。

《後漢書》一開篇，就記述了王莽新朝末年劉秀扯旗舉兵的經歷。當時，劉秀沒有馬騎，就跨上一頭黃牛，聚眾攻打新野縣。縣尉陣亡，戰馬被劉秀繳獲。後來，當劉秀的幾千兵馬面對王莽的四十萬大軍時，隊伍中很多人害怕了，打算開溜。劉秀費了好一番唇舌，才把他們留下來繼續跟他幹。十多年後，他幹成了。劉秀稱帝重建漢朝，接着擊敗各路武裝勢力，統一中國，定都洛陽，史稱東漢。

劉秀是個勇猛的武士。當年昆陽一戰，面對數十萬新莽軍，「光武乃與敢死者三千人，從城西水上沖其中堅」（《後漢書》）。新莽軍主將被斬，傷亡慘重，全線潰敗。

劉秀繼承了先祖長沙定王劉發和景帝劉啟的睿智。奪得天下後，他整頓吏治，專注經濟，輕徭薄賦，三十三年不動刀兵，為近二百年的東漢繁榮開了個好頭，史稱「光武中興」。

不論哪個朝代，奪得天下之後，開國君臣都很願意回顧戰爭時期的艱難歲月，叮囑後代要牢牢守住江山。在東漢人眼裡，還有什麼比劉秀騎着黃牛領兵打仗更能體現江山來之不易呢？這段史實具有如此非凡的意義，在東漢時就被廣為傳頌，以至玉工用最珍貴的黃玉將此題材碾琢成器。這件騎牛武士，是記錄「光武中興」的一件重要紀念作品，也許還是迄今為止光武帝劉秀唯一的東漢造像，其歷史價值和藝術價值不言而喻。

珍稀的原料，重要的題材，精湛的施藝，是這件玉器的亮點。作品以魔幻的物象組合表達現實的主題，堪稱漢代魔幻現實主義的藝術經典。除了辟邪身上的流雲紋，人、牛、辟邪、長矛都很寫實，並無其他裝飾，整體渾然大氣，突出了主人公的英武睿智。玉工不落窠臼的構思和精湛嫻熟的技藝，成就了一件無與倫比的藝術傑作。

白玉辟邪龍鳳戈

過去很多年，我一直比較關注漢代玉器，看了不少作品，也有一些體會。漢玉整體性的力量和氣勢以及由此表現出的蓬勃生命力，是其他時代的玉器難以企及的。通過一件件形象生動、風格豪放浪漫的作品，漢玉告訴我們，自信力是如何釋放出創造力的，也向我們呈現了漢人整體性的民族精神。

很多時候，漢人會在傳統題材上推陳出新，呈現出鮮明的時代風貌。作為禮器，玉兵器在夏代就已出現，有玉刀、玉斧等。到了商周和漢代，玉兵器種類增多，包括鉞、戈、矛、劍，等等。漢人製作的玉兵器在工藝上登峰造極，傳統意義上的禮儀性質卻大為減弱，成為貴族和富商鎮宅避邪、納福迎祥和把玩觀賞的器物。

戈是冷兵器時代的一種主要武器，因此常出現在與軍事和戰爭相關的成語和俗語中，比如枕戈待旦、大動干戈、戈矛相向、同室操戈、執干戈以衛社稷，等等。至於化干戈為玉帛，那是經歷過戰爭苦痛的人們最期盼的結局了。

這件玉戈用料上乘，玉質瑩潔，裝飾手法極為豐富，包括了除掏膛、活環之外幾乎所有的治玉工藝。戈的一面，在「援」部，以陰線琢三只鳳鳥，線條婉轉流暢。在「胡」部，琢一只浮雕鳳鳥和一條螭龍。鳳鳥和螭龍之間有一位仙人，造型奇特，人頭獸足，

白玉辟邪龍鳳戈（長 42.5cm）

手生利爪，單手執矛，蹬踏跳躍。細看之下，仙人不像是在征戰，更像是在舞蹈，某種戰神的舞蹈。戈的另一面，碾琢了五條龍、一只辟邪、一只鳳鳥。辟邪踞立「胡」部，面朝「內」部，威風凜凜，身旁龍鳳蟠曲，蜿蜒躍動。

在胡、內、援的有限的空間裡，瑞獸們組成了一個張力十足的動態群體，生猛活潑，相互間顧盼生姿，祥瑞之氣氤氳其間，讓人忘卻了兵器的森冷，滿心沉浸在祥和的愉悅中。干戈與玉帛，就這樣完美地融合在一起。

作品裝飾繁密，物象生動活潑，彌漫着濃郁的楚文化氣息。楚文化受熾烈的巫風影響，少理性浸染，想象力豐富，保留了很多氏族社會的遺習和風尚，藝術作品的物象奇詭瑰麗。漢代的開國君臣都來自楚地，深受楚文化的熏陶。他們懷着崇敬的心理繼承中原文化時，又將楚文化的諸多表現形式融入其中。中原文化的肅穆嚴謹與楚文化的飛揚靈動完美地融合在一起，形成了漢代造型藝術的風格。作品將深沉的理性精神和大膽的浪漫想象相結

合，反映了漢人獨特的藝術思辨和吸收、創新能力。

文景時期，帝國的經濟快速發展，國力空前強盛。武帝、元帝和宣帝時，漢軍開疆拓土，靖邊保國，確保漢人享受了三百多年的安寧與繁榮。因此，對經濟社會發展與軍事力量強弱互為因果的關係，漢人有着深切的體會，常選擇玉兵器作為載體，表達吉祥寓意。從這個角度看，玉兵器是理解漢人思想觀念的一個特殊參照物。

這件玉戈體量碩大，有霸悍之氣；紋飾精美，玉質細膩潤澤，是漢代玉兵器的上佳之作。將祥瑞動物與兵器組合，表達了漢人獨特的安危觀，十分耐人尋味。

即使在信息化戰爭條件下的今天，某些冷兵器仍是軍隊的制式裝備，比如刺刀和匕首。佩劍雖然也屬制式裝備，但僅作為軍官的禮儀性兵器了。

前些天，一位朋友發來幾張圖片，展示一柄仿漢佩劍，劍身精鋼打製，鋒芒銳利。佩劍的整體設計參考了漢代貴族的玉具劍，劍首、劍格和劍鞘上的劍璏、劍珌均為黃銅鑄造。這不是一件仿古工藝品，而是一件真正的兵器。據說，首批仿漢佩劍將配發海軍主力戰艦的指揮官。

白玉四神

祥禽瑞獸是漢玉的主要形象元素，包括龍和鳳這兩種古老的吉祥物。除此之外，漢人還創造了兩種特別的瑞獸。他們給老虎添上翅膀，就成了辟邪；讓龜和蛇搭檔，就得到了玄武。

青龍、白虎、朱雀、玄武合稱四神，是漢人鍾愛的祥瑞動物。四神信仰在漢代十分流行，人們把大地的四方交給它們鎮守：青龍管東方，白虎管西方，南方和北方分別由朱雀和玄武執掌。

這件白玉四神用料上乘，少許沁色更襯托出玉質的緻密瑩潤。白虎馱載其他三神闊步前行，肩部飛翼翻卷，威風凜凜。在它前後，各有一條青龍騰躍，靈活而又機敏，就像前呼後擁的扈從。白虎背上，玄武蹲踞，龜首回轉，仰望站在甲殼上的朱雀。雙翼高張的朱雀昂然挺立，口吐瑞氣，懸掛着一枚秤砣……沒錯，看模樣就是秤砣。可是，秤砣出現在這裡，要表達什麼意思呢？

早些年，淮安*（原淮陰）*為該市最有名的古人韓信塑造了一尊雕像。高大的底座上，淮陰侯昂然佇立的樣子，與各地的此類雕像大同小異，唯獨右手掌中托着一樣東西，怎麼看都是一枚秤砣。難道貴為侯爺的韓信曾經拎着秤桿、秤砣，在街邊稱斤約兩做過小買賣？

當然，韓信從未有經商的經歷，淮陰侯雕像掌中所托之物也並非秤砣，但確實與秤砣有關。在秦代，秤砣又叫「權」，我們

白玉四神（長 21cm）

後來說的「權衡」，就取自秤砣的本意，即掂量之後拿定主意。拿主意的人是什麼人？就是掌權的人啊！「權力」一詞，蓋出於此。熟悉秦漢璽印的人知道，秦官印以權為形，漢人沿襲此制。所以，韓信掌中所托，乃是一枚權形官印，即淮陰侯印。看來，雕像的作者是做了功課的。

四神各司一方，不分主次。在漢玉中，它們中任何一個都可以作為作品的主角，曾見玄武馱着其他三神的作品，而有朱雀銜權的，此為僅見。

四神聚在一起擺個造型，上方一權高懸，讓人想起一句很霸氣的話：「四海之內，莫非王土。」

那是漢人的格局、漢人的氣概了。

白玉鳳鳥瓶尊

鳥類生蛋，孵蛋，幼雛破殼而出，這樣的生育過程，讓遠古先民感覺十分奇妙和神秘。雛鳥長大，羽翼豐滿，自由翱翔於天空，又讓人豔羨不已，於是，禽鳥崇拜就產生了。人們把幾種體型大、有漂亮羽毛的大鳥組合起來，創造出了鳳鳥。

據史書記載，黃帝的孫子娶姜氏為妻。姜氏有孕，誕下一嬰，胞衣厚裹如球。姜氏大駭，棄之冰上。鳳鳥飛來，以羽翼庇之。不久，一男嬰裂出，舞手蹬足，號哭呱呱。姜氏大喜，將其抱回。男嬰長大，取名後稷，是為周人先祖。周人因此將鳳鳥尊奉為始祖，玉佩常琢鳳鳥紋。到了漢代，鳳和龍都是重要的祥瑞動物，在漢玉中既做裝飾紋樣，也多獨立作品。

這件鳳鳥瓶尊的造型，是依原石的外廓斟酌設計的。頭、頸和雙足粗短，還收縮了尾羽和雙翼，身軀豐腴健碩，頗具喜感。鳳鳥身上各部位的紋飾皆為浮雕，層層疊疊布置，深深淺淺碾琢，長翎短羽紛披，讓人仿佛能從潔白晶瑩的玉石上看到陽光下的五彩斑斕。由於在頭、頸、胸、腹都裝飾了飄羽，鳳鳥顯得靈動活潑，生趣盎然。

鳳鳥的腿呈收縮狀態，僅露出足爪一小截。寬厚的爪子壯實有力，支撐起豐腴的身軀。稍微留意便可發現，爪子中部有一朵小小的浮雕雲紋，兩頭翻卷，頗具動感，點明了鳳鳥的活動環境。若非心存高遠雲天、絢麗仙境，是斷然不會有此神來之筆的。

白玉鳳鳥瓶尊（高 15.5cm）

鳳鳥背部琢子母口，托着一只圓瓶。瓶腹圓鼓，向上漸漸收攏成瓶頸，然後外撇成瓶口，如花朵綻放，兩端翻卷如瓣，左右舒展，形態優美。常見的漢代玉瓶，其瓶口、瓶頸和瓶腹通常分區裝飾。這件玉瓶較小，故採用了一體裝飾的手法，滿琢龍鳳紋，線條流美舒放，飄逸中透着靈秀。瓶有雙耳：一側是龍頭探出，口吐瑞氣，懸活環一枚；另一側琢一條龍，蜿蜒着進出瓶身，可做握把，設計極具巧思。

玉工自鳳鳥背部掏膛，使鳳鳥的軀體成為一個更大的容器——尊。《易》雲：「厚德載物。」鳳鳥豐腴的造型，較大的器身容積，呼應了古人關於德行、關於福報的喻示。

鳳鳥短而翹起的尾羽上，琢有一只小辟邪，既減少了對珍貴玉料的剔除，又給作品增添一個重要的主題元素——對祥瑞的護衛。它顯然是一只辟邪幼崽，腦袋大，身軀滾圓，四肢粗短，翅膀剛冒出一點點。小辟邪憨萌的神態招人喜愛，但是，它驅邪避祟的力量絕對不容小覷。

作品以大塊白玉碾琢，玉質如脂如雪，細膩緻密，溫潤華滋。如此工料俱佳、寓意吉祥的漢玉美器，世所僅見，因此非常重要。

白玉辟邪

人類對動物的描繪，最初是客觀的記錄，如西班牙的洞穴畫和中國祁連山的岩畫。舊石器時代晚期，出於對周遭世界的混沌觀念，客觀的記錄演變為圖騰崇拜，對動物的藝術表現便帶有了主觀色彩。

Totem 是 17 世紀一個名叫朗格的英國人創造的詞，源於印第安語，意為「我們的氏族」，漢語譯音為「圖騰」。遠古先民相信，某些動物與他們有血緣關係，於是把這些動物當作氏族的標誌，也就是圖騰，或稱吉祥物。如今，英國軍隊中的一些老牌部隊，仍保留着畜養一只動物的傳統。那是圖騰的孑遺了。

中國的許多民族都有自己的圖騰或吉祥物，如蒙古族的蒼狼和白鹿，鄂溫克族的熊，塔吉克族的鷹，朝鮮族、壯族的青蛙，苗族的雉雞，等等。所有這些圖騰都是自然界真實存在的動物，都挺靠譜的。不靠譜的圖騰有沒有？有，漢族祖先周人的圖騰。

最早時，商人因「玄鳥生商」，以燕子為圖騰。後來，周人就開始不靠譜了。他們雜糅了多種鳥類的特徵，臆造出鳳鳥，把它當作圖騰。當時，人們的自我意識覺醒，認定可以通過自己的努力來改變些什麼，包括創造出某種神異動物當作自己的圖騰。

在遠古先民眼裡，龍這種神異動物並非圖騰，而是高高在上的主宰者，是人們誠惶誠恐頂禮膜拜的神靈，因此，人和龍不可能有血緣關係。到了西周，人與龍的距離才縮短了，被統治者用

白玉辟邪（長 13.5cm）

來宣揚「君權神授」的觀念。到了漢代，龍乾脆被安排進了十二生肖裡，是其中唯一的神異動物，這與漢人對天神太一的尊崇有很大關係，也是「龍的傳人」這個概念的淵源。東漢學者王充所著《論衡》，對十二生肖做了完整的介紹。

嚴格地說，漢人沒有圖騰，有的只是各種祥瑞動物。兩漢時期，神仙信仰流行，人們十分關注自身的狀態，期盼長壽，渴望成仙。龍、鳳、辟邪和四神等，都是漢人藉以達成願望的幫手。這些瑞獸祥禽職責不同，相互之間並無高下之分。

辟邪是用來避邪的，漢人創造它的初衷，是讓它專司警衛。既然擔負安保的職責，就必須是個狠角色，身體要棒，力量要強，性情要猛，氣質要剛，符合這些要求的動物只有老虎。漢人把老虎拿過來，給它添上一對翅膀，就成了辟邪。「如虎添翼」這句成語，其來源就在於此。後來，辟邪開始身兼保鏢和腳力兩項職責，既要驅除邪祟，保主人平安，又要馱着主人奔往仙界。盼着羽化登仙的漢人那麼多，需求很大，於是玉辟邪的數量不斷增加，最終形成一支兼營客運的保安大隊。

漢代的玉辟邪很多，但並非每件都是上佳的精品。精品的標準有兩個，一是玉料好，二是造型美、琢工精。這件白玉辟邪顯然符合這兩個標準，是古典藝術的絕美之作。

白玉羽人辟邪

小時候讀小人書，喜歡臨摹圖畫上的古代武將。少年都有英雄情結，聚在一起時，常討論這種兵器特點如何，那種盔甲結構怎樣，誰的坐騎有啥傳奇，等等。對武將們開打時人和馬的動態，大夥更是津津樂道，臨摹再臨摹。

漢代玉工就像一個正當少年的人，對動態十分着迷，幾乎每一件作品都動感十足。動感源自動態，而動態往往是漢玉最引人矚目的造型要素。難得的是，每件作品都因玉工相玉定形的功夫而各具神采，即便是姿態較為程式化的辟邪，也會在細節刻畫、具體紋飾和動作幅度方面各具特點。

這件羽人辟邪，白玉晶體緻密，膩如凝脂。原料呈長條塊，在昂首前行的辟邪身後，玉工就着富餘的玉料，碾琢了一只口吐瑞氣懸掛活環的鳳鳥，展現其隨形生發的絕妙手段，也體現了龍、鳳、辟邪之間「混搭」的特點。

羽人騎乘在辟邪背上，雙手前伸，拽住辟邪長長的犄角，兩眼直視，緊盯着前方瑰麗美妙的仙界。作品動感十足，無論是辟邪的行進，還是羽人的騎乘，都表現出升仙所需的強勁生命動力。

自古以來，人們若想達到某種理想的境界，大約都會進行修煉，而修煉又分動態和靜態兩種模式。僧人盤腿端坐，膀不動身不移，動動嘴皮嘚吧嘚吧念經，如此靜修多少年之後方成正果。漢人不行，都是急性子，要的是立竿見影，盼的是即刻得

白玉羽人辟邪（長 15.5cm）

道升仙。自身能力不足，於是便有所藉助，於是龍、鳳、辟邪、老虎和鹿等就被拉來幫忙。他們對辟邪青睞有加，因為它軀體強健，雙肩生翼，爪牙尖銳，有速度，有力量，能保證主人不被邪祟侵害，順利抵達美妙的仙界。

這是一件形態生動、琢工精湛的重要作品。它的設計很有意思，羽人騎乘的辟邪下面有一個底座，座身溜直，前端上翹卷曲，形如雪橇，讓人感覺到了速度，為作品增添了動勢。

1966 年春，陝西咸陽新莊鄉一位農民在漢元帝渭陵附近取土，刨出了一件西漢白玉羽人奔馬。在奔馬的腳下，就有一個與這件作品相似的翹頭底座。作品現珍藏於陝西省博物館。

白玉辟邪

漢玉的設計常有出人意表的創意。正是不拘一格的表現手法，成就了漢玉浪漫不羈、恣肆灑脫的風格。其新穎的創製，在祥禽瑞獸的表現上尤為突出。

這件作品由兩只辟邪組成，其中一只是完整的，另一只僅刻畫了頭部，身軀被琢成一個雪橇似的底座，承托着完整的辟邪。作品所用白玉純淨緻密，如膏脂般細膩；碾琢技藝嫻熟，紋飾精美，線條爽利。

白玉辟邪（長 12.5cm）

完整的辟邪，其頭、頸和軀幹如彎弓一般，弧線充滿彈性，與「雪橇辟邪」的頭、頸形成的弧線平行，構成統一的韻律。「雪橇辟邪」弧線優美的頸部以下，雖是簡單的直線條塊，卻顯得生氣勃勃，蘊含動感和速度感。從動勢的角度看，兩只辟邪並無主次之分。「雪橇辟邪」的頷下生出長髯一綹，飄貼頸項，懸掛活環一枚，為作品增添了輕靈的韻緻。

辟邪的翅膀，是玉工很下功夫的地方。翼根處先伸出一組三綹琢平行陰線的絨毛，以突出辟邪的獸性，然後漸變為短羽，最後伸展出長翎。如此細緻的關照，絕非一句「考慮周到，構思縝密」可以形容其妙。

弧線是漢代玉工鍾愛的造型手段，每一條弧線都像一根繃緊的弓弦，蓄勢待發。幾乎所有漢玉作品都藉由弧線獲得了動勢和力量感，此件也不例外。作品氣勢開張，大氣磅礡，充滿力量，從中可以體會到漢人不甘平庸、創新進取的精神，具有很高的藝術水準。

白玉辟邪

家裡養貓的人，一定很熟悉它們的動作姿態，無論是安靜地待着，還是上躥下跳折騰着。如果喜歡看電視上的動物節目，就會發現那些大貓們，無論是老虎、獅子還是豹子，其動作習性和家貓非常相似，不管是舔爪洗臉、搖尾示好、弓身蹭癢，還是前爪平撐後胯高聳伸懶腰。辟邪是老虎的化身，本質上就是一只大貓，其動作當然與家貓相類。

看慣了昂首闊步、睥睨四方的辟邪，猛一見這件作品，感覺是看到了一只真正的大貓。它擺脫了玉辟邪程式化的規定動作，前身匍匐，胯部高聳，頭頸九十度扭轉上舉，嘴裡舌頭搖動，活脫脫一只正向主人討好的寵物，哪裡還有神獸的威嚴和剛猛？當然，猛獸的性情也有兩面性，那些叢林裡、草原上兇猛的大貓們，在與自己的親友相處時，不也常常流露出親昵和溫情嗎？

創作這件作品的玉工對貓一定非常熟悉。很難想象一個不懂貓的人能把一只辟邪表現得如此生趣盎然。體驗生活同樣是兩千年前藝術家的必修課，他們同樣在腦海裡存儲了大量的動態素材，一旦開始創作，各種形象便會跳出來接受挑選。

我相信，是玉料的外形觸發了玉工的造型靈感。如果是一塊方圓規整的原材，創作這個姿態的辟邪，就要剔除很多玉料，沒有哪個玉工是舍得這麼幹的。相玉定形是玉工的基本功，運用得好，可見構思的巧妙。事實上，只需留意辟邪的肩部，就知道我

白玉辟邪（長 13.3cm）

的推斷是有依據的。作品沒有長鬮大翎，並不是玉工不想做，而是因為原材料在此處就是凹陷的。所以，他僅淺淺地碾琢出一組三綹渦旋狀的絨毛，顯示雙翼即將由此處生長出來。這一不得已而為之的安排恰好告訴我們，辟邪不是一天練成的，和其他大貓一樣，它們也有一個成長的過程。

既然還沒長出雙翼，這就是一只半大不小的辟邪，相當於一歲的幼虎，長出了尖牙利爪，具備了足夠威武的外貌，內心仍存有一分頑皮，一絲依賴。就像野外那些未成年的大貓一樣，小辟邪也會在老辟邪跟前糾纏起膩，以引起注意，博得關愛。

這只姿態生動活潑的玉辟邪使我越發相信，創作它的玉工肯定養着一只貓，而且，是一只個頭不小的貓。

白玉辟邪

一塊白玉，緻密溫潤，膩如膏脂，原料外形卻不太理想，扁平略圓，中間還有凹陷，顯然不能做一只昂首闊步的常規辟邪。又是一項挑戰，又是一次創新的機會。豐富的藝術實踐和充分的生活體驗，讓這位東漢玉工的創作再次獲得了成功。

辟邪的身軀幾乎完全匍匐在地，軀體自腰部作了 180 度的扭轉，達到極致；頭頸昂，獠牙亮，目圓瞪，朝後望；四足抓地，隨時躍起驅邪祟；一身肌腱，好似繃弦弓一張。這是一只非常機警、忠於職守的辟邪，似乎在警戒巡視時察覺到了什麼，猛然回頭凝視。

漢代玉辟邪不少，像這樣富於活潑生趣的卻不多。從所用玉料質地、形貌特徵、細節刻畫和整體風格來看，前述四件與此件作品顯然出自同一位玉工之手，是一組精彩的系列作品。它們都有一個特點，即在形體刻畫中強調寫形傳神，表達作者的主觀感受，都極富生趣。這個系列作品在藝術上已臻極致，極具觀賞性，因而非常珍貴。

漢代的玉辟邪和石刻辟邪都很有名，對後世影響很大。如今南京周邊地區的田野中，仍遺存不少六朝石刻辟邪。從那以後，也曾流行過一些別的神獸，卻沒有一種像漢代辟邪那樣，具有威武的形貌和剛猛的氣質，文化內涵也弱了許多。

如同一個物種消亡，就會給別的物種騰出生存空間一樣，缺

白玉辟邪（長 10.8cm）

少玉辟邪的明清兩代，流行起了玉獅子。與漢代玉辟邪相比，明清玉獅子在氣質方面着實低了些檔次，少了威嚴剛猛，添了圓融顢頇，一腦袋卷毛如同燙了髮，像極了寵物。藝術品的風格，是一個時代人們精神面貌的反映。很顯然，一門心思享受生活的明人和清人，性格中缺少一股子剛猛勁兒，沒有了漢人那種放眼四海、揮斥八極、席卷宇內的豪邁氣概。

早些年和一位朋友遊歷四川，其間看了不少東漢石刻。對那些屹立在荒野中的東漢石刻辟邪，朋友的評論充滿激賞的言辭。我很贊同他的看法。漢人的作品，無論是手中玩件、桌上擺件還是田野巨像，哪一件不充滿了動人心魄的魅力？那是一個激情飛揚、崇尚力量、進取創新的時代。

白玉龍鳳呈祥出廓璧

從舊石器時代開始，藝術的發展經歷了一個由簡單到複雜的過程，玉器藝術也不例外。把新石器時代玉器、夏商玉器、西周玉器、春秋戰國玉器、漢代玉器排列起來，這個過程一目了然。與此過程相伴的，是琢玉工具的發展和琢玉工藝的提高。

在兩漢時期，璧、琮、璜、圭的禮儀性質並未完全消失，但是被賦予了更多世俗的含義。因為其溝通人與神靈的功能，玉禮器成為漢代吉祥文化的最佳載體，裝飾手法也因之愈發具有創意。

從裝飾蒲紋、谷紋，到碾琢出廓龍鳳，或者像這件白玉璧，一面裝飾谷紋，另一面整體出廓，鏤空碾琢圓雕龍鳳，顯示了漢玉藝術創新的又一種形式。從邊緣出廓，到一面出廓，玉璧完成了從禮器到純粹藝術品的過渡。這件構思精妙、碾琢技藝高超的平面出廓玉璧，讓我們再次見識了漢人無所不及的創新能力。

初見這件白玉龍鳳呈祥出廓璧，畫家女友笑了，直呼其為「蛋糕」。就其外形來說，它確實很像。鏤空圓雕的龍鳳整體隆起一個圓弧面，如同一塊蛋糕上裝飾的奶油花式，一上眼，還真挺誘人的。誘人的不僅是關於蛋糕的美味聯想，更有藉明潔硬朗的玉石所呈現的吉祥意象。作為漢人鍾愛的瑞獸祥禽，龍和鳳一直是玉器的主要裝飾元素，在這件作品中，它們出現的形式尤具新意。

白玉龍鳳呈祥出廓璧正面（直徑 14.1cm）

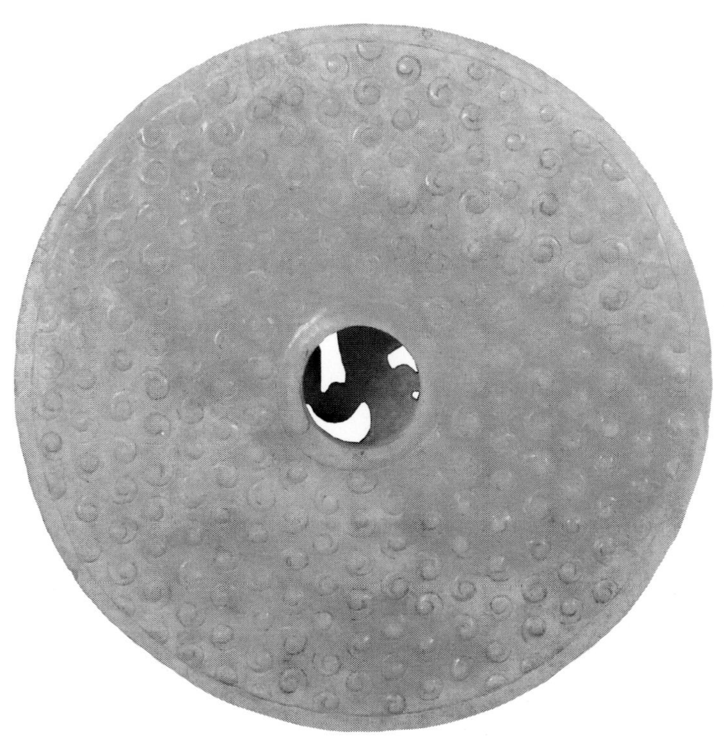

白玉龍鳳呈祥出廓璧背面（直徑 14.1cm）

鳳鳥是楚人的吉祥物，是光明、溫暖與祥瑞的象徵。已知的許多楚地文物，都以鳳鳥做裝飾，演繹着絢麗多彩的鳳鳥崇拜。從古至今，鳳鳥在吉祥文化中一直佔據重要的地位。這件作品中，鳳鳥是裝飾的主角，居於整個裝飾體的中央，七條螭龍蜿蜒蟠曲，圍繞在鳳鳥的周圍，呈眾星捧月態勢。龍、鳳的頭部、犄角、冠羽、軀體、腿爪、尾部等，都以婉轉流暢的曲線刻畫，相互粘連，與玉璧之間鏤空，形成了懸浮於玉璧之上的一個弧形塊體。龍鳳裝飾與玉璧共同構成作品的整體，在藝術表現上又相對獨立。

雕塑是凝固的音樂。在這件作品中，如果把裝飾規整谷紋的玉璧比喻為溫婉柔和的行板，是弦樂部令人迷醉的歌吟，那麼圓雕的龍鳳組合就像輝煌莊嚴的行板，弦樂器、木管樂器、銅管樂器、打擊樂器交響，奏出激越的主題樂句，把整部作品推向高潮。作品的主題是什麼呢？是漢人對長壽升仙、對幸福永駐的熱切期盼。它通過對祥龍瑞鳳的細緻刻畫，融合楚文化的浪漫奇譎和商周禮儀的端嚴肅穆，彙成了漢文化在玉器藝術上的完美交響。

作品玉質上佳，晶體緻密，純淨溫潤，在龍鳳的身上得到了最好的體現。由於精細的抛光，龍和凰的各個部位都光潔順溜。身體各部較小的體積，讓優質玉石的半透明特質得到了很好的展現。整個龍鳳裝飾體晶瑩剔透，光澤柔和，又由於綿延回環的弧形線條，柔和的光澤彷彿在流動。圓雕的物象本身是凝固的，因為有了這樣的線條、這樣的光澤，瑞獸祥禽彷彿活了起來，祥瑞之氣回旋升騰，向四周擴散。

將這件玉器置於手上摩挲，感受着玲瓏剔透的玉石之美，體味龍鳳呈祥的美好寓意，身心會沐浴在一片寧靜祥和中。漢玉的魅力，越千載不衰。

白玉雙羊尊

西漢中期，河南出了一個中國歷史上最有名的牧羊人，被東漢的班固寫進了《漢書》。

武帝時，洛陽鄉下有個人名叫卜式，從小養羊、賣羊，到後來積攢了一些錢財。聽說朝廷出兵討伐匈奴，卜式便上書官府，表示願意捐獻一半財產給國家，充作軍費。劉徹聞報，頗為訝異，遂派使者過問此事。

使者問卜式：「你想做官嗎？」

卜式答道：「我從小放羊，不會也不願做官。」

使者又問：「家裡有冤屈？想申冤？」

卜式說：「我與人為善，敦睦鄰裡，並無冤屈。」

使者再問：「那麼，你捐獻資財圖個啥？」

卜式道:「今聖上發兵擊匈奴，我想，只要官員竭力，富者捐資，將士用命，匈奴可滅。」

使者返回長安，據實稟報武帝。丞相公孫弘卻說：「卜式所為，不合人情。臣以為，此人恐怕別有用心。請陛下不要接受其捐獻。」捐資未果，卜式無奈，仍回去放羊。

後來，匈奴大敗，渾邪王率部歸順。戰爭難民太多，國庫空虛，難以安置。卜式再次聯繫官府，欲捐獻資財。武帝召見了卜式，嘉賞其忠貞，授予中郎官職。中郎是負責皇宮護衛和皇帝車騎的侍衛，具有很高的榮譽。卜式堅辭，要回家放羊，武帝卻不肯放

他走：「我的上林苑裡也有些羊，你去那裡替我放羊吧。」於是，卜式以四品官銜，布衣草履，牧羊上林。

一年後，上林苑的羊膘肥體壯，繁殖很快。武帝見了大為贊許，詢其門道。卜式說：「其實，放羊和管理百姓一樣，只要注意觀察，隨時除掉亂群的惡羊就行了。」武帝聞言大喜，便派卜式去做縣尉。卜式接連做了兩個縣的縣尉，政績都很好。武帝把他派到齊國為相，他也盡忠職守。最後，卜式受封關內侯，任御史大夫，專職政務諫言。朝廷還布告天下，宣揚他的事迹。

對於朝廷推行的鹽鐵官營制度，卜式表示了反對，認為它不利於經濟發展。武帝不高興了，叫他去當太子太傅，讓他的兒子承襲關內侯爵位。後來，卜式以年高善終。

班固以傳記的形式，在《漢書》中記錄了這位因「忠、公、能」而出仕封侯的牧羊人：德行高尚，忠心為國，做官有為，直言敢諫。《卜式傳》的字裡行間，對知人善任的武帝也滿含褒贊之意。有君臣如此，何愁國家不強盛？

羊一直是古人肉食的主要來源，是養殖極多的牲畜，也是經濟繁榮的標誌，因此以羊為題材的藝術作品不少。商周青銅器中，有各種以羊的形象裝飾的器具，玉器中，也有不少表現羊的作品。

漢初幾十年，馬政帶動了其他牲畜的養殖，畜牧業興旺，牛和羊繁殖很多。西漢中期以後，與羊有關的玉器不少，呈現出獨特的風格。東漢時期經濟繁榮，貴族和富商對奢侈品的需求大增，圓雕玉器多，器皿種類也多。不少羊形玉器皿，雖參考商周青銅器，但是羊的形象以及相關紋飾多有創製，玉石的質地美得到了很好

的體現。

大英博物館藏有一件商代青銅雙羊尊，是現存的幾件商代雙羊青銅器皿之一。與之相比，無論是器形還是紋飾，這件東漢白玉雙羊尊都呈現出特殊的美感，顯示漢人在繼承的基礎上創新的非凡能力。

兩只羊相背而立，後身融合，嚴格對稱，合體中部琢出高聳的尊身。羊頭碩大，雙目炯炯，嘴吻有瑞獸特徵，犄角彎彎，雙耳小巧；頜下卷長鬚，鼻額和前胸碾琢卷毛，有玲瓏之緻；前胛凸顯，四足粗短健壯，蹄大堅實；尊腹琢饕餮紋，頸部琢鳳鳥。尊有蓋，亦飾饕餮紋；蓋鈕琢鳳，矯健挺立，雙翼高舉，神采奕奕。

作品莊重典雅，氣勢不凡，沉穩又不乏靈動，是漢帝國繁榮強盛達到巔峰的象徵。它集圓雕、浮雕、鏤雕、掏膛等工藝於一體，紋飾滿身，疏密相間，碾琢精緻，抛光精細，體現了漢代玉器製作的最高工藝水準。

羊是財富的象徵，是吉祥的象徵。以羊的形象製作玉器皿，代表了漢人對富足、祥瑞的期盼，是漢玉中極具形式美感和觀念美感的品類。這件雙羊尊取材上乘，玉體晶瑩，少沁。器表上，人力砣具抛光留下的橘皮紋清晰可見。這是一件非常重要的東漢玉器精品。

白玉雙羊尊（高 17.5cm）

白玉獅子

從五千年前埃及的斯芬克斯，到中世紀以後歐洲皇室和貴族的紋章，從波斯的浮雕石刻，到漢朝的圓雕玉器，都有一個共同的表現題材——獅子。儘管造型各異，人們對猛獸特質的刻畫卻是一致的。

人類對猛獸的崇拜，隨着人們思想意識的豐富，經歷了由簡單到複雜的演化。對猛獸形象的塑造，也從質樸的客觀描繪，發展到通過添加身體部位或做某些變形，賦予其人文意涵。這一現象，從一個側面展現了人類文明發展的歷程。

西漢時，安息（今伊朗一帶）國王欲與中國通好，遣使沿絲綢之路到達長安。使者給大漢皇帝帶來許多禮物，如各種寶石、金銀器皿等。禮物中還有各種珍禽異獸，其中就有獅子，讓國人第一次見識到這種貓科猛獸。來自西方的珍禽異獸被安置在御苑裡，供人們觀賞，一時頗為轟動。在《漢書》中，班固描述了漢人初見獅子的情形。

> ……蒲梢、龍文、魚目（皆馬名）、汗血之馬充於黃門，鉅象、師子、猛犬、大雀之群食於外囿。

華夏地界從未有獅子繁衍生息，漢人見其形貌奇特，神情威猛，大為訝異。從那以後，這一外來猛獸很快就與國人推崇的虎豹熊羆比肩，經常出現在雕刻和繪畫中。

這件作品表現的是一頭雄獅，頭頂琢有一綹卷毛代表濃密的

白玉獅子（長 14.7cm）

獅鬃。它是獅群的主宰者，也是保護者。作品風格寫實，雄獅瞪目張嘴，齜牙卷舌，神態威武，身軀強健，漫步徐行，像是在巡查領地。它頭頸上舉，目光越過齊肩的野草，察看四周的動靜。高高舉起的尾巴就像驕傲的旗幟，宣示着對一片土地的佔有權。

獅子頸部的中段裝飾了兩圈打窪邊條，琢密集的平行陰線；軀體上淺琢鹿、狼等形象，表現獅子栖息地的其他動物。獅子高舉舞動的尾巴，被玉工表現得異常生動，碾琢技藝高超，既大膽又細心。近兩千年過去，纖長的尾巴竟毫無損傷，實在是幸運至極。

儘管身上碾琢了各種紋飾，獅子的自然野性仍然撲面而來，表現出食物鏈頂端強者的沉穩自信，也顯示玉工對貓科動物形神的觀察很細緻，把握很準確。

作品取材白玉，緻密堅韌，晶瑩溫潤；玉體熟舊，獅尾上可見牛毛紋沁色，提示着時光的悠遠。相比第一瑞獸辟邪，漢代玉獅子並不多見，因此，這件作品愈顯重要。

白玉舞人鉞佩

1968 年，西漢中山靖王的陵墓在河北滿城被發現，為人們揭開了這個諸侯國神秘的面紗。說它神秘，是因為它在春秋戰國時期就存在了幾百年，西漢時又被劃為諸侯國，而司馬遷在《史記》中雖然多次提及，但都一筆帶過，沒有專文介紹它的歷史。

景帝劉啟在位時，皇子劉勝獲封中山國王。《史記》說，這位中山靖王「為人樂酒好內」。「好內」就是沉溺女色，於是，靖王的後代很多，兒子就有一百二十多個。三國時的劉備就是劉勝的玄孫。

劉勝平日不理政務，一切交人代勞，聲稱：「王者當日聽音樂，御聲色。」顯然，他是個很會尋歡作樂的玩家，也是個熟諳歌舞藝術的行家。

劉勝沉溺於聲色歌舞，實在是不得已而為之，目的是要給外界一個「沉溺享樂、胸無大志」的印象，以免被皇帝和朝中大臣們猜忌，給自己招災惹禍。沒承想，他個人這麼一樂呵，竟帶動起一個娛樂行業的繁榮。

中山國地處燕趙之地，這裡的百姓有着悠久的歌舞傳統，男人喜歡歌詠，女人擅長鼓瑟舞蹈。因劉勝的大力倡導，歌舞之風愈盛。於是，有經營頭腦的人紛紛開班教習，然後帶着歌舞佳麗「遊媚富貴，入後宮，遍諸侯」，用今天的話說，就是大量向外輸出娛樂人才。在那些被送到長安的燕趙佳麗中，有好幾位後來成了皇后，也算是娛樂輸出的附帶效應了。細究起來，兩漢的君主和臣民如此熱衷歌舞，一方面是楚風使然，一方面也與劉勝的大操大辦不無關係。

漢人對歌舞的喜好，也反映到了藝術作品中，並與盛行的神仙信仰結合到一起，形成了吉祥文化別樣的景觀。吉祥文化包括兩個方面的概念，即納福迎祥和祛厄避邪，這在漢代玉器上得到了充分體現。

鉞為百兵之首，是商周軍隊統帥權的象徵。至戰漢時期，玉鉞的禮儀性質減弱，變成了貴族們炫耀地位和財富的寶物，並被賦予鎮宅避邪的功能。舞人與鉞的組合，是極具漢代特色的題材。這一類作品不多，因而尤為珍貴。

這是件舞人與鉞組合的玉佩。在鉞的上方琢有一個圓環，用於繫繩佩戴。鉞的造型取自真實兵器，鉞刃彎曲弧度較小。鉞面正中淺琢饕餮紋，獰厲的神情凸顯了震懾邪祟、驅除宵小的威勢。以百兵之首的形象製作玉佩，其避邪威力自然強大。

白玉舞人鉞佩（長 5cm）

鉞的兩側各有一個舞人。她們跳着翹袖折腰舞，窈窕的身姿極富韻律。一臂上舉過頭，一臂拂掠身前；腰肢扭動，展現身體優美的曲線，讓人體會到舞蹈的輕盈曼妙，如聞優雅輕揚的韶樂和時急時緩的鍾磬聲。舞人面如滿月，劉海梳成寬闊的樣式，耳畔一綹秀髮彎垂。上衣下裳，腰束絲帶，下裳以陰線琢花蔓紋，舒卷飄逸，殊為靈動。

舞人象徵着和平幸福的生活，鉞象徵着守護力量。猙獰霸悍的饕餮紋與身姿曼妙的舞人組合在一起，在思想觀念上取得了矛盾的平衡。這兩個元素的組合，詮釋了「干戈」和「玉帛」的關係，表達了作品「祛禍避邪，添福增瑞」的主題含義。

作品所用白玉晶體緻密，純淨瑩潤；玉體熟舊，寶光蘊藉，局部微沁，栗黃輕淺。這是一件精巧玲瓏的上佳佩飾。

白玉臥獅

獅子原是外邦猛獸，因其威猛的形貌，從一開始就受到國人青睞，地位漸漸逼近老虎。

東漢時，獅子第一次來到中國。當時西亞各國有獅子，那裡的人們以搏擊獅子來表現自己的勇武。波斯國王遣使來華，向中國皇帝贈送獅子表達敬意，相期通好。初見此異獸，國人驚詫，對雄獅濃密的鬃毛更覺奇異。

北京曾是明清兩代帝都。儘管城牆扒了，牌樓拆了，不複往昔景象，一些物件卻躲過劫難留存至今，使人們能藉以緬懷逝去的古老歲月。遺存的物件中，石獅子最多。在天安門前，在皇家園林，在胡同裡的宅門外，石獅子隨處可見。明清兩代，玉獅子也不少，其淵源可遠溯漢代。

這件作品表現的是一只神態閑適的獅子，與昂首闊步、威風八面的玉獅子大異其趣。它匍匐着，腦袋後轉，一條後腿前伸，以爪觸下頜撓癢癢，情態生動，若真獅然。獅子雙目圓睜，炯炯有神，頭頸處琢出簡潔的兩綹卷毛來代表獅鬃。兩條前腿緊縮於胸前，似因原材的局限。玉工相玉定形，依形取勢，衡量收放，隱前腿而彰後腿，使撓癢癢的動作更加引人注目，藝術效果更為突出。

白玉臥獅（長 12cm）

獅子背上一溜圓突體，表現的是獅子脊骨的椎節，此法後世一直沿用。作品渾圓適手，掌中摩挲，氣血調和，心性得養。玉獅子在聚納祥瑞的用途之外，又添養生新功。

東漢時，佛教傳入中土，佛經故事裡的獅子隨之到來。由於其天然的神性，獅子十分契合中國的吉祥文化，大受國人青睞。大宅門外置守門獅，瓷瓶瓷罐畫繡球獅，石橋欄桿鑿望柱獅……凡此種種，中國人用得着獅子的地方實在太多了。至於逢年過節的舞獅，更是把大夥對獅子的喜愛發揮到了極致。每逢節慶，舞獅便成為人們娛樂神靈、向神靈祝禱的一種方式。伴隨着熱鬧的鑼鼓點和響成一片的鞭炮聲，成雙成對的獅子神采飛揚，閃轉騰挪，節節登高，將人間的美好祈願上達天聽。所有這一切，目的只有一個：納福迎祥。

和山西五台山相比，江西五台山的名聲略小，卻是中國佛教的「四大叢林」之一，香火很旺，因為那是文殊菩薩的道場。文殊院的大殿上，菩薩頭戴寶冠，身着霞帔，綴掛瓔珞，儀態雍容優雅。她面容慈祥，俯視着虔誠膜拜的男男女女，默默地把祝福和智慧傳送給信仰她的人們。

菩薩端坐在獅子背上。

白玉辟邪

《黃帝四經》的陰陽學說被道家採納，與老子的《道德經》合稱「黃老之學」，一方面講究修身養性，一方面尋求人與自然的和諧。受此影響，天人合一、天人感應的觀念在西漢早期很流行，加上楚文化中的神怪觀念，逐漸形成了神仙信仰。

《漢書》記載，武帝時，燕、齊兩地聲稱有能力溝通神仙、讓人享福的人數以萬計。這類人，當時被稱為術士，今天被稱為「大師」。劉徹篤信神仙到了癡迷的程度，被好幾位「大師」忽悠，花了許多銀兩，結果卻連神仙的影子都沒見着，令他大為惱火。

漢人對神仙堅信不疑，對長壽升仙之道異常迷戀。許多今人看來荒誕不經的說法，在漢人那裡卻是個嚴肅認真的事情。不過，漢人的癡迷有一樣好處，即為我們留下了很多與之相關的藝術品，勾畫出一幅幅漢代民俗圖景，展現了漢人最本真的精神世界，讓我們知其所好，知其所求。河南南陽和江蘇徐州的漢畫像博物館，共珍藏三千多塊畫像石，創作時間涵蓋兩漢，其中三分之一表現的是祈求長壽、得道升仙的內容。試想，如果沒有神仙信仰，漢代藝術不知會欠缺多少激動人心的形象和場景。

升仙的途徑，通常是馭乘祥瑞動物，乘龍、乘鳳、乘鹿、乘辟邪、乘老虎都可以，各取所需，各顯其能。其中，辟邪除了充當凡人升仙的馭乘瑞獸，還能鎮宅驅邪，因此玉辟邪非常流行，數量較多。

白玉辟邪（一對，各高 10cm、9.8cm）

這對白玉辟邪用料上乘，晶體緻密，膩如凝脂。它們呈立姿，軀體較短；腦袋渾圓，吻部短闊，齜牙卷舌，一綹長髯垂胸；前膊、後胯處琢磨出三塊突起的肌肉，顯得勁力十足；身軀餘部滿琢陰線鱗片；四肢粗短，肘部琢幾綹毛卷；爪圓掌厚，渾然有力；雙翼圓雕，向上舒展，翼尖與雙角相接；尾巴上翹，緊貼後胯。

這對玉辟邪的特別之處在於，它們不像常見的漢代玉辟邪那樣身軀修長、姿態矯健，而是軀幹粗短，渾圓敦實。這樣的造型，應該是原石形狀所致，是玉工相玉定形的結果，卻因此成就了一種造型風格，成為後世石獅的祖形。

事實上，這對辟邪的尾巴已經採用了獅尾，尾毛三綹，腿部也琢了幾綹卷毛。僅從器物類型學的角度看，這對辟邪也非常重要：它們與時俱進地採用了獅子身體部位的特徵。漢人永無止境的創新，在這組作品中再次得到了體現。作品料工俱佳，是東漢玉器的上佳珍品。

青玉美人魚

2010 年 5 月，上海。在世界博覽會上，除了讓人眼花繚亂的信息時代高新科技，各國競相展示自己最具人文色彩的一面，五花八門，爭奇鬥豔，其中，丹麥的展品尤為引人注目。

丹麥王國地處北歐，是童話的故鄉。作為安徒生童話的主角，美人魚名聞遐邇。1913 年，由嘉士伯啤酒廠的少東家雅各布森出資，雕塑家埃裡克森創作了美人魚銅雕像。在哥本哈根港口公園，美人魚坐在一塊礁石上，側身面朝大海，一年四季吸引着來自世界各地的遊客。

為了 2010 年上海世博會，丹麥人很費了一番心思，特意讓美人魚暫別家鄉，遠涉重洋來到東方。在這座繁華的東方港市，美人魚以世人熟悉的身姿坐在礁石上，向人們訴說她的愛情、她的憂傷、她矢志不渝的守候。

有人說了，中國的神話故事那麼多，難道就沒有一個與丹麥美人魚相似的角色麼？有倒是有，只是故事內容不詳。

一件小巧的東漢青玉作品，玉質純淨晶瑩。這是中國的美人魚，歲數比安徒生的美人魚大多了。她呈團身狀，既是玉匠相玉定形的結果，又恰好表現了魚兒在水中轉圜遊動的姿態，韻律婉轉，靈動脫俗。

美人魚有一張娟麗的臉。玉工在毫厘之間琢出秀氣的五官，表情欣悅，溫婉動人。她頭上高髻搖曳，耳後垂青絲一綹；頸項

青玉美人魚（高 5.5cm）

以下，匍匐的前肢是貓科動物的腿爪；雙肩生魚鰭，腰腹以下為魚身，尾鰭雙開，與高髻粘連。作品以圓形的青玉料去璞琢出，細節刻畫精微細膩。她集人、獸和魚的形體於一身，形象奇幻浪漫。

人魚傳說，中西皆有，而上足為獸肢的人魚，此為僅見，讓人不禁想探究其來歷。中國一些古老的典籍上偶有關於人魚的只言片語，至於其淵源故事，則未見提及。或許，這件作品只是某位玉工浪漫想象力的一次恣意發揮？假如玉工的創作有所依憑，那會是一個什麼樣的中國童話呢？裡面是否也包含了一份刻骨銘心的愛情？如果是這樣，男主人公是皇子還是書生？是漁夫還是士兵？故事結局如何？丹麥美人魚所經歷的痛苦和憂傷，讓人難以釋懷，希望中國的美人魚和她的愛人會有一個完美的歸宿。

後來，他們幸福地生活在一起，再也沒有分開。

青玉龍鳳谷紋璜

鳳舞九霄，啼聲嘹亮；
翎羽五彩，輝映朝陽。
龍飛在天，甘霖普降；
草木滋潤，澤被萬方。

龍和鳳是遠古先民留下的美麗遺產，幾千年來代表着中國人最美好的祈願。相比鳳鳥的簡單集成，龍的來歷要稍微複雜一些。遠古先民認定，在天上行蹤無定、威力巨大、光芒耀眼的雷電是個生命體，能布雲播雨，於是模仿隆隆的雷聲，把雷電稱為龍。雨過天晴，彩虹掛在天際，展現出世界上最美麗的色彩。先民認定那是播撒雨露後正在休憩的龍，於是便模仿彩虹優美的弧形，把龍描繪成一個身體長而彎曲的動物。商代甲骨文的「龍」字，就是在此基礎上創造的。新石器時代時，人們仿照彩虹的樣子製作了一種玉器用來祭祀龍。這種玉器就是璜。

《周禮》規定：「以玉作六器，以禮天地四方。以蒼璧禮天，以黃琮禮地，以青圭禮東方，以赤璋禮南方，以白琥禮西方，以元璜禮北方。」

以元璜*(即玄璜)*禮敬北方，其意在水。在五行理論裡，北方為「壬癸」，主水。「壬」意為妊娠、孕育；「癸」即「揆」，意為閉藏之後的萌芽、開張。在生產力低下的時代，農耕靠天吃飯，因

而對雨水的依賴很大。以掌管雨露、潤澤萬物的龍作為玉璜的形，體現了龍與農耕、與先民生存的直接關係。古人在海裡給龍建造龍宮，稱其為海龍王，就是看重了龍和水的關係。

這是一件青玉璜，器形意態莊重。璜的兩端琢龍頭，穹窿下方鏤空碾琢變形雲紋，體現「雲從龍」的概念。璜身滿飾谷紋，顆粒飽滿，規整綿密，琢磨一絲不苟，表達了人們對上蒼虔誠的祝禱，期望風調雨順，五穀豐登。

璜的上部雙鳳出廓，兩兩相對，頭頸回轉，鈎喙微張，似在啼鳴。鳳頭冠羽飄飛，鳳尾長翎舒卷，其淩空御風、翩然回圜的姿態十分優美，散發出喜人的祥瑞之氣。

玉璜所用青玉，晶體緻密細膩，光澤柔雅。紋飾碾琢精細入微，器身雖大卻有玲瓏之緻。作品局部受沁，沁色栗黃，襯托出玉質的晶瑩純淨。這是一件極為珍罕的漢玉精品。

青玉龍鳳谷紋璜（長 21.2cm）

白玉鳳鳥

有幾部古老的書，對鳳鳥的形貌和棲息之所做了最初的描述。《山海經》記載：「丹穴之山……有鳥焉，其狀如雞，五采而文，名曰鳳凰。」又說：「有五彩鳥三，名一曰皇鳥，一曰鸞鳥，一曰鳳鳥。」成書時間稍早的《詩經》唱道：「鳳皇鳴矣，於彼高崗。」

《春秋演禮圖》稱：「鳳為火精，在天為朱雀。」象徵光明，喻示祥瑞。《異物志》描述道：「其鳥五色成文，丹喙赤頭，頭上有冠，鳴曰天下太平，王者有道則見。」意思是說，鳳鳥出現，意味着當世的帝王是一位賢明的君主。於是，後代帝王無論是否賢明，一律都喜歡用鳳鳥形象裝飾物件。

戰國時，屈原首次在文學作品中把鳳鳥和人聯繫在一起。這位楚國大夫吟唱道：

鳳鳥在車前翱翔，
護佑在我近旁。
雷神不時地寬慰我，
使我免於恐懼心慌。
我願鳳鳥日夜陪伴左右，
隨我去那遙遠的地方。

楚人愛鳳鳥，以鳳鳥為圖騰。屈原遊歷仙境而有鳳鳥相伴，其祥瑞如此。

湖北天門地區，是新石器時代石家河文化區域，春秋戰國時在楚國境內。石家河玉鳳淩空御風，身姿飄逸，長尾翩翩，形態俊美。因為擁有一件這樣的石家河玉鳳，商王武丁的王后婦好成為中國古代最具品位的收藏家之一。商代時中原地區製作的玉鳳則造型拘謹，過於抽象，遠沒有石家河玉鳳那樣自然生動。

西周禮制森嚴，規矩很多，那時的玉鳳雖然線條柔韌流美，造型卻流於程式化、圖案化，身軀肥短，姿態稍嫌板滯。到了戰國時期，鳳鳥的造型開始回歸自然，注重寫實，集雉、鶴、鸛、綬帶、孔雀等美麗鳥類的特徵於一身，長腿纖體，姿態優雅，充滿活力。漢代的玉鳳，在戰國鳳鳥造型的基礎上，姿態更加靈動飛揚。

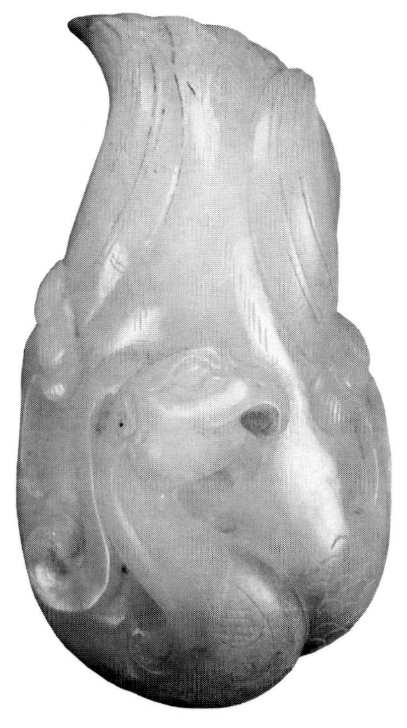

白玉鳳鳥（高 8cm）

這件漢代白玉鳳鳥沒有長長的尾羽，仿佛是對一只雌性孔雀的寫真。玉工根據扁厚的原材外廓定其姿態，表現了鳳鳥栖息的樣子。鳳眼水滴形，喙彎曲，耳郭尖俏，長長的冠羽飄垂；腿爪收攏於腹部下面，好像蹲伏在梧桐枝頭；脖子優雅地向一邊扭轉，勾喙微張，梳理羽毛，情態閑適安詳，充滿生活氣息。鳳鳥的胸、頸、翼、尾、腿等處，均以陰線碾琢羽毛紋，也表現翎羽上斑斕色彩的分布區域。

作品取白玉碾琢，玉質細潤若凝脂，大小正適合掌中賞玩，是一件精美的漢玉小品。

白玉羊尊

20世紀80年代末，藉一次出差的機會，我轉道去了一趟甘肅，遊覽天水麥積山，觀賞石窟中自北朝至明清的佛教造像和壁畫。

從麥積山返回城裡的路上，公交車減速並停了下來，等着一大群綿羊讓開道路。那是我第一次近距離見到那麼多的綿羊。羊群在牧羊人的驅趕下，「咩咩」叫着，捯着碎步匆匆走下公路一側。它們眼神溫順，鼻骨挺拔，犄角卷曲，卷毛蓬鬆。我忽然覺得綿羊的蹄子實在太小了，擔心它們支撐不住自己肥碩的身軀。

傍晚回到旅館，然後出門找吃的。一整天的藝術愉悅，由半斤面餅、一根大蔥和一碗羊肉湯做了總結。從那以後，一見到北魏或宋代的造像，我就會想起麥積山，然後想起公路上的那群綿羊。此後見到歷代的玉羊，就有一種特別親切的感覺。

漢玉之美，美在溫潤怡人的材質，美在活潑生動的造型，美在精緻華美的紋飾，美在層次豐富的沁色，美在添福增瑞的吉祥寓意。它們是漢人的物質遺存，更是漢人精神世界的寫照。

除了瑞獸祥禽，漢玉表現自然界動物的作品也不少。漢初，朝廷鼓勵農桑，獎勵養殖，畜牧業發達，玉工們對馬、牛、羊等牲畜都很熟悉，形象素材豐富，所作動物形玉器都很生動。

白玉羊尊一件，玉質晶瑩潤澤，堅硬卻給人以柔嫩的視覺感受；撫之滑膩，若觸嬰孩肌膚；局部受沁，柑黃喜人。羊呈站立狀，前腿直立，後腿略踞，似正從平臥狀態中站起。頭頸上舉，犄角彎曲，兩耳支棱，如聞同伴「咩咩」相呼，顯示玉工對動物姿態和神情準確的把握。

羊是人類最早畜養的動物之一，其肉可食，飽腹；其皮可衣，暖身，被視為重要的財產。因「羊」字與「祥」字通假、諧音，所以在中國的傳統文化中，一直以羊作為吉祥和財富的象徵。

玉羊雙肩生翼，羊尾分別琢瑞鳳和祥龍，寓意「龍鳳呈祥」；背部掏膛為皿，鈕蓋覆之，成為寶尊。玉尊太小，貴族當然不會拿來裝酒，而是藉以表達招財進寶、吉祥如意的祝願。

白玉羊尊（長 8cm）

白玉辟邪

有一次，和一位喜歡漢玉的朋友聊漢代的瑞獸，談到它們的象徵意義。朋友問我：「您認為哪一種瑞獸最能體現漢人的精神？」我回答說：「辟邪。」

漢人是一群非常感性、熱情奔放的人，其最熱烈的情感在辟邪身上得到了體現。漢玉中，龍鳳和四神的表現都很突出，而其獨立作品的數量，則遠不及辟邪。在四百年的時間裡，漢人用玉石組建了一個辟邪軍團，以護衛其祥瑞幸福，為其長壽升仙提供腳力。那麼，漢人為何對辟邪情有獨鍾呢？

在漢代，陰陽五行、風水堪輿、讖緯玄學和神怪傳說十分流行，趨吉避邪的觀念深入人心。作為祥瑞的象徵，龍鳳和四神照顧到了人們對美好生活的期冀。另一方面，針對冥冥之中潛藏的邪惡勢力，人們需要藉助神異的力量與之對抗，保衛他們正在享受的美好生活。簡單地說，漢人需要一種戰鬥型瑞獸。他們選中老虎作為這種瑞獸的原型，自有其理論依據。大學者應劭給老虎開具的「資格認證書」寫道：「虎者，陽物，百獸之長也，能執搏挫銳，噬食鬼魅。」

在戰爭信息化、體系化的今天，海、空軍需要新型武器時，會提出幾項重要的技戰術要求：火力強大，突防能力強，具備隱身性能。當初漢人對戰鬥型瑞獸的要求，與今天我們對 055 型驅逐艦、097 型攻擊核潛艇和殲 -20 戰鬥機的技戰術要求完全一致。

先說「火力強大」。老虎處於食物鏈的頂端，對獵物的殺傷力不容置疑。它的利爪和尖牙，甚至長滿肉刺的舌頭，對獵物都是致命的。其次是「突防能力」。老虎身軀健壯，四肢強勁，協調能力好，動作敏捷，發起攻擊時具有強大的爆發力，被它撲倒的獵物，再難逃出生天。再次是「隱身性能」。經過幾百萬年的進化，老虎披上了一件天然的隱身衣。毛皮上深褐色條狀斑紋間隔着黃色，就像是迷彩服，讓它能很好地融入環境，使獵物很難察覺，如同外形做了傾角體面設計或塗上雷達波吸收材料的戰艦和軍機。另外，老虎伏擊獵物時躡足潛行的超絕輕功，也使它在發起決定性一擊之前能很好地隱蔽自己，就像核潛艇的推進器具有優秀的降噪性能，行進時非常安靜，敵方的水偵設備很難探測到。

符合上述幾項要求的老虎，就這樣被漢人改造成了辟邪，當起了他們的保護神。辟邪的出現，一方面出於避邪驅祟的需求，另一方面也反映了漢人崇尚力量的心態，展示了一種昂揚向上、進取圖強的精神。

這對體量較大、裝飾精美的辟邪，可被視為漢人精神的最佳載體。作品所用玉料晶瑩緻密，潤澤細膩。玉體熟舊，器身局部有水沁、土沁和朱砂沁，由淺淡至深沉，肌理豐富，如朝霧，似雲霞，十分美妙。辟邪雙肩生翼，陡增神勇剛猛氣勢；張嘴齜牙，似正發出沉雄嘯吼，將睥睨天下的威勢宣昭無遺。另外，這對辟邪又極具特色，體現在對頭部、雙翼、尾部和鬚毛的刻畫上。

常見漢代玉辟邪，頭部造型基本模仿貓科動物。這對辟邪卻大異其趣，頭吻部呈流線型，具有良好的流體力學特性。其五官

白玉辟邪（一對．單只長 24cm，高 13cm）

也與常見的辟邪不同，一雙巨大的眼睛不是位於臉部的正面，而是位於頭顱兩側，突起呈水滴狀；鼻梁高挺，鼻孔分置兩側；嘴吻尖俏，很像鷹喙；耳朵較大，向上翹起；犄角似鹿，枝杈很長，峭拔挺勁。

辟邪的雙翼十分引人注目。多數玉辟邪的雙翼都琢成浮雕，緊貼腰胯。這對辟邪的雙翼卻是大體積的圓雕，高舉過脊，翻卷成渦，盡顯威武霸悍、飛揚跋扈的氣勢。翼上的長翎短羽，細節刻畫也非常精緻。

作品的裝飾手法具有突出的楚文化風格，例如，幾縷鬚毛相互穿插的樣子，與曾侯乙尊盤上蟠曲穿插的夔龍異曲同工，其碾琢施工，需要精湛的技藝和細緻耐心。

常見的漢代玉辟邪，腮邊多以陰線刻畫貓科動物的髭鬚，而這對辟邪的腮後卻長着巨大的雙層魚鰭！這在漢代玉辟邪中是絕無僅有的。玉工這樣設計，是想讓他的辟邪具備水中活動的能力嗎？再觀察辟邪的尾部，這一推論得到了證實——尾部的三支分叉中，主支被琢成了可上天入海的龍。

我推斷，這對辟邪的作者一定來自江河縱橫、湖澤密布的楚地。熟悉水生物的他，給一向被塑造成添翼猛虎的辟邪裝備了適合水下活動的魚鰭，塑造了流線型的頭吻。於是，這對辟邪便具有了陸上、空中和水下全方位立體作戰的能力，相當於今天一個國家的軍隊具備了陸、海、空、天、電的體系化作戰能力。

這是一對史上戰鬥力最強的鎮宅瑞獸。

黃玉龍鳳高足把杯

漢代貴族平常飲酒，多用木胎髹漆的耳杯，或稱羽杯、羽觴。高足玉杯僅用於重要的場合，平時主要供陳設、觀賞。迄今所見漢代高足玉杯不多，帶握把的更少。

這件高足把杯的用料為質地純淨的青黃玉，晶體緻密，玉質堅韌，細膩瑩潤，器表有典型的油脂般光澤。

側影一　　側影二

黃玉龍鳳高足把杯（高 24cm）

玉杯上大下小，器身滿飾淺琢的龍和鳳。雲水翻騰，龍鳳穿行。杯身上，攀附着兩條圓雕螭龍和一只圓雕鳳鳥，其中一條螭龍倒握一柄長矛。看上去，螭龍和鳳鳥正以杯身為舞台，以翻騰的雲水為背景，出演一幕吉祥短劇，浪漫而張揚。

執矛螭龍在杯身上佔據顯著的位置，是這件作品的亮點。螭龍的一只前爪攀着杯沿，另一只倒持長矛，回首凝視，神情昂揚，極為生動。這一奇幻的場景表現了驅除邪祟的主題。漢玉中，像這樣瑞獸執握兵刃的形象極為罕見，這件作品也因之愈顯珍貴。

玉杯的握把由一圓環、一鳳、一螭龍構成，圓環上站立昂首的鳳鳥，下面攀附着舉頭仰視的螭龍。它們的總體長度相當於杯身的高度，很好地承受了杯身的重量，持握手感舒適，人機工程學得到了體現，是藝術與科學完美結合的典範。杯的高足光素，挺拔俊秀。足與杯身連接處，琢一紐絲紋環。

遠古先民出於對神靈的崇拜，幾乎同時創造了鳳鳥和龍。漢人藉這兩種臆造的祥禽瑞獸，演繹出多姿多彩的吉祥文化，至今仍在很大程度上影響我們的精神生活，由此可見漢代藝術強勁的生命力。

白玉雙虎匙

漢文化包羅萬象，也體現在漢人的衣食住行各個方面。一些遺存的器物，為我們研究漢人的生活起居提供了彌足珍貴的實證，這件白玉雙虎匙就是一例。

「民以食為天」是先民生存的最高準則，至今仍被廣大美食家和偽美食家掛在嘴邊，成為其大快朵頤的理論根據。中國的餐飲文化呈現出誘人的色香味，與古人對美食、美器的講究是分不開的，也與封建社會貴族的等級劃分密切相關。

西周時，朝廷制定周禮，規定了貴族等級和相應的禮儀，其中，青銅器的使用規矩十分繁複，食器和酒器的種類、形制都很多。到了漢代，玉器成為貴族財富的重要象徵，人們熱衷於參考商周青銅器製作玉器皿，供陳設、把玩之用。這些玉製餐飲器具中，多數是容器，特別是酒器；匕、匙等取食器較為少見，因此愈顯珍貴。

這件玉匙選料上乘，碾琢和拋光技藝精湛。橢圓的匙身掏膛圓滑，深淺恰當，很適合舀肉湯喝。除了匙柄上裝飾的雙虎，這件白玉長柄匙和我們今天使用的湯匙沒什麼兩樣。匙身與長柄過渡滑順。柄為彎曲的厚片，自根部向尾端逐漸加寬，方便持握。柄身淺琢鳳鳥和雲紋，盡顯華美精緻。

在靠近匙身的匙柄上，碾琢兩只並排匍匐的老虎，虎頭沖着柄尾。兩只老虎就像在叢林中進行伏擊，隨時準備一躍而起攫撲

白玉雙虎匙（長 21.5cm）

獵物。處於這種狀態的老虎顯然正饑腸轆轆，期待着一通大嚼大咽。

儘管可以實用，這只玉匙仍是玩賞之物。當年，貴族主人把玩着玉匙，欣賞老虎矯健的身姿，想象着自己能有老虎一般的好胃口，一定會欣慰地頷首展顏：「廉頗未老，尚能加餐。」

白玉虎

我是壬寅年生人，屬虎。小時候，我和同齡人都不知道中國人和動物之間還有這麼一層關係。在那個年代，十二生肖之類的傳統文化有封建糟粕之嫌，大人不說，書上沒寫，老師不教。

雖然不知道自己屬虎，但我和小夥伴們對老虎都不陌生。我們念書的小學和中學都在一條街上，都挨着城市公園，牆那邊就是公園裡的猛獸籠舍。於是，一段 bō，pō，mō，fō 伴着幾聲急促的獅吼，一句 How are you 招來一通悠長的虎嘯，我們完成了十年學業。

念小學時，我對虎符這東西倒是挺熟悉的，那是小人書《竊符救趙》裡的重要物件。銅鑄的兩片虎形器物，合在一起就能調動千軍萬馬。幾十年以後，我對古玉着迷，才知道老虎曾經是古人崇拜的對象，商人和周人都曾製作過很多玉虎。

漢人對老虎也十分感興趣，舉例來說，座席四角壓虎鎮，屏風架子插虎座，四神當中有白虎，創造辟邪藉虎形，等等。漢玉中，馬、牛、豬、鹿等動物很多，以老虎為原型的辟邪更多，但是，老虎卻很少。開始我還挺納悶，然後慢慢醒過味兒來：在神仙信仰流行的漢代，老虎被它的「堂弟」辟邪搶盡了風頭！當時我就想：「老虎的形體那麼漂亮，漢代的玉工怎麼會忽視對它的表現呢？」於是，我盼着哪天能遇到一只漢代玉老虎。

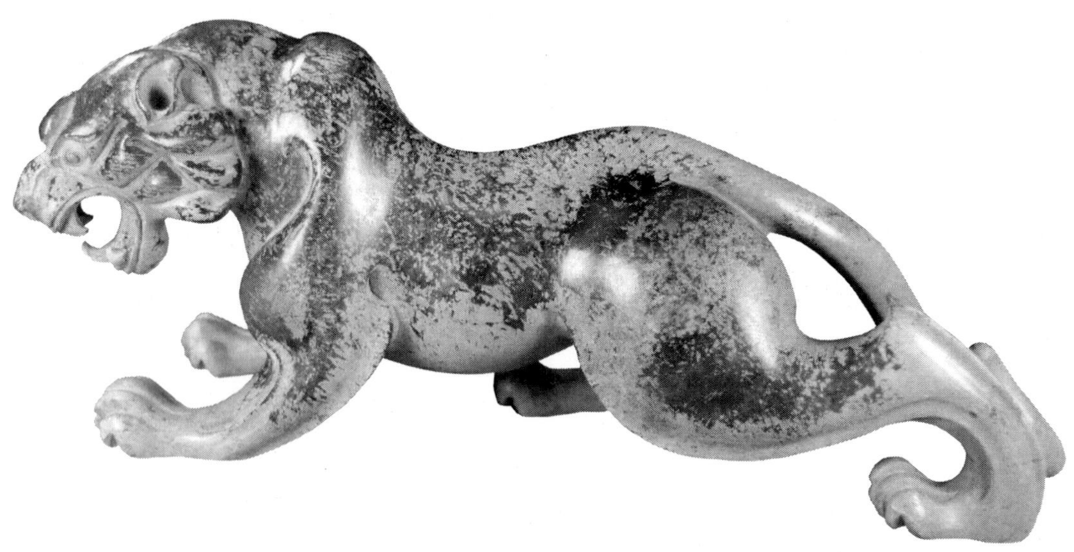

白玉虎（長 19.5cm）

一千九百多年前，在創作了若干只辟邪之後，一位玉工實在憋不住了：「老虎的形體那麼漂亮，幹嘛不直接做一只玉老虎呢？」這個念頭剛冒出來，他自己先被嚇了一跳，因為連他的師傅都沒做過玉虎呢。不過，玉工心意已決，要創作一件不同凡響的作品。

作品完成了。對貓科動物的細緻觀察、對技藝的不斷磨煉得到了回報，白玉老虎栩栩如生。玉工拋卻師承的神獸套路，循着理性的指引，完成了一次自然的回歸。這是一只非常寫實的玉老虎。從行走姿態來看，它像是在巡視自己的領地。

十多年前，我碰上了這只玉老虎。我還清楚地記得當時是如何極力掩飾內心的激動，以免賣家窺探到我的欲望，讓我講不下價來。瞬間穩定住情緒後，便和賣家往來議價。最終，我把玉老虎帶回了家。

玉虎給人的第一印象，是它身上大面積包裹的一層白色微黃皮殼。器身滿沁，色呈赭紅，深入玉體，僅有很小一部分可見白玉原色。富含鐵質的土壤環境、大量朱砂的堆積加上漫長的歲月，使這件精美的漢玉由內到外發生了美麗的物理和化學變化。白玉所含物質的分子慢慢逸出，再吸納土壤中幾種物質的分子，結果成就了這一奇觀。造化之功，令人贊歎。

玉虎擁有線型優美的身軀和四肢，喻示其敏捷快速的行動能力。低俯的頭顱、高聳的肩部、下凹的腰部、隆起的後胯、隨意擺動的尾巴，構成了優美的運動節律，玉虎仿佛活的一般。玉工對老虎身體各部的比例把握得十分準確，盡顯其寫實功力。頭部的處理非常用心，五官刻畫細緻。雙目圓睜，神情威嚴；口大張，牙外露，像是在發出那種胸腔共鳴的低沉咕嚕，警告潛在的領地入侵者。支棱着的雙耳像雷達天線般，凸顯了大貓的機敏警覺。玉虎姿態的表達精妙傳神，獸中之王巡視地盤時所表現出的雄強和自信，被生動地表現出來。

如果說手裡有一件漢玉就等於握住了歷史的一個片段，那麼擁有這只玉虎，就如同穿越悠悠的歲月，觸摸到了漢人激越的脈搏。

白玉鳳鳥尊

二十多年前剛迷上古玉那陣子，我逛古董店很勤。有一次在倫敦佳士得公司看完一次拍賣預展，我三轉兩轉，鑽進一座大樓裡的古董市場。在裡面逛了一會兒，看到一家經營東方古董的小店，便想在裡面碰碰運氣。結果，幾件明清玉器沒瞧上眼，卻相中了一件繡品。

繡片有兩平尺多，裝在鏡框裡，是晚清的作品。大紅的緞底，兩只絲繡的鳳凰五彩斑斕，造型優美，表現人們對美好生活的憧憬。繡片品相很好，絲線亮麗，熠熠生輝。繡片所配的西洋鏡框及褙板的封紙，也有百餘年的歷史了。

我一般很少買雜項，那天一高興就買下了那件尺幅別緻的鳳凰繡片。除了繡工精美、品相絕佳，鳳凰的吉祥寓意也是讓我心動的原因。

在人類文明的每座聖殿裡，都供奉着一只鳥兒。在埃及，它叫太陽鳥；在美洲，它叫雷鳥；在印度，它叫迦樓羅；在俄羅斯，它叫火鳥；在西方，它叫不死鳥；在中國，它叫鳳鳥。

在我們的先民眼裡，鳳鳥代表光明、溫暖、祥和，代表盡善盡美。楚人的先祖最早把鳳鳥當作吉祥物。一塊出土於湖北、刻有鳳鳥紋樣的大石板，已經有七千多年的歷史了，如今是湖北省博物館的一件鎮館之寶。讓鳳鳥的吉祥意義大放光彩的，是戰國的楚人和後來的漢人。

白玉鳳鳥尊（高 6.5 公分）

東漢時，佛教經由西域傳入中土。鳳凰涅槃、浴火重生的佛教故事，與西周以來盛行的鳳鳥崇拜相侔，契合了漢人祛災厄、求長壽、盼永生的願望，因此，鳳鳥深受漢人喜愛。許多漢玉都有鳳鳥紋飾，鳳鳥的圓雕作品也很多。

以動物形體做器皿，是商周青銅器的慣常手法，作品有梟尊、羊尊和犀牛尊等，用於儲酒。從外形上看，這件小小的玉鳳似乎和尊扯不上關係，一上手才發現，鳳鳥的雙翼和背部被琢成了活動的尊蓋，軀體則掏膛成為容器。漢代玉工的奇思妙想，常常出人意表。

鳳尊很小，僅供陳設、把玩。鳳鳥是漢代的經典造型：溜圓的鳳眼，帶卷的眉梢，彎勾的喙，粗壯的腿和爪。長翎短羽以陰線和淺浮雕表現，飛羽和次飛羽層次分明，既符合鳥羽的自然分布規律，又具有很強的裝飾效果。展開的雙翅和上翹的尾羽，表現了鳳鳥振翅欲飛的姿態，讓象徵長壽永生的鳳鳥顯得生機勃勃。

今人熟悉的鳳鳥形象，在戰國時期已基本定型，如 1949 年長沙楚墓出土的《人物龍鳳帛畫》。直到唐代，這種造型的鳳鳥還在流行，其腿、腳和爪取自鶴、鸛等大型鳥類，腿細長，爪纖巧，比較適合繪畫和浮雕。漢代的圓雕鳳鳥，腿爪多因材料所限而較為粗短。漢玉鳳鳥模仿獸足，顯肌腱，爪大而飽滿、銳利，與龍和螭龍的腿爪完全一樣。鳳鳥腿爪的設計，可能是基於這樣的考慮：除了給人帶來祥瑞，鳳鳥也應具有較強的戰鬥力，能夠鎮壓邪祟，驅除佞惡。

白玉龍鳳呈祥帶鉤

春秋時有一位工匠，專為大司馬家製作青銅鑲玉帶鉤。年屆八旬，他仍心靈手巧，工藝精湛，作品裝飾華美，鑲嵌毫厘不爽。有人問他：「您是生來就手巧呢，還是有什麼特別的竅門？」老爺子答道：「我幹活遵循着道。二十歲時我就開始做帶鉤。除了帶鉤，這個世界上沒有其他事情能讓我上心，因為做帶鉤是一件需要專心致志的活兒。」

《莊子》講述了老匠人遵循「道」的故事，頌揚了他寶貴的工匠精神。漢代玉工秉承這種專心致志的職業態度，不斷在自己的專業領域裡錘煉技藝，銳意創新。他們在創作中所表現出的奇思妙想，絕非今人所能想見。在許多造型奇譎、結構複雜的作品中，

白玉龍鳳呈祥帶鉤（長 29.7cm）

他們高超的技藝和完美的藝術表達，常給我們帶來驚喜，這件白玉帶鈎即是一例。

漢玉的風格與漢人的文化性格是一致的，飽含激情，充滿活力。受楚文化的影響，兩漢所有造型藝術，無論是平面還是立體，即便是簡單的幾何圖案，都蘊含着一股動勢，所有的線條和塊面都被這股動勢裹挾着，一起構成了動感十足的作品。各種人物、瑞獸和神仙境界的表現，無不激情張揚，堅硬的玉石因之勃郁着生命的活力。

這件白玉帶鈎的長度表明，它是一件陳設器。作品所用白玉質地細膩緻密，溫煦潤澤。器身局部薄沁，沁色栗黃，襯托出玉質的明潔晶瑩。

帶鈎較大的體量提供了較大的裝飾空間，玉工獲得了更大的創作自由。他根據玉材的原形，在帶鈎基本形制的基礎上隨形生發，創作了一件元素構成很有特點的作品。

帶鈎總體細長，鈎首碾琢龍頭。龍瞠目張口，露齒吐舌；雙耳大，支棱着；雙角紐絲，彎至腦後。鈎頸下段琢雲氣紋樣，取「雲從龍」意。雲氣紋往下，一只鳳鳥蟠曲回旋成環，與鈎頸上段剛勁的直線對比。從鈎尾至鈎頸，琢一條S形長龍作為鈎身主體。龍頭回望鈎首，龍頸回旋，龍爪蹭蹬；龍尾轉圜，開放如花。同體出一鳳，蟠曲成環。帶鈎整體由一個S形的龍身，順勢旁生出若干個回環，一股動勢盤旋湧動，激越昂揚。

「器以載道。」一件華美的玉器，以其精湛的碾琢技藝表達了龍鳳呈祥的美好寓意，給我們精神上帶來無比的愉悅。

白玉辟邪螭龍

和趨利避害一樣，趨吉避邪是人的本能，可是在漢人那裡，這一概念有着近乎宗教一般的地位，是人們主動熱切追求的目標。辟邪就是為此目的創造的。

作為漢人的守護神，玉辟邪通常成對製作。有時候，辟邪還會與其他瑞獸組合搭配，因而增添了額外的功能。

這對辟邪所用白玉細膩潤澤，料工俱佳。玉體熟舊特徵明顯，局部有水土沁。辟邪昂首挺胸，張嘴齜牙，長舌上卷，霸氣十足，帶着一股吞噬邪祟的剛猛勁兒；躬身隆背，四肢強健，掌爪銳利，蓄勢待發之勢展現了力量之美；前胸寬厚，肩部飛翼翻卷，延至腰胯，愈顯矯健。

白玉辟邪螭龍（一對．各長 15cm）

辟邪的背上各攀爬着一只小獸。它們形體蟠曲，生氣勃勃，姿態靈動。我的一位朋友細看了一會，拿不定主意：「它們不是小辟邪吧？」我說：「不是。它們是螭龍。」

「為什麼辟邪要馱着螭龍呢？」

「那得先知道螭龍是什麼。

「龍生九子，螭是老九，住在海裡。中國古代建築都是木結構，火災是最大隱患。漢武帝時，有人向皇帝建議說，螭龍是水精，置於屋脊可避火災。於是，在宮殿屋脊上安放螭龍的做法，就從那時沿襲下來了。後來，或許是怕螭龍太孤單，人們又在屋脊上添加了幾種功能不同的瑞獸，湊成一組。留存至今的明清宮殿和廟宇，其屋脊和飛檐上都安放着這些琉璃燒製的瑞獸，俗稱『五脊六獸』。五脊指的是一橫的屋脊和四斜的檐脊。瑞獸各司其職，體量最大的是螭龍，專司防火，它又有個名字叫螭吻。為強調其親水的特性，螭吻後來被設計成魚身，刻畫鱗片，魚尾上翹。」

「我明白了。辟邪身上馱着螭龍，避邪又避火。」

這位朋友喜歡古代雕刻，玉、石不論。有一次，他收了一批拴馬樁，請我去他郊外的園子裡觀賞，我因為有事沒去。晚上他就過來找我，拿出手機給我看照片。劃到其中一張時，我說：「這不是拴馬樁。」他說：「石柱頭上雕刻一只神獸，不就是個拴馬樁嘛！」我說：「柱頭上的這只神獸無足，沒有孔洞繫韁繩。」朋友再問：「那它是個什麼呢？」我告訴他：「這個石柱上面的神獸也是螭龍，雖然模樣又變了，還是用於避火。這個習俗始於何時，不得而知。它應該是樹立在屋外的牆邊。」朋友樂了：「您還別說，它這模樣還真像個消防栓！」

屋檐、屋裡、屋外放置螭吻、螭龍，裡外、上下全方位避火，可見古人對消防有多重視。當然，安放螭吻和螭龍只能給人們心理上的安慰，真正起消防作用的，還是院子裡那些平日裡盛滿水的大石缸或大銅缸。故宮幾座大殿外的鎦金大銅缸，大家應該都很熟悉。

早些年三峽庫區搬遷，流出不少老宅院裡的雕花大石缸，被城裡人買去裝點園景。多少年以後，當人們觀賞那些雕刻人物、動物或花草的石缸時，還會不會聯想到屋檐上的螭吻呢？

白玉四神佩

曾幾何時，山神廟、土地廟乃至繫着紅布條的古老大樹，在鄉間隨處可見，享受人們的香火供奉。古人對天地和對動植物的崇拜，有些演變成信仰，有些演化為民俗，一直存在於我們的生活中。兩千年前，這種崇拜和信仰被物化，寄托人們的祈願和希冀，留下了許多精美的器物，比如這件白玉四神佩。

就像後來的印人創作隨形印章一樣，漢代玉工依原料外廓取形，在巴掌大的玉料上琢出了高浮雕四神。白虎在最下邊，抬頭迎向右邊的朱雀。玄武身上的靈蛇沒有像平常那樣纏繞神龜，而是在其身旁蜿蜒，與其對視。最上面是青龍，扭頭朝向下方。四神之間相互顧盼、揖讓，像是在碰頭開會，商討如何保四方平安。會場上洋溢着和諧祥瑞的氣氛。

這件四神玉佩材質上乘，白玉緻密晶瑩，潤澤華滋。局部紅褐、柑黃的沁色，在白玉原色的襯托下，恍如積雪的鄉野中幾片色澤鮮豔的落葉，給作品添加了一份別緻的美感。

青龍、白虎、朱雀和玄武，四神守護着大地四方，守護着中國人的精神家園，一守就是兩千多年。摩挲把玩這樣的吉祥物件，任思緒隨美好的遐想自由飛翔，可算是終日忙碌、身心疲憊的現代人最好的心靈休憩了。

白玉四神佩（長 12cm）

白玉魚化龍佩

我有一位醫生朋友，早先收藏明清玉器，後來迷上了漢玉。有一次，他請我過去鑒賞新添的藏品。看了幾件東西之後，賓主移座，涮壺滌盞。沸水沏生普，雪盞壁微溫；甘香漱齒頰，順氣提精神。

朋友沏茶所用，是一把晚清朱泥魚化龍壺。這把壺製作精細，浮雕圖案的線條也流暢，更因主人經年累月地以熱茶養護，赭紅怡人，幽光蘊藉，令人賞愛不已。

魚化龍圖案，源於黃河鯉魚躍龍門的傳說。龍門位於山西河津西北 12 公里、陝西韓城北 30 公里的峽谷中。黃河流經此地，夾岸山峰壁立，河道陡然變窄，最窄處不足 40 公尺。河水至此，奔騰洶湧，浪高湍急，勢欲破「門」而出，一瀉千裡，景象十分壯觀。

典籍記載：「俗說魚躍龍門，過而為龍，唯鯉或然。」鯉魚善跳的特性，使其成為這一掌故的主角。李白描述道：「黃河三尺鯉，本在孟津居。點額不成龍，歸來伴凡魚。」「點額」指躍不過龍門而跌落水中的鯉魚，前額會摔出一個印記，形成了黃河鯉魚前額色深的特徵。這一描述，讓人聯想到落榜舉子的灰頭土臉。躍過龍門的鯉魚變化為龍，上天入海，無所不至，其地位和神通當然不是凡魚可比的了。

白玉魚化龍佩（長 6.8cm）

這件漢代的白玉佩，是迄今所見最早的魚化龍形象。玉佩下部琢一個龍頭璜，璜身短，僅裝飾兩枚雲紋。璜倒置，托着一件裝飾陰線束絲紋的璧，上方有兩條奮然躍起的鯉魚。魚頭已變成龍頭，相向貼在一起；魚身依然，尾鰭甩在璧的兩邊。玉工抓住了魚龍變化的一瞬間，把飛黃騰達的重要時刻定格下來。龍鼻上卷，魚身琢浮雕如意雲紋，都有戰國遺風。魚身旁邊的裝飾，表現鯉魚跳躍時激起的浪花，線條爽利，給躍起的鯉魚添加了強烈的動勢。

璧和璜都是禮天的玉器，以它們裝飾魚化龍玉佩，表達了「飛龍在天」的騰達寓意。

俗語雲：「鯉魚過龍門，身價竟百增。」傳統吉祥文化中，鯉魚躍龍門表達了舉業成功、地位高升的含義，與指日高升、冠上加冠、駿業宏開、宏圖大展等意象一起，都是中國吉祥文化大花園裡的美麗花朵。

白玉辟邪

文化是閑暇的產物，藝術是文化的結晶。

正是「倉稟實而知禮節」，任何一個長期和平安寧的時代，其文化藝術的發展一定是全方位的。漢人享受了三百多年的和平，民間普遍富庶，貴族生活豪奢，於是精神滿足的需求就變得特別強烈。一件件玲瓏的玉器，集中反映了漢人的思想觀念和審美趣味。

漢代玉器藝術水平的登峰造極，是與漢代文學的興盛相互映襯的。作為漢代文學的突出代表，漢賦是文人預設主題的創作，所表達的內容主要是大邑都市、宮殿樓閣和皇家林苑。文學家以滿腔的熱情、華麗的辭藻和鋪陳的手法，描繪城池、宮宇、林苑和湖澤的繁華旖旎景象，結構宏麗，描寫細膩，幾乎就是漢人對仙界的憧憬。文學家辭藻鋪陳的手法，與漆器、錯金銀銅器和玉

白玉辟邪（一對，各長 12.5cm、10cm）

器的裝飾手法相比，可謂異曲同工。

這是一對白玉碾琢的辟邪，玉質緻密堅韌，晶瑩溫潤；局部受沁，嫣紅、栗黃，如雲霞璀璨，十分美妙。

身姿較低的辟邪之所以沒有碾琢翅膀，大約是囿於原材料的限制，所以，就當它是一只半大不小、尚未長出翅膀的辟邪好了。這只辟邪匍匐前行，身體幾乎貼着地面，似乎在準備一躍而起，驅逐邪祟。它雙目圓瞪，緊盯目標；大嘴微張，齜牙卷舌，仿佛能聽到它刻意調節的呼吸；頜下長鬚飄拂，兩耳向後貼伏；獨角分叉，一直伸展至肩背處；長尾卷拂，自中段分岔。就像老虎正在隱蔽接近獵物那樣，瑞獸頭部略昂，躡足移動，神態機敏，刻畫非常生動。

另一只辟邪顯然已經成年，腮邊有長長的鬚毛，雙肩長着一對翅膀。與年輕的辟邪相比，它身姿較高，神態從容，顯示在狩獵方面有豐富的經驗，其身上的裝飾和另一只辟邪的裝飾大致相同。

這對辟邪的軀體裝飾繁密，是一個顯著的特點。前胛和後胯碾琢浮雕鱗片，排列規整，是後世麒麟和龍身上鱗片的淵源。從肩部到胯部，以軀幹線為界，辟邪的背部兩側對稱碾琢兩個大卷雲紋和若干小卷雲紋，繁密的紋飾覆蓋了整個背部。

大量碾琢陰線紋飾，是這組作品的又一特點。除了在眉毛、腮部和腿部碾琢陰線以表現鬚毛，瑞獸的鱗片、軀幹、大卷雲紋、尾部等處，均琢陰線裝飾。肩胛的一部分和大、小卷雲紋之間，還裝飾了陰線網紋，使瑞獸身上的紋飾顯得更為密集。

辟邪身上繁密的紋飾，襯托出玉質的晶瑩明潔，在表現其神性的同時，也鋪陳出瑰麗喜人的祥瑞氣象。

白玉「宜子孫」出廓璧

中國的傳統文化中，多子多孫、多子多福一直是重要的子嗣觀念。常見於明清瓷器的四妃十六子圖樣，就是這一觀念的直接表達。文人花鳥畫中的石榴，取「多籽」諧音，則是一種隱喻式的委婉表達。其餘如嬰戲圖、百子鬧羅漢之類的吉祥圖式，也用不同方式表達人們對子嗣繁盛的期望。

在生產力不發達的遠古時代，生存條件惡劣，嬰幼兒成活率較低，人們便通過多生育來保證族群的延續。後來，儒家思想又決定了中國人十分重視家族血脈的延續。

多子多孫是需要物質基礎的。歷史上凡是人口龐大的時期，都是經濟繁榮、社會穩定的時期。漢代經歷了三百多年的經濟繁榮，民間相對富庶，貴族和富豪們過着奢侈的生活，都期望後代子孫能將好日子永遠過下去。當時有一些吉語非常流行，像標語一樣出現在皇家宮殿和貴族屋宇的瓦當上：「延年益壽」「萬壽無疆」「千秋萬代」「長宜子孫」。前兩句代表對自身長壽的期許，後兩句表達對子嗣繁盛的期盼。其中，「長宜子孫」和「宜子孫」也經常出現在玉器上，成為作品的主題。

這件出廓璧取材白玉，玉體熟舊，寶光熠熠，局部有沁。玉璧整體鏤空，是典型的西漢風格，同類作品有南越王趙眜的鏤空龍紋璧。兩圈打窪邊條，構成了璧的外廓和內廓。其間碾琢兩條

白玉「宜子孫」出廓璧（長 10.6cm）

螭龍，分列左右，頭朝上，將觀者視線引向出廓的鳳鳥。鳳鳥的冠羽、尾部與璧廓相連，身體向上彎曲，下面鏤空琢篆書「宜」字，兩只螭龍的頭頸之間琢「子」字，螭龍尾部之間琢「孫」字。

鳳鳥因為能涅槃重生，被漢人視為長壽永生的象徵。以鳳鳥為裝飾，表達了玉璧擁有者對自身長壽的期許。作品以禮天的玉璧為平台，以「龍鳳呈祥」烘托「宜子孫」這個主題，那是「子子孫孫無窮盡」的期盼了。作為漢代吉祥文化的典型表達，作品具有重要的歷史價值和藝術價值。

白玉玄武

這件玄武以白玉碾琢，玉體熟舊，半透明如水煮蘿蔔，瑩潤怡人。神龜和靈蛇都長着龍一樣的腦袋，顯示其神性和親水的特性。它們突目彎眉，張嘴齜牙，頜下有鬚，顱頂長角。神龜匍匐，龜殼隆起，上面以陰線琢出若干六邊形紋。靈蛇從上到下纏繞着神龜，身軀琢紐絲紋，顯得活潑靈動。神龜和靈蛇雙雙舉頭向上，又似在水中浮遊，極富動感，極具生趣。

白玉玄武（長 8cm）

作品體量不大，正堪手握，是把玩的佳品。輕揉慢盤之間，氣脈得暢，精神舒爽，怡然靜處，身心俱養。若不盤玩，可置於案頭充當鎮紙，或作為擺件供人觀賞。

古人認為天圓地方，於是，漢人安排了四種瑞獸作為四方的主宰，讓青龍、白虎、朱雀、玄武分別鎮守東、西、南、北，稱為四神、四靈或四象。四神中，玄武最為特別，因為它是唯一的瑞獸組合，即一條靈蛇纏繞着一只神龜。更為特別的是，它擁有多重身份。

首先，玄武是北方之神。《楚辭》注：「玄武，北方神名。」《史記》載：「北宮玄武。」

其次，玄武是水神。東漢王充的《論衡》說：「東方木也，其星倉（蒼）龍也；西方金也，其星白虎也；南方火也，其星朱鳥也；北方水也，其星玄武也。」《後漢書》稱：「玄武，水神之名，司空水土之官也。」根據堪輿理論，北方屬水，故北方之神就是水神，即「天龜水神」。《重修緯書集成》也說，玄武「鎮北方，主風雨」。世間萬物都需要雨水滋潤，所以，玄武的水神身份很受人崇拜。

其三，玄武是陰陽交感繁衍萬物的象徵。東漢魏伯陽在其《周易參同契》中說：「關關雎鳩，在河之洲；窈窕淑女，君子好逑。雄不獨處，雌不孤居；玄武龜蛇，盤糾相扶；以明牝牡，畢竟相胥。」他藉着靈蛇纏繞神龜的形象，說明陰陽交合的必要性。

其四，玄武是司命之神。因龜、蛇之屬壽命較長，玄武又被視為長壽的象徵。按古代星象學理論，玄武是二十八星宿中北方七宿的斗宿，俗稱南斗，對應着北斗。《星經》說：「南斗

六星，主天子壽命，亦雲宰相爵祿之位。」因此人們認為，崇拜玄武可增壽添福祿。後來，人們便塑造了一位長壽老者，稱為南極仙翁，即玄武的化身。

其五，玄武稱帝。到了宋代，道教盛行，求仙、求長生的人很多，於是，主長壽的玄武被奉為道教的玄武大帝、真武大帝。自此，玄武便以人君面目出現，着帝王冠冕服飾，端坐殿上，接受信眾的香火供奉。

中國的神異動物不少，唯獨四神當中的玄武擔負了這麼多具體而重要的職責，身上繫掛着人們這麼多的冀望和祈願，其地位之尊崇，又遠在其他三神之上了。

白玉玄武環首短劍

醉裡挑燈看，通體沁斑斕。
非是銅鐵鑄，玲瓏出昆山。
環首飾玄武，劍格饕餮含。
不堪陣前用，僅供帳下玩。

一首五言詩，描述一柄漢代白玉短劍。

作為儀仗用的玉兵器，遺存較多的有西周的玉戈、玉矛和玉戟。用玉石製作兵器，顯示禮儀之邦無處不講理，無處不講禮。

「道理」即道之理。「道」指的是事物本源的客觀規律；「理」是事物發展變化的條理、秩序。「還有沒有天理！」今天，人們極度不滿卻又無可奈何時，這句話就會脫口而出。古人敬天，凡事講求合乎天道、天理。周人製作了大量玉兵器，意在表明自己是仁義之師，以武力滅商是順應了天理，是替天行道。畢竟，舉反旗意味着破壞原有的社會秩序，意味着戰爭，意味着殺戮，總得有一個說得過去的理由，必須和天理扯上關係，方能以理服人。

從一開始，「禮」就是服務於「理」的。玉是天地間孕育的精華，能通神，用來製作禮儀性兵器以宣示天理，是再合適不過了。周禮施行，玉兵器又起到了別尊卑、明禮儀的作用，於是，玉兵器同時具有了「講禮」和「講理」的功能。

什麼東西到了漢人那裡，都會有所變化，玉兵器也不例外。漢人製作玉兵器，既不講禮，也不講理，講的是驅除邪惡、納福迎祥。

漢帝國之所以強盛，除了繁榮的經濟和文化，還因為擁有一支強大的軍隊，擁有豪橫尚武的社會精英和平民。從物質方面看，武器的品質、多寡也起到了重要的作用。就像今天，一個國家是否是軍事強國，要看其是否擁有核武器、信息戰能力、精確制導彈藥和先進的投送平台，也就是說，是否擁有體系化作戰能力。在漢代，事情要簡單一些，往往一項科技進步，便可在一定程度上決定軍隊戰力的強弱。「百煉鋼」可謂漢代的高科技，以此技術打造的環首刀，剛度、韌度俱佳，是漢軍克敵制勝的先進武器。

景帝時，「七王之亂」被鎮壓後，人們從吳王劉濞的武器庫裡搜出大量儲備的兵器，幾乎可以裝備整支帝國軍隊。劉濞的封地在吳越地域，春秋以來，這裡就以出產精良的刀劍著稱。東漢人袁康所著《越絕書》是中國地方志的鼻祖，記載了吳越之地的歷史。此書涉及不少絕人、絕活，其中記述了春秋時期越國鑄劍名匠歐冶子和徒弟如何選擇精料、如何配比、打造的刀劍如何精良的事迹。

歐冶子鑄造了五柄青銅寶劍，名為湛盧、巨闕、勝邪、魚腸、純鈞。後來，他又和徒弟干將、莫邪夫婦一起，為越王鑄造了三柄鐵劍，名為龍淵、太阿、工布。越國最終能打敗吳國，歐冶子師徒指導打造的大量精良兵器功不可沒。1965 年出土於湖北荊州的越王勾踐劍，據信就是歐冶子打造的。這柄劍至今仍鋒利無比，輕輕一劃，一疊十幾張的複印紙迎刃而開。

白玉玄武環首短劍（長 33.5cm）

歷史上，僅魚腸劍有使用的記錄，即吳國的公子光雇傭專諸刺殺吳王僚。魚腸劍是一把鋒利的短劍，當時，它一下就刺穿了僚的三層護甲。劍雖好，刺客還必須身手了得，擅用刀劍，能將腕力、臂力、腰力和腿力協調運用，方能一擊成功。專諸碰巧是個屠戶。

漢代的「百煉鋼」刀劍雖然精良，但因鋼鐵易氧化鏽蝕，幾乎沒有完整的實物遺存，卻有不少青銅劍和數量更少、供把玩的玉劍留存至今。

這是一柄白玉環首短劍，通體沁透，栗黃怡人，可見石花燦然。僅有幾個不受沁的地方，顯露玉質如脂似雪，寶光蘊藉，品位上乘。劍身寬闊，劍脊突起，劍刃弧形起雙棱，有淩厲之氣。貴族把玩玉劍，既能獲得鎮邪驅祟的心理滿足，又能感受玉石的明潔溫潤，欣賞紋飾的精美玲瓏，獲得藝術的享受。

劍柄的環首內鏤空碾琢玄武，神龜靈蛇，有玲瓏之緻。據此推斷，當年玉工製作了四柄短劍，環首內分別裝飾青龍、白虎、朱雀和玄武。以四神裝飾劍首，寓意四海綏靖，四方平安。其中三柄玉劍，或許已經消失在歷史的煙塵中，只留下了這柄玄武劍，向我們展示漢代貴族的一項喜好：藉兵刃表達吉祥美好的寓意。

白玉舞龍璜

說起來可能有人不信：人類最初的舞蹈就是跳大神。

在遠古時代，面對嚴酷的自然環境，先民為了生存，很自然地想要尋求神靈的護佑，於是便產生了最初的神靈崇拜。先民認為，要想獲得神靈的護佑，最好的辦法就是祀奉食物。食物擺上之後，就要想法子召喚神靈前來享用了。

怎樣召喚神靈呢？那時候沒有香火、蠟燭，沒有鑼鼓、鞭炮，有的是篝火的烈焰，有的是身體的俯仰搖擺和四肢的盡情舞動，以及隨身體運動而變化節奏的嘶吼、吟嘯。沒有什麼比謀求生存更強烈的願望了。所以在這一時刻，先民的情感宣洩是毫無保留的，充滿虔誠，激情洋溢。舞蹈和歌唱就這樣產生了。

後來，祭祀活動中表達虔誠、呼喚神靈的歌舞，滲透到了日常生活中，其中最具代表性的，是豐收時節感謝神靈、表達喜悅的歡慶歌舞。

中國各民族都有傳統的舞蹈，如蒙古族、朝鮮族、藏族、苗族、瑤族、漢族、壯族、維吾爾族、哈薩克族，等等，藝術特色都很顯著。紅綢舞是典型的漢族傳統舞蹈，其歷史已有兩千多年了。

說劉邦靠唱歌拿下了江山，或許稍嫌偏頗，可是，在那個月明星稀的晚上，垓下被圍的楚軍士兵，確實被漢軍此起彼伏的楚歌唱得軍心渙散以致喪失了鬥志。天亮之後，劉邦得了手。

漢文化的主體是楚文化，漢代歌舞就是楚歌楚舞，因為漢初的貴族大多來自楚地，都喜歡歌舞。

上曰：「為我楚舞，吾為若楚歌。」

《史記》記載，有一天，高祖劉邦看到寵妃戚夫人不太開心，就對她說，你給我跳一段楚舞吧，我為你唱楚歌伴舞。於是，夫妻倆且歌且舞，歌舞交融，恩愛之情盡在其中。

貴族喜愛歌舞，老百姓也一樣。民間的歌舞雖然俚俗，情緒的表達卻更加質樸奔放，若經美酒潤喉活絡，歌舞就會更加直白熱烈。兩漢四百多年的光陰，就在歌舞中緩緩流逝。

漢人的舞姿出現在畫像石、畫像磚上，也出現在陶器、玉器上。湖北荊州博物館藏有一件戰國神人操龍玉佩，神人居中，身着方格華服，端直站立，雙手各操一龍。所謂操，就是操縱、操控，操龍就是舞龍，而這種操縱是通過神人的舞蹈來達成的。到了漢代，「操龍」題材被玉工做了推陳出新的表現。

這件白玉舞龍璜，是漢人藉用玉禮器表達世俗觀念的又一個例子，也是漢人舞蹈藝術的寫真。

璜的形制源於龍的身形，而龍又跟晴雨旱澇、跟農業收成密切相關，所以，玉璜的一面琢有顆粒飽滿、排列齊整的谷紋，象徵五穀豐登、生活幸福。璜的另一面碾琢高浮雕，一漢子居中舞蹈，豪縱奔放，動作幅度很大。漢子左右各有一條螭龍，隨着他的舞蹈蟠曲騰躍。人、龍姿態生動，場面熱烈。聯繫到玉璜另一面的

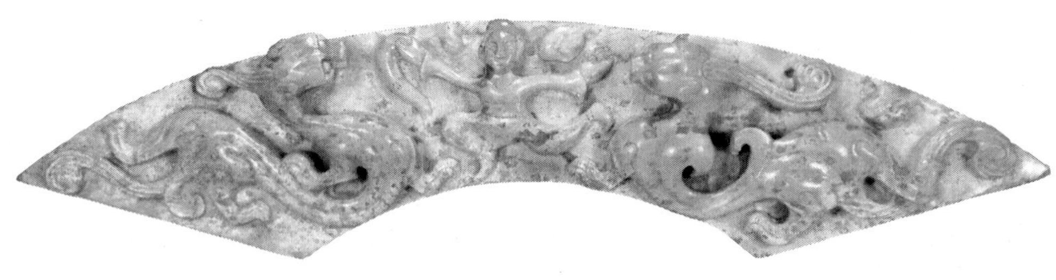

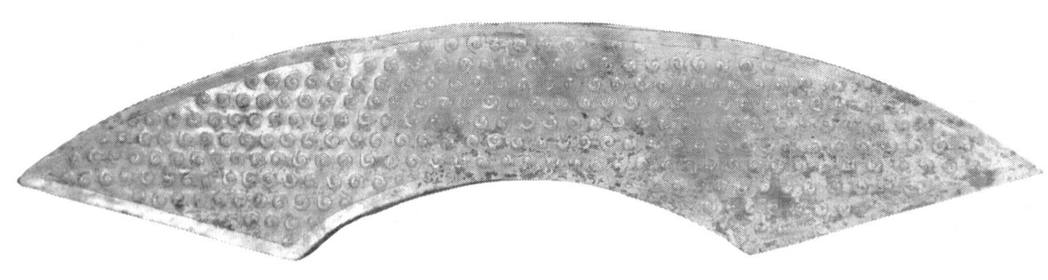

白玉舞龍璜（長 25.7cm）

谷紋，可認定這是歡慶豐收的舞蹈場面，人們在感謝龍神順遂人願，風調雨順。

舞蹈的漢子一手持綢巾揮動，顯然跳的是巾舞，一種融合了中原華夏禮制文化和南方巫風的舞蹈，洋溢着南方藝術特有的原始活力。這就是今天漢族紅綢舞的本源。當時，楚歌、楚舞逐漸脫離了宗教祭祀、娛樂諸神的範疇，演變為平常日子裡人們自娛自樂的主要形式，成為浪漫主義藝術的經典。

值得注意的是，在荊州博物館那件藏品上，操龍的男人穿着方格袍服，顯示其身份為神人或者巫師。而在這件作品中，舞龍的男人穿着平常的衣褲，更像是田間勞作的農人。把現實生活與神異事物聯繫在一起，玉工的魔幻現實主義手法十分嫻熟。

今天，紅綢舞已成為表達歡樂喜慶情緒的保留節目，廣受人們喜愛。舞龍更是節慶時最熱鬧、最受歡迎的一項娛樂活動，其本源都體現在這件漢代玉器上了。

作品器表大部分受沁，局部還可以看到雲母狀的璀璨石花，呈現出歲月的滄桑。和那些表現羽化登仙的玉器相比，這件作品直觀地表現了漢人的日常生活，因此具有極高的藝術價值和歷史價值。

白玉辟邪教子

辟邪是漢人最喜歡的祥瑞動物之一。作為漢代第一瑞獸，辟邪與龍鳳一樣，是漢代祥瑞動物的一線大腕。

漢代辟邪有多種材質，玉、陶、石、鐵、青銅，等等。材質不同，藝術表現和視覺美感也各臻其妙。這其中，玉辟邪的數量最多，因其材料珍貴，晶瑩溫潤，可上手把玩，最受人們喜愛。

大多數漢代玉辟邪的造型相對固定，姿態較為程式化。常見的辟邪昂首闊步，姿態生動，神情威嚴。但是，漢人天性浪漫，喜歡創新，不少玉工往往會突破框框，匠心獨運，創作出新穎活潑的作品。這件白玉辟邪教子便是一例。

白玉辟邪教子（長 8.6cm）

老辟邪的造型和姿態並無突出特點，一樣的瞪眼張嘴齜牙，一樣的昂首挺胸踞立。作品的特別之處在於老辟邪身前的小辟邪，以及老幼之間交流的情態。

哺乳動物幼崽的形體大多呈如此模樣：腦袋大，身軀短；兩眼大卻蒙朧，嘴吻短而沒牙；四肢粗短，尚未長開，與軀體湊成圓融的一團。它們神情懵懂，平衡能力差，動作笨拙，招人憐愛。喜歡動物的人知道，貓、狗、豹子、老虎等動物的幼崽，都符合上述特徵。人之初，性本善，獸亦如此。即使是兇殘的狼，其幼崽也同樣是毛茸茸的一團，模樣、神態同樣招人喜歡。

小辟邪緊貼在老辟邪胸前，腦袋渾圓，大眼睛透着懵懂無知，還露出一絲執拗頑皮。它嘟着一張肉乎乎的嘴，一看就是還沒長牙，尚在哺乳期的樣子。可以想象，它的叫聲也是奶聲奶氣的咿咿呀呀，不像老辟邪低音渾厚、胸腔共鳴的深沉吼嘯。

長到一定時候，哺乳動物的幼崽就會特別好動，對周圍的世界充滿好奇，不停溜達，上躥下跳，四處探索。眼前這只小辟邪卻少見地擺出一副乖巧的樣子，大概是幹了什麼錯事，正受到老辟邪的責怪訓斥。它也許是跑得太遠了，也許是攀爬的地方太危險，也許是玩鬧得太過分，招惹了別的老辟邪……然而，它並不知道自己做錯了什麼，受到呵斥之後，惶惑地偎依在老辟邪身前，撓撓頭，眨眨眼，一臉懵然，一臉無辜，讓人看了忍俊不禁。沒有這只又活潑又乖巧的小辟邪，這件玉器不過是又一件程式化的作品；有了它，作品便充滿了動人的情緻，品位立刻大幅提升。威武雄壯的漢代辟邪見了很多，而充滿生趣、讓人發出會心一笑的，此為僅見。

凡是喜歡古代雕件的人，都知道「蒼龍教子」這個題材，其材質有玉石、犀角、陶瓷，等等，宋代及以後有不少作品。如今，碰上這件漢代白玉作品，是否就算是找到「教子」的鼻祖了呢？

距離作品完成的那一天，已經過去了約兩千年。辟邪教子的器表染上了一層淡淡的時光浸痕，玉體熟舊，如陳釀一般，給人一種醇厚糯滑的美感，誘人沉醉其中。

紅瑪瑙羽人龍鳳壺

在今天的網絡語言中，「紅」字也好，「火」字也好，都表示「受到普遍關注」「引起很大轟動」。把這兩個字疊加在一起，就是「紅紅火火」，表達的就是它們最本初的意義了，比喻繁榮興旺，形容日子過得富裕、幸福。國人喜歡紅色，因為在中國的傳統色系中，紅色象徵着溫暖、光明、熱烈，象徵着吉慶祥瑞。

中國人為什麼對紅色如此推崇呢？原來，在西周時期。為重大的祭祀宰殺牲口時，依照周禮，必先把牛、羊的身體塗抹成紅色。塗料是用紅色的花朵淬製的。「花」與「華」通假，於是，遵守周禮和崇尚赤色的人或族群被稱為華人或華族。因為周禮施行的地區被稱為夏，所以，人和土地合在一起，就稱為華夏，代表一個文化概念。司馬遷在《史記》中把中國稱為「赤縣神州」，至今我們仍把自己稱為赤子，其淵源都在西周。

由於上述原因，自然界紅色的石頭受到了國人的青睞。俗話說，千樣瑪瑙萬種玉，說的是美石種類多，色彩豐富。瑪瑙是玉髓類礦物的一種，紅色和白色是主要顏色，其中，紅瑪瑙最為人喜愛。

從春秋戰國時期開始，瑪瑙就被普遍用來製作飾品。紅瑪瑙原石多雜色，純淨的大塊原料基本沒有，因此，其製品多為珠子，做配飾。與珠子相比，這件東漢紅瑪瑙壺算是紅瑪瑙的大製作了。作品所用的材料顏色暗紅，色澤沉着渾厚，不像今天開採的瑪瑙那樣通透。

紅瑪瑙羽人龍鳳壺（高 21cm）

瑪瑙的莫氏硬度為 7 ～ 7.5，相比和田玉的 6 ～ 6.5，碾琢的難度大很多。這只壺需深入掏膛，且口小肚大，操作不易，耗時費工可想而知。雖然原料中摻雜了一些淺色和暗色，總體來說還是紅豔純正，是一塊難得的好料。更難得的是玉工的裝飾設計，靈動飛揚的浮雕物象鋪滿器身，充分展現了密集鋪陳、瑰麗浪漫的楚地藝術特色。

先看器形。壺身飽滿而不臃贅，壯碩而不失挺拔。從頸部到肩部，再從肩部到腹部，線條流暢，過渡和緩。頸部和肩部交界處有耳，為厚實光素的長方塊。壺有蓋，蓋身圓弧；鈕大，束腰承盤。壺底琢束腰圈足，與蓋鈕呼應。整體看來，器形莊重。

再看紋飾。蓋身碾琢兩只蟠曲的鳳鳥，空間雖小，騰挪之勢不減，只是省略了雙翼，稱為螭鳳。其實，作為神異動物，鳳鳥的樣貌變化萬端，有翅膀還是沒翅膀，全由玉工根據創作需要和空間條件來安排，自由度很高。蓋鈕光素，有峭拔之緻。蓋沿飾一道打窪寬邊條，對應壺口的打窪寬邊條。

壺身的紋飾分為頸部和腹部兩個區域。頸部的一面裝飾一只鳳鳥，勾喙彎曲，冠羽飄飛；雙翼奮張，短羽長翎翻卷舞動；雙腿健壯，腳爪銳利而飽滿，碾琢精工細膩。頸部的另一面裝飾一龍一鳳鳥。龍身騰挪，龍頭正面，雙目大睜，排齒外露。

壺的腹部是主體裝飾所在。一漢子手舞足蹈，一只鳳鳥在他面前翩翩翱翔，長長的鳳尾掠過漢子的頭頂。在漢子的身後，一只臉朝正面的長角瑞獸後腿舉起，兜住了鳳尾的末端，模樣和動作都有點滑稽。

第一眼看去，漢子的模樣有些古怪。仔細一看，其頭部、身軀、手腳的造型和毛羽紋顯示，他正處在由人變化為羽人的過程中。見過許多表現接引升仙羽人主題的作品，而對凡人變化升仙過程的表現，此為僅見，所以這件作品非常重要。

壺腹的其餘部分，又裝飾了幾只龍和鳳，包括幼小的龍和鳳。它們飛翔騰躍，顧盼呼應，身體各部的特徵變化多端，炫人眼目。一道類似閃電的打折條帶斜着劃過壺身，平直的線條在曲線繁複的畫面上特別突出，使畫面產生了強烈的動蕩感。

繁密的幾層紋飾，被幾圈光素的邊條和壺耳所分隔，既避免了花多眼亂的視覺疲勞，又為作品增添了一份雋永。

在漢文化的形成期，浪漫奇譎的楚文化為之貢獻了極其重要的部分，這裡頭，有像屈原這樣的遊吟詩人，有司馬相如這樣的文章寫手，還有眾多不知名的玉工、石刻匠、建築師。他們的作品瑰麗浪漫，五光十色，為我們展開了一幅幅漢人生活的畫卷。

漢文化的形成，經歷了一個逐步積澱的過程。那些早期的思想觀念，一些被形諸文字流傳下來，為我們所熟知；一些則被時光過濾掉了，沒留下任何文字表述。因此，我們在鑒賞漢代物件時，總會有許多不明白的地方。有一次和朋友們交流，我開玩笑說：「古董，古董，只有古人才懂。」

鑒賞古物是探尋古人思想的過程，許多的「為什麼」，鋪就了我們走近古人的通幽之徑。收藏的樂趣就在試圖解答這些「為什麼」中得到了體現。

青黃玉龍鳳呈祥帶鈎

中國的古代哲學思想中，「器」和「道」是一組相對的概念。老子說：「形而上者謂之道，形而下者謂之器。」又說：「君子不器。」意思是，一個人要想成為君子，其學識和技能不應局限於某一個領域，應該對社會生活的各方面都有所了解。孔子此言，意在凸顯「道」的地位。然而，無形的、表明事物存在和發展規律的「道」，恰恰存在於有形的「器」之中。

作為「器」的一種，帶鈎在戰國時期開始流行，至漢代達至藝術的頂峰，承載着幾百年內流行的思想文化觀念。與思想家們相比，玉工們對中國文化的豐富和傳承不遑多讓，而且許多作品流傳下來，讓我們可以直觀地感受當時人們生活的種種情狀，具有很高的歷史價值和藝術價值。

漢代的工匠繼承了戰國帶鈎的製作技藝，並將其發揚光大。以玉帶鈎為例，除了實用件，玉工們還根據貴族對奢侈品的需求，製作了許多供把玩、陳設的玉帶鈎。後來，這類帶鈎的尺寸越來越大，紋飾愈加豐富，對思想意識的表現力也愈強。

這件寓意龍鳳呈祥的帶鈎用青黃玉琢成，體量較大，還配有掛扣，是陳設把玩件。鈎首碾琢龍頭，鈎身寬扁如板，末端也琢龍頭。鈎身琢三條飛揚靈動的螭龍和一只鳳鳥，均為圓雕。精緻的琢工，流暢的線條，給龍和鳳注入了飽滿的生命力，顯得栩栩如生。帶扣尺寸略小，裝飾了兩條高浮雕螭龍。實用型玉帶鈎很

少配掛扣，而這件作品別出心裁，鈎、扣成套。玉器整體熟舊，局部有褐色沁紋，尤以掛扣的環上沁色略重。

青黃玉中，青和黃所佔的比例有很多微妙變化。這件作品所用的青黃玉很有特點，色澤淺淡，不同於任何已知產地的青黃玉。也許，和許多漢代玉器的玉料一樣，這種青黃玉的產地已湮沒在歷史的塵煙中了。正因為如此，這件精美的作品愈顯重要。

青黃玉龍鳳呈祥帶鉤（長 25.5cm）

青玉辟邪佩

佩是最早的裝飾玉器之一。從新石器時代的紅山文化時期到商周時期，玉佩的樣式很多。到了漢代，玉佩有了不少創新的樣式，比如加入了祥禽瑞獸作為主要裝飾。

這件作品由一個滿琢勾連谷紋的牌和一只辟邪構成。牌最早出現在西周時期，多裝飾變形雲紋或變形龍紋。

牌身上圓潤的谷紋由婉轉流暢的陰線勾連，排列規整而不失靈動。牌的上方碾琢辟邪，神態生動；下方碾琢鏤空卷雲紋，佔牌的長度一半左右，烘染出仙境的氛圍。

青玉辟邪佩（長 11.7cm）

辟邪的姿態就像老虎隱蔽着接近獵物。它雙目瞪睜，鼻頭渾厚，雙耳貼伏。張口似在吼嘯，下顎呈鉞狀，獠牙盡露，長鬚成縷。它身軀匍匐，雙翼上卷，躡足潛行，長尾貼地，顯然已靠近獵物，正積蓄力量，準備騰身躍起，發起最後的攻擊。其神情、動態刻畫之精準，充滿張力，顯示了作者高妙的藝術表現手段。老虎的獵物是鹿、麂、野豬等；辟邪所要攻擊的對象，則是冥冥之中可能對人造成傷害的邪惡勢力。

辟邪身上也碾琢了不少陰線，刻畫肌腱、鬚毛，線條柔韌挺勁，收放自如，技藝超絕。

作為漢人的「第一保鏢」，辟邪出現在各種玉禮器、玉器皿、玉兵器和玉配飾上。人們藉着這些平台表達避邪驅祟的願望。和龍鳳一樣，辟邪也充當漢人羽化登仙的腳力，是漢玉中應用最為廣泛的裝飾元素之一。

兩次參觀華盛頓的弗利爾美術館，我都願意多看館藏的戰漢玉器，領略其卓越的藝術表現。藏品中的一件辟邪玉佩，造型和紋飾與這件作品幾乎一模一樣，僅在使用功能上有區別。相比這件作品的把玩性質，弗利爾藏品的一端琢有一截插榫，應該是嵌入某種物件作為裝飾。由此看來，無論哪個品類的玉器，都有可能被漢人多方改造，以適應其充盈的想象力。

白玉舞人擺件

想知道漢人是些什麼樣的人嗎？去看他們的玉器。想知道漢人都想些什麼、怕些什麼、期望什麼嗎？去看他們的玉器。這些玉器曾經的擁有者均為貴族或富商，是社會的精英，是藝術的贊助者、藝術發展的推動者，代表着社會的主流意識形態。因此，漢玉不僅給我們帶來視覺和觸覺的美感，也向我們透露了兩千年前人們最本真的內心活動。

這件白玉作品用料上乘，緻密堅硬，晶瑩潤澤，局部淺沁。在一只瑞獸的背胯上，一位舞人在跳着翹袖折腰舞。瑞獸身前，一漢子面向舞人，雙手執長柄大鉞。

舞人的刻畫風格寫實，很有生活氣息。她面龐圓潤，眼睛呈水滴形，鼻子和嘴的表現則較為簡約；長髮順雙頰下垂，至肩膀處向上彎曲，別具風韻。她胸部高隆，腰身柔順；上身着圓領長袖衣，腰繫寬絲帶，下身着長裙。瑞獸也是水滴形眼，鼻翼寬闊，張口齜牙；四足有蹄，像是麒麟；雙肩生翼，又似辟邪；兩肋下裝飾雲氣紋，烘托出奇幻的氛圍。

漢子的眼睛也是水滴形，雙耳直接用卷雲紋表現；身着窄袖袍服；髮型奇特，不像常人，疑似神職人員。舞人、漢子的衣裙上和瑞獸的身上，都以陰線碾琢勾連雲紋，鉞面則裝飾饕餮紋。

白玉舞人擺件（高 18.6cm）

第一眼看到這件玉器時，我對作品奇特的元素組合頗感困惑。稍一定神，才將其中的兩個元素聯繫起來：舞人和鉞。

玉舞人最早出現在戰國時期，片狀，常作為組玉佩的飾件。到了漢代，除了片狀舞人，還出現了作為陳設器的圓雕舞人。片狀舞人常與其他物件搭配，如前述的白玉舞人鉞佩。眼前這件作品有一柄鉞，由一個漢子雙手執舉。據此可以推斷，在漢玉中，舞人和鉞是一個固定的搭配。

作品的祥瑞主題毋庸置疑，但是，身姿曼妙的舞人與百兵之首的鉞，看似毫無關係的二者搭配，在「祛禍避邪，添福增瑞」之外，還有別的什麼含義嗎？兩千年是非常漫長的歲月，漢人的許多思想觀念早已散佚在流光中，加上很多藝術品的主題含義在當時就不見諸文字，於是造成了我們認知的局限。或許，將來會出現更多的佐證，能幫助解答類似的疑問。

白玉鳳鳥七雄佩

2005 年 7 月 12 日，倫敦。當地時間上午 10 時，在佳士得拍賣會上，一件中國瓷罐以 1568.8 萬英鎊拍出，按當時的彙率折合人民幣 2.3 億元。這只罐子的拍賣，創造了中國瓷器的最高價紀錄，一時引起轟動。細究起來，除了元代青花瓷器的名貴，罐身上描繪的人物故事也是眾多競買者對它心儀的重要因素。那是一個關於智慧、謀略和師生情誼的故事：鬼谷子下山。

兩千三百年前的戰國時期，偉大的謀略家王詡隱居在一座叫鬼谷的山中，因自號鬼谷先生，人稱鬼谷子。這位謀略家還是位出色的教育家，教出了四個赫赫有名的學生：軍事家孫臏、龐涓和縱橫家蘇秦、張儀。這幾位高徒學成後，分別效力於幾個諸侯國，其中，孫臏效力於齊國。有一次，齊國與燕國交戰，孫臏被敵所擒。鬼谷子聞訊，乘坐一輛老虎拉的車子，率人下山營救。那件引起轟動的元青花罐，器表描繪的正是鬼谷子下山救徒的情節。

「戰國」的英文是 The Warring States，即「交戰中的諸國」，翻譯十分生動。秦、楚、燕、韓、趙、魏、齊，七個並峙稱雄的主要諸侯國，在兩百多年的時間裡演出了一幕幕爭霸天下、風雷激蕩的大戲。這些史實被人記錄下來，寫成了一個個故事。

西漢末年，大學者劉向在皇家圖書館校錄群書時，發現了一些有關戰國史實的寫本，其中的故事十分引人入勝。他按照國別加以編訂，寫成《戰國策》這部書。當中的故事，有恃強淩弱，有詭詐權謀；有為人的秉性，有處世的哲學；有機變處置的成功，有深謀遠慮的布局；有當事人切膚蝕骨的感受，更有諄諄警示後人的殷鑒。隨着這些故事的展開，人們看到了一個持續動蕩而又充滿活力的時代。

《戰國策》的成書，體現了漢人對歷史研究的重視，書中記錄的史實多帶有很強的啟迪意義，因此，漢人很注重藉鑒，並將其廣為抄錄，以傳之久遠，成為後人享用不盡的精神財富。

漢人對戰國歷史研究的熱情，逐漸演化成一種影響廣泛的時尚，以至在貴族玩賞的玉器上，相關的內容被作為裝飾表現出來，比如這件白玉鳳鳥七雄佩。

七只圓雕的鳳鳥翩翩飛舞，環繞着七面圓形盾牌。每面盾牌用篆書鐫琢「七雄」中的一個國名。盾牌循着一條弧線排列，似與翱翔的鳳鳥互動，有一種扭動的張力，反映了「七雄」之間合縱連橫、相互博弈的複雜情勢。山野間縱橫家奔走的身影，宮帷內國君大臣的謀劃設計；戰場上將士的陣陣吶喊嘶吼，硝煙中獵獵翻飛的破碎軍旗；搏殺時戈矛劍戟的鏗鏘碰撞，傾翻在地的戰車和哀鳴的馬匹……秦孝公、楚懷王、燕昭王、韓襄王、趙武靈王、魏惠王、齊威王，這些東周時期諸侯國的國君及其繼任者們，完全無視周王室的存在，為着各自的霸業雄圖，不停地合夥結盟，又常常背棄盟約，兵戎相見，相互攻伐，直攪得天下不寧。所有這些，都凝集在一塊明潔溫潤的玉石上了。

在諸侯爭霸、天下紛紛的情況下，思想文化和藝術表達也呈

白玉鳳鳥七雄佩（長 22cm）

現出中國歷史上少有的活躍局面，「百花齊放，百家爭鳴」，就是對當時情形的準確表述。各種思潮的碰撞、交鋒，可視為沒有硝煙的戰爭。學術之戰並非你死我活的爭鬥，其結果往往是各種思想觀念的融合與升華。在對春秋時期百家思想的承繼中，各家各派取長補短，形成了影響數千年的思想體系。儒家思想就是在這一時期融合諸家，為日後成為歷代皇朝的主流意識形態打下了基礎。

在漢代，百家學說同樣享受着寬鬆的學術環境，正如歷史學家翦伯贊指出的，「漢武帝是文學家最親密的朋友」。當然了，劉徹願意與之為友的，遠不止文學家而已。

從上述情形來看，這件白玉鳳鳥七雄佩，又何嘗不代表着漢人對春秋戰國時期傑出的思想文化人物的敬意呢？時至今日，那些儒家、道家、法家、雜家、陰陽家、縱橫家、醫學家和經濟學家的名字，仍和他們的思想一樣熠熠生輝，引領着國人邁向大國崛起的途程：管子，老子，莊子，孔子，孫子，鬼谷子，扁鵲，張儀，蘇秦，孫臏，龐涓，孟子，墨子，商鞅，荀子，韓非子，呂不韋……

上等的白玉，緻密溫潤的玉質，恰好是上述「溫其如玉」的君子們的象徵，就連盾牌周圍那些氣勢張揚卻又屈伸自如的鳳鳥，也是諸子百家既堅持又包容的學術態度的真實寫照。

說這件作品是「佩」，好像稍嫌大了點，卻正好符合漢人浪漫不羈的藝術風格。歷經兩千年，器身已整體熟舊，熏染了歷史的風霜塵煙。賞玩這樣的物件，發生在兩千五百年前的一幕幕有聲有色的活劇彷彿歷歷在目。

這件構思巧妙、琢工精湛的戰國七雄玉佩，不僅是漢代玉工的一件藝術品，更是漢人以史為鑒、砥礪進取精神的生動體現，是中華文明世代傳承的物證，因此非常重要。

後 記

至美之物，有多種多樣的美法，也有五花八門的品鑒法。

玉，即是如此。

在世界歷史上，也許再沒有哪種寶石，像玉一樣承載了整個民族的精神世界與數千年漫長的歷史記憶。這種晶瑩潤澤之物蘊含的美，成為中國人至高人格的象徵——清和、溫潤、高雅、堅毅，而歷代王朝留下不同時代風貌的玉之佳品，則成了串聯廣奧動態時空的鮮活節點。

沏壺茶，攤開躺椅，翻開這本書，追隨老樊雄肆奔放而細膩典雅的文字，看玉的曼妙多姿，跟着這種可人的不言之石琢磨中國歷史，觸摸這些不凡物件背後的風雷激蕩與文化變遷。

舟車破碎，金戈銷沉，唯玉琅琅，其聲清越。

從現在追溯過去，我們的血脈綿長深遠；從過去走向未來，我們的印記牢固鮮活：我們是遠古王朝的後裔，有着溫潤儒雅的君子之風，也有着浪漫俊勇的血性氣魄。

治學問可以是嚴謹而精確的：資料翔實，考據有度，推論客觀；也可以是浪漫而自由的：思辨大膽，關聯豐富，行文優美。

不羅列數據，不考論形制，也不去做文獻爬梳和邏輯考證——本書只說故事，用點有意思的文字，聊聊我們國家以前的事情，重塑那些或存或亡或已經模糊不清的記憶，看看那個有着統一意識形態的大漢王朝——大漢王朝中的玉器，也是玉器中的大漢王朝。在這裡，看看我們中華民族精神世界諸多源流第一次交會融合、生發光輝的地方。

歷史已經逝去，只能通過殘章斷簡重新串聯，老樊對於這些文化碎片的解讀，有着自己獨特的思辨和推論、追溯和反思，優美暢達而有深厚情緻。

編者
丁酉年八月

國家圖書館出版品預行編目（CIP）資料

漢代玉器珍賞 / 樊大川 著. -- 第一版.
-- 臺北市：崧燁文化, 2019.10
面； 公分
POD版

ISBN 978-957-681-999-5(平裝)

1.玉器 2.漢代

794.4 108015865

書　　名：漢代玉器珍賞
作　　者：樊大川 著
發 行 人：黃振庭
出 版 者：崧燁文化事業有限公司
發 行 者：崧燁文化事業有限公司
E-mail：sonbookservice@gmail.com
粉 絲 頁： 網 址：
地　　址：台北市中正區重慶南路一段六十一號八樓 815 室
8F.-815, No.61, Sec. 1, Chongqing S. Rd., Zhongzheng Dist., Taipei City 100, Taiwan (R.O.C.)
電　　話：(02)2370-3310 傳　真：(02) 2370-3210
總 經 銷：紅螞蟻圖書有限公司
地　　址: 台北市內湖區舊宗路二段 121 巷 19 號
電　　話:02-2795-3656 傳真 :02-2795-4100 網址：
印　　刷：京峯彩色印刷有限公司（京峰數位）

定　　價：950 元
發行日期：2019 年 10 月第一版
◎ 本書以 POD 印製發行